TIM SIMOND

TAUCHEN
de Luxe

Aus dem Englischen von Gabriele Zelisko

KNESEBECK

SEITE 1, OBEN

Huvafen Fushi, das Schwesterhotel des Dhoni Mighili auf den Malediven

SEITE 1, UNTEN LINKS

Soneva Gili Resort, Malediven

SEITE 1, UNTEN RECHTS

Seychellen

SEITE 2–3

Great Barrier Reef, Australien

Für Bill,
der uns ins kalte Wasser geworfen
und auf die Reise geschickt hat

Bibliografische Information Der Deutschen Bibliothek
Die Deutsche Bibliothek verzeichnet diese Publikation in der Deutschen Nationalbibliografie; detaillierte bibliografische Daten sind im Internet über http://dnb.ddb.de abrufbar.

Titel der Originalausgabe: *Dive in Style*
Erschienen bei Thames & Hudson Ltd, London 2006

Deutsche Erstausgabe

Ein Unternehmen der La Martinière Groupe

Satz: satz & repro Grieb, München
Druck: Imago, Guang Dong, China
Printed in China

ISBN-13: 978-3-89660-339-5
ISBN-10: 3-89660-339-6

www.knesebeck-verlag.de

Inhalt

Einleitung

»An der Wasseroberfläche zu bleiben ist, als würde man vor einem Zirkuszelt stehen.« Wenn man bedenkt, dass zwei Drittel unseres Planeten von Wasser bedeckt sind, scheint dieser Ausspruch durchaus berechtigt. Freizeittauchen ist eine relativ junge Sportart, die erst seit den 1960er Jahren existiert. Noch vor 15 Jahren galten die Taucher als eine kleine Gruppe von Fanatikern, die sich in unvorteilhafte Neoprenanzüge zwängten und in dürftigen Baracken hausten, um einen Sport auszuüben, der extrem und ungemütlich zu sein schien. Seither hat das Tauchen enorm an Popularität gewonnen – 15 Millionen begeisterte Anhänger werden weltweit gezählt, und jedes Jahr kommen fast eine Million Anfänger neu dazu. Auch in gehobenen Kreisen hat der Sport Liebhaber gefunden.

Dieses Buch entstand aus der Beobachtung, dass die Faszination des Tauchens mittlerweile auf alle Schichten der Bevölkerung übergegriffen hat, die Information zu dem Thema jedoch sehr ungleichmäßig verteilt ist. Wenn Sie von einem Luxusurlaub an einem Ort mit spektakulären Tauchgründen träumen, die in kleinen Gruppen angefahren werden, oder von einem Urlaub, in dem Sie das Tauchen erlernen können, ohne in überfüllten Kursen zu sitzen, Ihre Familie aber andere Angebote der Freizeitgestaltung wünscht, war es bisher schwierig, den passenden Urlaubsort zu finden. Es gab zwar seit längerem »Tauchhotels«, aber offensichtlich keine Fünfsterne- oder Designerhotels, die Tauchen im Angebot haben. Dasselbe galt für das Schnorcheln.

Das hat nun ein Ende. Nach über hundert Flügen und zwei Jahren Recherche können wir Ihnen hier 22 Hotels und vier Schiffe vorstellen, die höchsten Ansprüchen gerecht werden. Ob Sie tauchen, schnorcheln oder einfach faulenzen möchten, Sie werden an jedem dieser Orte einen unvergesslichen Urlaub verbringen.

Die verheerende Einwirkung des Menschen auf die Umwelt macht sich bei den Ozeanen am deutlichsten bemerkbar. Nachdem zahlreiche Riffe bereits durch äußere Einflüsse, giftige Substanzen oder Dynamit zerstört worden sind, droht nun die Gefahr der globalen Erwärmung, welche die Meeresfauna weiter verringert. Der Lebensraum Meer ist dort noch am gesündesten, wo die Zivilisation weit entfernt liegt. Doch macht man sich auf die Suche, entdeckt man einige Ausnahmen – 26 davon stellen wir Ihnen in diesem Buch vor.

Tauchen de Luxe

EINLEITUNG

Die vorgestellten Hotels sind in der ganzen Welt verstreut – vom Mittelmeer bis zu den Malediven – und liegen alle an angenehm warmen Gewässern. Jedes Hotel ist das jeweils beste seiner Region und auf seine Weise einzigartig. Die Auswahl wurde aus einer Liste von ursprünglich 125 Anwärtern getroffen und richtet sich nach unabhängigen Bewertungsmaßstäben. Keines der Hotels hat dafür bezahlt, in das Buch aufgenommen zu werden.

Ein wichtiges Kriterium neben dem Tauchen war die Familienfreundlichkeit. Tauchhotels sind meist speziell auf die Bedürfnisse von Tauchern ausgerichtet. Vielleicht sind Sie aber der einzige Taucher in Ihrer Familie – was sollen dann die anderen unternehmen, während Sie Ihrer Leidenschaft frönen? Keines der beschriebenen Hotels ist ein ausgewiesenes Tauchresort. Sie alle sind zunächst einmal herrliche Refugien, in denen man genauso hervorragend tauchen wie Tennis spielen oder einer anderen Sportart nachgehen kann – und das macht sie zu etwas wirklich Besonderem. Wir haben die Restaurants, Spas, Ausflugsangebote, die gesamten Anlagen und vor allem auch die Möglichkeiten zum Schnorcheln kritisch unter die Lupe genommen. Unser Ziel war es, einen allgemeinen Eindruck zu gewinnen und das Angebot nicht nur aus dem Blickwinkel des Tauchers darzustellen. Dieses Buch ist daher nicht allein für Taucher geeignet – Sie können in jedem der vorgestellten Resorts einen wunderbaren Urlaub verbringen, ohne auch nur ans Tauchen zu denken.

Wir haben uns bemüht, die Hotels wirklichkeitsgetreu abzubilden und nur das zu zeigen, was Sie dort tatsächlich erwartet. Auf den

Bildern sind weder Models noch eigens arrangierte Szenen, gestyltes Essen oder gestellte Champagner-Picknicke zu sehen. Wir haben uns wie ganz normale Urlauber verhalten und einfach das fotografiert, was wir vorgefunden haben. Auch die Unterwasseraufnahmen entstanden alle während unserer kurzen Aufenthalte – Sie können davon ausgehen, dass Sie an den entsprechenden Orten in etwa dasselbe erleben werden wie wir. Es gab keine Anfrage bei einer Bildagentur nach dem Foto eines Pygmäen-Seepferdchens oder Bogenstirn-Hammerhais, obwohl wir diese seltenen Tiere in bestimmten Regionen hätten antreffen können. Die Regel lautete: Wenn uns etwas nicht begegnet ist, kommt es auch nicht ins Buch. Gezeigt wird nur, was wir selbst erlebt haben, an Land und unter Wasser.

Wir wünschen Ihnen viel Freude mit diesem Buch. Sollten Sie weitere Informationen über eines der Resorts wünschen, nützliche Hinweise aus eigenen Reisen für uns haben oder etwas Wichtiges vermissen, besuchen Sie uns doch auf unserer Website www.diveinstyle.com und nehmen Sie Kontakt mit uns auf.

UNTERWASSERFOTOGRAFIE

Die Unterwasserfotografie ist eine anspruchsvolle Kunstform, die jedoch dank der modernen Digitalkameras mit ihren praktisch unbegrenzten Aufnahmekapazitäten heute so leicht wie nie zuvor erlernt werden kann. Inzwischen bieten viele Hersteller wie Olympus, Sony und Canon zweckmäßige, preisgünstige Unterwassergehäuse an. Am einfachsten ist der Einstieg mit einer kleinen Digitalkamera, die man in der Tarierweste mitführen kann. Damit stößt man aber auch schnell an Grenzen – schon in neun Meter Tiefe sind alles Licht und jegliche Farbe verschwunden, und ein Blitzlicht ist erforderlich, um sie zur Geltung zu bringen. Darüber verfügen zwar alle Digitalkameras, doch bei den meisten reicht die Stromversorgung für dessen Gebrauch nicht aus. Daher sollten Sie sich, wenn Sie bessere Aufnahmen machen möchten, als Erstes ein externes Blitzgerät anschaffen. Das heißt aber leider auch mehr Gewicht, und eine Kamera mit Blitzgerät lässt sich nicht im Jacket unterbringen. Das wiederum bedeutet, dass Sie schon etwas Taucherfahrung mitbringen müssen, um – mit Ihrer Fotoausrüstung beladen – die Riffe nicht zu beschädigen.

Dazu gehört, dass Sie sicher im Tarieren sind und über ein gutes Raumgefühl verfügen. Diese Fertigkeiten sollten Sie sich bis zu einem gewissen Grad angeeignet haben, ehe Sie sich an die Riffe wagen. Achten Sie darauf, niemals ein lebendes Riff zu berühren. Sie werden dabei sehr schnell merken, wie schwierig es ist, nur wenige Zentimeter über einem Seeigel-Bett zu schweben und dabei zu versuchen, den flüchtigen Krötenfisch vor die Kamera zu bekommen.

25930 00
3

Australien

Das Great Barrier Reef erstreckt sich entlang der Hälfte der Ostküste Australiens und ist sogar vom Weltall aus zu erkennen. Eine schier unglaubliche Vielfalt an Meerestieren und -pflanzen ist hier anzutreffen. In den im Süden kühleren und im Norden angenehm temperierten Gewässern sind allein an die 1500 verschiedene Fisch- sowie über 400 Korallenarten heimisch.

El Niño und die globale Erwärmung sind an dem gigantischen Barriereriff nicht spurlos vorübergegangen, doch merkwürdigerweise scheint der Norden davon unberührt geblieben zu sein – insbesondere Ribbon Reef 10, das nur wenige Kilometer von Lizard Island entfernt ist. Diese Insel liegt so weit abseits, dass die Horden von Tagesausflüglern sie nicht erreichen. Und auf Lizard Island kann man tauchen, wie es sonst nur auf mehrtägigen Bootstouren möglich ist.

Von Sydney aus fliegt man drei Stunden bis nach Cairns, dem Sprungbrett nach Lizard Island. Die Stadt Cairns selbst hat nicht viel zu bieten, dafür aber die Küste in nördlicher Richtung bis Cape Tribulation, wo – einzigartig auf der Welt – über 800 000 Hektar Regenwald praktisch in den Ozean hineinwachsen.

Das Great Barrier Reef genießt als UN-Weltnaturerbe besonderen Schutz, und Lizard Island wurde zum Meeresschutzgebiet erklärt. Ein so unberührtes Stück Natur mit einem Weltklassehotel zu bebauen mag als Widerspruch erscheinen, aber genau dadurch wird die Insel zum perfekten Ausgangspunkt für die Erkundung des größten Riffsystems der Erde.

Ein Blick aus dem Flugzeug genügt, dann weiß man, woher die Ribbon Reefs ihren Namen haben: Wenn sich die Brandung an den Riffen bricht, entstehen Wellen, die sich wie weiße Bänder, englisch *ribbons*, von dem leuchtend türkisfarbenen Ozean abheben. Die einzelnen Riffe sind durchnummeriert – auf Ribbon Reef 1 folgt Ribbon Reef 2 und so weiter. Ein derart prosaisches Vorgehen ist typisch für Australien: Es ist einfach, aber es funktioniert.

Lizard Island

HOTEL Lizard Island Lodge

Auf Lizard Island, bei Ribbon Reef 10 gelegen, befindet sich das nördlichste Inselresort am Great Barrier Reef, außerdem eine Meeresforschungsstation und jede Menge Warane (engl. *Monitor Lizards*), denen die Insel ihren Namen verdankt. Obwohl es so nahe an den Tropen liegt, ist dieses 1000 Hektar große Eiland überraschend karg. Der Grund dafür sind der ständige Wind und die geringe Niederschlagsmenge. Aber lassen Sie sich davon nicht beirren – die Küste ist von 24 weißen Sandstränden gesäumt, die allein die weite Reise wert sind. Der schönste und am besten geschützte Strand gehört zur Lizard Island Lodge. Dieses exklusive, 1975 erbaute und heute von der Voyages Group betriebene Refugium bietet erstklassige Unterkünfte und Zugang zu wahrhaft spektakulären Tauchgründen.

Nach nur drei Minuten Fahrt von dem kleinen Flughafen der Insel gelangt man zu der sich perfekt in die Umgebung einfügenden einstöckigen Rezeption. Das mit Holzdielen ausgelegte weitläufige Gebäude, möbliert mit weichen Korbsofas und schweren Holzsesseln, strahlt Gelassenheit und Luxus aus. Links und rechts von dem Empfangsgebäude sind strahlenförmig und zumeist paarweise die Zimmer angeordnet, die in hellem, zeitgemäßem australischem Design gehalten sind. Jedes Zimmer verfügt über eine eigene schattige Terrasse mit Liege oder Hängematte. Was für ein Urlaubsambiente Sie umgibt, hängt davon ab, in welchem Zimmer Sie logieren. Die Sunset Villas sind auf dem sanft abfallenden Hügel oberhalb des Sunset Beach mitten in den Urwald gebaut. Von den Anchor-Bay-Suiten und -Zimmern, die alle über weiße Sandpfade mit dem Hauptstrand verbunden sind, blickt man auf sanft gewellten Rasen, Palmen, Kiefern und

Auf einen Blick

Flughafen	Cairns über Südostasien (Hongkong, Singapur)
Fluggesellschaften	Lufthansa, Cathay Pacific, Qantas, Japan Airlines, Australian Airlines, dann mit Macair nach Lizard Island (Gepäcklimit 20 kg)
Transfer	55 Min. mit dem Flugzeug
Zimmer	40 (alle klimatisiert)
Angestellte pro Zimmer	1 oder mehr
Freizeitangebot	Spaziergänge, Ausflüge mit dem Glasbodenboot, Besuche der Forschungsstation, Angeln, Katamarane, Dinghies, Strandpicknicke, Spa, Fitnessraum, Pool, Tennis, Glasbodenkajaks, Schnorchelunterricht
Service	Internet, Fernseher, DVD-/CD-Player in der Abreisehalle
Kinder	ab 12 Jahren
Stromstecker	australischer 3-Pol-Flachstecker
Währung	australische Dollar
Zeitzone	MEZ +9 Std.
Telefon	0061/7/40 43 19 99
Internetseite	www.lizardisland.com.au

Orphium frutescens. In Ersteren fühlt man sich wie im australischen Busch, Letztere bilden die perfekte Umgebung für einen Strandurlaub. Beides zugleich bietet Ihnen der hochaufragende Pavillon, zu dem sogar ein eigener Pool gehört.

Die nachteiligen Auswirkungen des Resorts auf die Umwelt sind gering. Natürlich wurde die Natur gezähmt, aber manikürte Blumenbeete sucht man hier vergebens. Dafür stößt man auf weitaus interessantere Dinge wie das anscheinend dauerhaft bewohnte Nest eines Nektarvogels neben der Bar oder Warane, die aus der riesigen Muschel trinken, die man als Fußbad für Sie bereitgestellt hat ... so verschmilzt das Resort mit seiner natürlichen Umgebung.

Wie nicht anders zu erwarten, wird Ihnen das Beste aufgetischt, was die australische Küche, ein Mix aus verschiedenen kulturellen Einflüssen, zu bieten hat. Wenn Sie nicht gerade ein Picknick am Strand geplant haben – alles dafür Notwendige wird per Boot geliefert –, werden die Mahlzeiten im halbrunden Speisepavillon mit Blick über Strand und Meer serviert. Weder Fenster noch Wände trennen Sie von der freien Natur: Alles spielt sich hier im Freien ab – typisch »Aussie«.

Wie viel oder wenig Sie während Ihres Aufenthalts unternehmen, bleibt ganz Ihnen überlassen. Eine Flotte motorisierter Beiboote steht bereit, um Sie – auf Wunsch mit einem gefüllten Picknickkorb – an jeden beliebigen Strand zu bringen. Sie können aber auch zu abgelegenen Buchten in der Umgebung wandern, Cook's Point erklimmen, um von dort den Ausblick zu genießen, oder das Meeresleben durch den Glasboden eines Ausflugsschiffes beobachten. Oder Sie frönen einfach nur dem süßen Nichtstun: Der Süßwasserpool ist ein idealer Platz zum Faulenzen, und im *Azure Spa* gibt es ein Verwöhnprogramm mit Pflegeprodukten, deren Wirkstoffe aus dem Meer gewonnen wurden.

Eine eigene Abreiselounge stellt sicher, dass Sie Ihren Aufenthalt bis zur letzten Minute genießen können. Die Zimmer müssen bereits am späten Vormittag geräumt werden, doch die meisten Flüge gehen erst am Nachmittag. In der Lounge stehen Ihnen Duschen, Toiletten und eine Gepäckaufbewahrung zur Verfügung – ein letztes Zeichen der Gastfreundschaft, das den Aufenthalt auf der Insel abrundet. Die Lizard Island Lodge ist ein ganz besonderes Hotel mit echtem australischem Flair, das einen lehrt, was »sorgenfrei« wirklich bedeutet.

Den Beach Club finden Sie bei den vielen auf dem Wasser schaukelnden gelben Beibooten am westlichen Rand des Hotelstrands. Er verfügt nicht nur über einen Schulungsraum, Lagerräume und Trockengestelle für die Tauchgeräte, sondern auch über einen kleinen Tauchshop. Man kann hier erstklassige Ausrüstung bekommen, doch wenn Sie Ihre eigene mitgebracht haben, holt jemand aus dem freundlichen Team sie aus Ihrem Zimmer ab und kümmert sich während Ihres gesamten Aufenthalts darum.

TAUCHBASIS

Als Tauchboot wird in der Regel die komfortable, blitzblanke, 16 Meter lange *MV Serranidae* eingesetzt, die über zahlreiche Trockenbereiche und ein Sonnendeck verfügt. Wenn doch einmal viel los sein sollte, kann zusätzlich ein zwölf Meter langes Fischerboot in Betrieb genommen werden.

Jeden zweiten Tag steht ein Tagesausflug zu einem der weiter entfernten Tauchplätze auf dem Programm, darunter auch zum weltberühmten Cod Hole. An den anderen Tagen werden Halbtagesausflüge zu den näher gelegenen Riffsystemen angeboten. Bei der Buchung sollten Sie sich vergewissern, dass Ihre Termine nicht mit den selten auftretenden ungünstigen Gezeitenverhältnissen zusammenfallen, denn dann müssten Sie möglicherweise auf das Tauchen verzichten.

Nach Ankunft an einem Tauchplatz verfällt ein ganzes Heer von Hilfskräften in hektische Betriebsamkeit, um das Boot zu verankern. Der Einstieg ins Wasser erfolgt mit einem großen Ausfallschritt von einer Plattform in Wasserhöhe. Denkbar einfach ist die Rückkehr ins Boot: Es ist sofort jemand zur Stelle, der Ihnen die Geräte vom Rücken nimmt und die Flasche wechselt. Sie selbst können sich dem köstlichen Mittagessen widmen. Für Taucher und Schnorchler ist so ein Tagesausflug gleichermaßen ein Muss.

Es ist schade, dass ein so perfekter Tauchveranstalter keine Kurse anbietet, aber immerhin können Sie Ihre Praxistauchgänge für das Open-Water-Diver-Zertifikat machen. Teilen Sie im Voraus mit, wenn Sie Ihre Poolstunden andernorts absolvieren, damit man Ihnen sagen kann, welche Dokumente Sie mitbringen müssen. Die Vorschriften sind streng, aber allen in diesem Unternehmen geht es nur um Ihre Sicherheit.

Auf einen Blick

Boote	16 m (trocken, überdacht)
Gruppengröße	6
Tauchlehrer	8 oder mehr
Sprachen	Englisch
Kurse	Schnupper- und Auffrischungskurse; Qualifikationstauchgänge für den Open-Water-Tauchschein bedingt möglich
Kinder	ab 14 Jahren
Sonstiges	Computerverleih, köstliches Essen und Getränke, Vorbereitung und Reinigung der Ausrüstung, Charterboote, Tauchshop

Das Great Barrier Reef zu erkunden ist ein wirklich unvergessliches Erlebnis, vor allem in diesem noch relativ unberührten nördlichen Abschnitt. Wie groß, vielfältig und zahlreich die Korallen und Fische hier sind, glaubt man erst, wenn man sie mit eigenen Augen gesehen hat. Was man auf einem Tauchgang antrifft, lässt sich nicht vorhersagen – das Meer hält ständig neue Überraschungen bereit. Auch Schnorcheln kann man hier hervorragend: Wenn man sich über die sonnengesprenkelten Untiefen des Riffs treiben lässt, entgeht einem eigentlich nichts.

TAUCHEN

Auf einen Blick

Tauchplätze	2, außerdem unzählige Spots am Great Barrier Reef (wetterabhängig)
Schwierigkeitsgrad	einfach
Sichtweite	30 m am äußeren, 15 m am inneren Riff
Beste Spots	Cod Hole, Dynamite Pass, No Name Reef
Schnorcheln	hervorragend am Hausriff, fantastisch vom Tauchboot aus
Tauchanzüge	5 mm (3 mm im Sommer)
Korallen	unberührt
Unterwasserwelt	Riesenmuscheln, riesige Kartoffelzackenbarsche, Napoleon-Lippfische, Büffelkopf-Papageifische, Zwerg- und Buckelwale, Mantarochen, Haie, Grüne Muränen, Rotfeuerfische, Anemonenfische
Sonstiges	Dekompressionskammer in Townsville (2 Std. entfernt), alle 2 Tage Tagesausflüge zum Barrier Reef und zum inneren Riff, Meeresreservat

Der berühmteste Tauchplatz ist Cod Hole, bekannt für die freundlichen oder vielleicht auch einfach nur gefräßigen übergroßen Kartoffelzackenbarsche, die hier leben. Der Tauchgang beginnt mit dem Anfüttern in etwa zehn Meter Tiefe: Während Sie auf dem Meeresboden knien, werden Sie von Zackenbarschen mit einem Gewicht von 40 Kilo und mehr umkreist, die begierig darauf warten, dass der Tauchführer das Mittagessen austeilt. Als Gegenleistung lassen sie sich bereitwillig streicheln. Für Schnorchler werden die Zackenbarsche nach oben gelockt.

Auch wenn das großen Spaß macht, sollten Sie sich möglichst schnell losreißen und die äußere Riffwand erforschen, die zunächst auf etwa 20 Meter abfällt, ehe sie in die eigentliche Steilwand übergeht. Hier zu tauchen ist nicht schwierig, und man kann in diesen Gewässern neben vielen anderen Spezies Anemonenfische, Napoleon-Lippfische, Büffelkopf-Papageifische, Grüne Muränen und Rotfeuerfische entdecken. Eine Besonderheit sind die Beschaffenheit und die Vielfalt der Korallen, die in allen nur denkbaren Farben leuchten, darunter wirklich beeindruckende blaue und türkisfarbene Geweihkorallen.

New Reef ist ein einfacher, flacher Tauchplatz mit riesigen Feldern intakter Geweihkorallen und Gelappter Lederkorallen, der sich auch zum Schnorcheln eignet. Hier kann man sich stundenlang in dem nur drei Meter tiefen Wasser über die Korallen treiben lassen – und dabei Lebewesen aller Art entdecken, von winzigen Plattwürmern bis zu den wohl größten Muscheln der Welt, die über einen Meter lang werden. Hier liegt auch der Dynamite Pass, der ein sehr einfacher Tauchplatz, zuweilen aber auch ein guter Ort für Strömungstauchgänge sein

OBEN LINKS
Bei Watson's Clam Garden können Sie, geführt von einem Meeresbiologen, inmitten riesiger Muscheln schnorcheln, die teilweise über hundert Jahre alt sind.

RECHTE SEITE
Die Korallen am Great Barrier Reef bestechen durch ihre Artenvielfalt, ihre Dichte und ihren hervorragenden Zustand.

kann. Hier trifft man so gut wie sicher einen neugierigen (und hungrigen) Napoleon-Lippfisch sowie schlafende Weißspitzenriffhaie. Wenn Sie sich Ihren Sauerstoff gut einteilen, können Sie an allen diesen Tauchplätzen gut und gerne eine gute Stunde unter Wasser bleiben – dafür ist allerdings ein Nasstauchanzug von mindestens 5 Millimeter Dicke Grundvoraussetzung.

Die näher am Hotel gelegenen Tauchgründe North Direction Island (auch dies wieder ein Beispiel für die nüchterne Namensgebung der Australier) und Magillivrays Reef bieten zwar keine so guten Sichtverhältnisse, aber dennoch wunderbare Taucherlebnisse. Das Saumriff um North Direction Island ist vor einfallenden Winden geschützt, daher herrschen hier immer gute Bedingungen. Der feine Sandboden in 4,5 bis 12 Meter Tiefe ist mit Korallenbommies übersät. Gemächlich gleitet man über sie hinweg und bestaunt dabei das maritime Leben – wenn einem auch alles wie die Spielzeugversion dessen vorkommt, was man an den besten Tauchplätzen der Gegend sehen kann.

Wenn Sie vom Tagesausflug zurückkehren, erwartet Sie eine besondere Überraschung: Fischfüttern der etwas anderen Art. Zwei jeweils drei Meter lange Ammenhaie kommen bis an die Tauchplattform herangeschwommen und heischen wie junge Hunde um Aufmerksamkeit. Falls Ihnen ein dunkelbrauner Schatten im Wasser auffällt, so ist das Simon, ein mehr als 200 Kilo schwerer und 2,5 Meter langer Queensland-Zackenbarsch. Er kommt nach oben, wenn er dem Fischgeruch nicht länger widerstehen kann – aber aufgepasst, er ist schnell wieder weg.

LINKS

Schnorcheln mit Grünen Meeresschildkröten vor Casurina Beach – übrigens ein traumhafter Ort zum Picknicken

RECHTS

Der echte Nemo lebt am Great Barrier Reef.

UNTEN

Völlig unbeeindruckt posiert dieser Oktopus für ein Foto.

LINKE SEITE

Die riesigen Kartoffelzackenbarsche fühlen sich von den Tauchern nicht bedroht.

UNTEN

Zwei große Ammenhaie besuchen regelmäßig die Tauchplattform und freuen sich über Futter und Aufmerksamkeit.

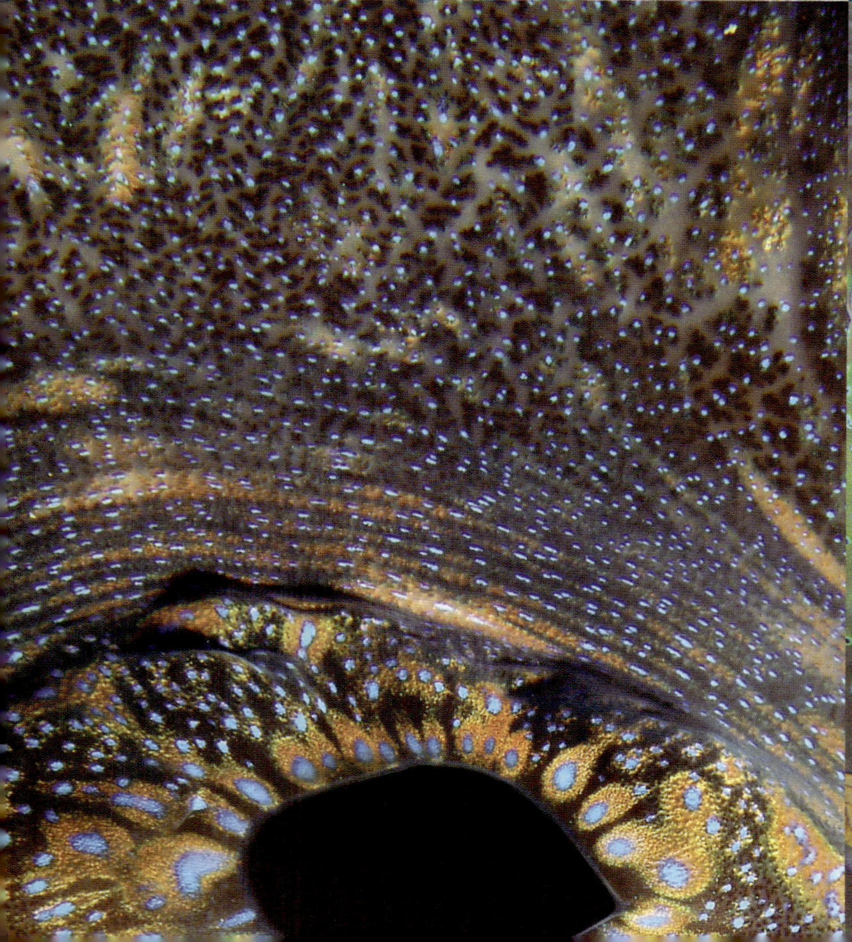

LINKE SEITE

Bei den Muscheln können sich Designer Inspirationen holen.

RECHTS

Der wunderbare Napoleon-Lippfisch ist vom Aussterben bedroht. In Fernost wird er wegen seiner Mick-Jagger-Lippen gejagt, die dort als Delikatesse gelten.

Fidschi

Es gab einmal eine Zeit, in der sich der Besucher in Acht nehmen musste, von den Fidschianern nicht verspeist anstatt willkommen geheißen zu werden. Heute jedoch sind die einst gefürchteten Bewohner der »Kannibaleninseln« das vielleicht freundlichste Volk auf Erden. Das Land verfügt über eine faszinierende Vielfalt an Kulturen, und auch wenn über die Auseinandersetzungen zwischen Fidschis Ureinwohnern und den Indo-Fidschianern viel zu hören und zu lesen ist, schwelt dieser ethnische Konflikt eher im Hintergrund. Es besteht kein Anlass, sich deshalb von einer Reise nach Fidschi abhalten zu lassen.

Fidschi besteht aus über 330 Inseln. Von den nur 850 000 Einwohnern leben 75 Prozent auf der Hauptinsel Viti Levu. Für die restlichen 25 Prozent bleiben also mindestens 329 Inseln übrig, von denen allerdings viele völlig unbewohnt sind. Das Leben verläuft um einiges langsamer, sobald man auf einer der entlegeneren Inseln angekommen ist, und mehrere Menschen gleichzeitig auf einem Fleck sind eine Seltenheit.

Auf Viti Levu selbst gibt es praktisch nur noch Hotels, die auf Massentourismus ausgerichtet sind. Aufgrund der Flugpläne hat man jedoch meist keine andere Wahl, als mindestens eine Nacht dort zu verbringen. Am ehesten zu empfehlen ist das etwa 20 Minuten vom Flughafen entfernte Sheraton Royal Denarau. Die Hauptinsel mag durchaus ihre Sehenswürdigkeiten besitzen, doch tut man gut daran, sich nicht allzu lange dort aufzuhalten. Die wahre Schönheit dieses wunderbaren Archipels offenbart sich erst, wenn man sich weiter in die Inselwelt vorwagt.

Südlich von Viti Levu liegt Vatulele, per Wasserflugzeug (startet direkt am Flughafen) in nur 25 Minuten einfach zu erreichen. Aus der Luft zeigt sich die Hauptinsel noch einmal in ihrer ganzen Pracht, ehe man den blauen Ozean und die wabenartigen Riffe überfliegt, um auf dem abgeschiedenen Insel-Refugium einzuschweben.

Vom Flugzeug aus wirkt Vatulele gänzlich unbewohnt. Doch dieser Eindruck täuscht: Die Insel mit ihrem perfekten weißen Sandstrand, auf beiden Seiten von Vorsprüngen aus Vulkangestein eingerahmt, beherbergt eines der schönsten Resorts auf Fidschi. In der 1991 von dem Filmproduzenten und Emmy-Preisträger Henry Crawford und seinem Geschäftspartner Martin Livingston erbauten Anlage wird Umweltverträglichkeit groß geschrieben. Sie gilt weltweit als ein Vorzeigeprojekt dafür, wie sich ein Hotel nicht nur in seine Umgebung einfügen, sondern sogar positiv auf sie wirken kann.

Insel Vatulele

HOTEL Vatulele

Man kommt nicht besonders oft auf eine Insel, auf der sich so viele Menschen vor allen Dingen deshalb aufhalten, um etwas zu feiern. Doch Vatulele ist von Frischvermählten geradezu bevölkert, und überall trifft man auf Geburtstags- und Hochzeitsgesellschaften – alle Gäste scheinen diesen Ort für einen ganz speziellen Anlass ausgewählt zu haben.

Schon bei der Landung mit dem Wasserflugzeug umfängt einen der Zauber der Insel: Beim Aufsetzen in der spiegelglatten türkisfarbenen Lagune taucht man in eine Wolke aus Sprühwasser, und kaum hat man den Fuß auf den pulvrigen Sand gesetzt, ertönen melodische Gesänge und der traditionelle Willkommensgruß der Fidschianer – *bula*.

Zu den Zimmern oder *bures* (Hütten) führt ein schattiger Pfad, der sich durch alte Baumbestände windet. Obwohl sie vom Wasser oder aus der Luft praktisch nicht zu sehen sind, bieten alle 17 Standard-*bures* Blick auf das Meer und direkten Zugang zum Strand. Die Unterkünfte sind im Prinzip nach dem gleichen Grundriss errichtet, doch in einigen Fällen wurden natürliche Gegebenheiten wie Felsvorsprünge oder mächtige Baumwurzeln einfach in den Bau integriert. Für die Inneneinrichtung gilt »Santa Fe meets Fiji«: Gesimse, Nischen und abgerundete Betonmauern werden (buchstäblich) gekrönt von hohen Decken, Ventilatoren, Holzbalken und den traditionellen Dächern aus geflochtenen Seilen, gefertigt von ortsansässigen Kunsthandwerkern.

Sämtliche Zimmer sind mit Deckenventilatoren ausgestattet. Wer auf eine Klimaanlage nicht verzichten kann, sollte unbedingt die *point bure* oder *grand bure* buchen. Die *point bure* ist eine zwei-

Auf einen Blick

Flughafen	Nadi
Fluggesellschaften	Lufthansa, Air New Zealand oder Air Pacific
Transfer	25 Min. mit dem Wasserflugzeug
Zimmer	19 (zum Teil klimatisiert)
Angestellte pro Zimmer	5 oder mehr
Freizeitangebot	Ausflug zu den *Royal Red Prawns*, Leuchtturmspaziergänge, Ausflüge ins Dorf (Kava-Zeremonie), Inselpicknicke, Angeln, Kanus, Tennis, Massagen
Service	Zimmerservice
Kinder	ab 12 Jahren
Stromstecker	3-Pol-Flachstecker
Währung	Fidschi-Dollar, US-Dollar
Zeitzone	MEZ +11 Std.
Telefon	00679/6 72 03 00
Internetseite	www.vatulele.com

stöckige Villa, hoch oben auf einer Felsklippe über dem Strand gelegen, mit ungehindertem Blick auf das Riff und die Hauptinsel Viti Levu. Die wenigen Glücklichen, die hier wohnen dürfen, genießen das Gefühl, Herren einer Inselfestung zu sein. Nur selten machen sie sich auf den Weg in das Resort hinunter, was auch nicht nötig ist, da ein persönlicher Butler all ihre Wünsche erfüllt. Unten am Strand, doch abseits des übrigen Hotelbetriebs, liegt die *grand bure*, ebenfalls ein ausgesprochen intimes Refugium. Hier stehen Elektrogolfwagen, Fahrer und Butler bereit. Der Stil dieser *bure* ist weniger fidschianisch als jener der anderen, doch erfährt man hier einen Luxus, der einfach unwiderstehlich ist.

Anders als in den meisten Luxushotels sind die Zimmerpreise all-inclusive. Wenn Sie angesichts der Tarife zunächst einmal zusammenzucken, sollten Sie bedenken, dass abgesehen von Massagen und vom Tauchen alles darin inbegriffen ist – und alles heißt auch wirklich alles: Sie können sich völlig entspannt zurücklehnen, so viel Champagner Sie auch trinken, die Rechnung wird dadurch nicht höher. Das gemeinsame Abendessen ist ein weiterer gastronomischer Trend, den man hier aufgreift, doch wenn Ihnen die Gesellschaft nicht behagt, können Sie jederzeit Ihre eigenen Wege gehen: Ob Sie am Strand unter dem Sternenhimmel dinieren, auf einer anderen Insel zu Mittag essen, in einem Pavillon hoch über dem Ozean Ihre Speisen genießen, sich das Menü im Weinkeller servieren lassen und dazu selbst einen erlesenen Tropfen auswählen – die Möglichkeiten sind schier unbegrenzt.

Zu den vielen Unternehmungen, die sich auf der Insel anbieten, gehört ein Besuch bei den *Royal Red Prawns*, einer Garnelenart. Nach einer kurzen Bootsfahrt und Wanderung durch einen Wald aus Palmen mit orangefarbenen Stämmen erreicht man einen stillen Teich, der sich an den Fuß einer Granitwand schmiegt. Dies ist eine von nur 30 Stellen auf ganz Fidschi, wo diese purpurroten Krustentiere noch vorkommen.

Vatulele ist ein friedvoller, entspannter und unkomplizierter Ort, der sich absolut harmonisch in seine Umgebung einfügt. Der Strand ist so gut wie immer leer, so dass man, selbst wenn das Resort ausgebucht ist, das Gefühl hat, der einzige Gast zu sein. Schnell wird deutlich, warum viele Menschen gerade in Vatulele ihre besonderen Anlässe begehen wollen: Nur dort zu sein ist schon Grund genug zum Feiern.

In Vatulele ist man besonders stolz darauf, dass alle Tauchlehrer Einheimische sind. Die unmittelbar neben der Haupt-*bure* gelegene kleine Tauchbasis ist dem Hotel angeschlossen und wird auch von dort aus verwaltet. Mit vier Divemastern und einem Instructor eignet sich Vule bestens für Tauchanfänger. Viele Gäste machen hier einen PADI-Tauchschein oder einen Schnupperkurs.

TAUCHBASIS

Hat man sich einmal Anzug und Geräte ausgesucht, die sich übrigens in hervorragendem Zustand befinden, braucht man keinen Finger mehr zu rühren. Die einsatzbereite Ausrüstung wird auf dem Boot bereitgehalten und verschwindet nach dem Tauchen sofort, um gereinigt und getrocknet zu werden. Der Service ist exzellent und wird, wie alles auf Fidschi, immer mit einem Lächeln auf den Lippen und in bester Laune ausgeführt.

Ein fünf Meter langes Schlauchboot ist für das Tauchen ausgerüstet, doch die meisten Tauchgänge erfolgen von einem speziell zu diesem Zweck gebauten, über sieben Meter langen Katamaran mit dem schönen Namen *Mai Nunu* (»Kommt mit tauchen«). An Bord geht man am Strand, von wo aus das Boot in das klare, seichte Wasser gezogen wird, so dass die Füße erst einmal trocken bleiben. Da Schnorcheln in Strandnähe nicht besonders interessant ist, paddelt man besser mit dem Kajak zum Riff hinaus oder schließt sich dem Tauchboot an.

Bei höchstens vier Gästen pro Tauchlehrer – meist sind es nur zwei – wird jeder einzelne wirklich individuell betreut. Besonders für Tauchanfänger sind das ideale Voraussetzungen. Da ab einer bestimmten Anzahl von Tauchgängen Preisnachlässe eingeräumt werden, lohnt es sich, im Voraus zu buchen.

Als ich mich, zum Boot zurückgekehrt, an die Leiter klammerte, spürte ich mit einigem Befremden ein Zupfen an meinen Flossen: Einer der Tauchlehrer zog sie mir unter Wasser aus! Eine so umfassende Betreuung ist typisch für Vatulele.

Auf einen Blick

Boote	7,30-m-Katamaran, 5-m-Schlauchboot (trocken, überdacht)
Gruppengröße	4
Tauchlehrer	1 Instructor, 4 Divemaster
Sprachen	Englisch
Kurse	alle PADI-Kurse
Kinder	ab 12 Jahren
Sonstiges	Computerverleih, Getränke, Vorbereitung und Reinigung der Ausrüstung, Charterboote

Fidschi bietet einige spannende Tauchgründe, die jedoch meist weit draußen liegen und nur mit für mehrtägige Tauchtrips geeigneten Booten (Liveaboards) zu erreichen sind. Glücklicherweise haben die Riffe die Angriffe von El Niño und einer Reihe von Wirbelstürmen unbeschadet überstanden. Weitab von allem Massenbetrieb kann man in den klaren, ruhigen Gewässern von Vatulele entspannt unter perfekten Bedingungen und außerdem so flach oder tief tauchen, wie man gerade Lust hat.

OBEN
Vor allem in seichten Gewässern sind die Hartkorallen gut erhalten und lassen sich während Sicherheitsstopps wunderbar erkunden.

TAUCHEN

Die Riffe sind nach wie vor relativ wenig erforscht, und das Tauchteam macht laufend neue Entdeckungen, vor allem am Hauptdurchlass auf der Luvseite von Vatulele. Die Unterwasser-Topografie wird von einer Abfolge von Gipfeln und Tälern bestimmt. Echte und Unechte Karettschildkröten, Grüne Meeresschildkröten, Rotfeuerfische, Gefleckte und Grüne Muränen und große Stachelrochen bevölkern sie. Fische gibt es reichlich, und meist beachten sie die Taucher gar nicht. Nur an Stellen, wo die Einheimischen – trotz der Bemühungen des Resorts, das Gebiet unter Naturschutz zu stellen – mit Speeren fischen, sind sie zuweilen etwas scheu. Aber grundsätzlich kann man hier täglich mit allem rechnen, vom neugierigen Fächerfisch über den Killerwal bis zum Hammerhai.

Alle Strömungsgebiete liegen gegenüber dem Resort auf der Leeseite der Insel. Dort kann man einen dem eigenen Können entsprechenden Ort wählen, an dem man tauchen möchte. Es gibt Steilwände, die zunächst auf 45 bis 60 Meter hinabreichen, dann auf ein Plateau treffen und von dort ins Unendliche abfallen. Oder Felsen, die aus der Tiefe emporwachsen – viele davon mit farbenprächtigen Gipfeln – und sechs Meter unter der Wasseroberfläche enden. Sie sind hervorragend für Sicherheitsstopps geeignet, während deren man noch in den Winkeln nach verborgenen Schätzen stöbern kann.

Fidschi ist berühmt für seine Weichkorallen. Wenn Sie sich dafür interessieren, müssen Sie unbedingt zum Tabletop Pinnacle, wo sich die Korallen in ungefähr 30 Meter Tiefe in der sanften Strömung wiegen und ihre Farbenpracht entfalten. Um das Spiel aus Farbe und Bewegung beobachten zu können, brauchen Sie eine Taschenlampe,

Auf einen Blick

Tauchplätze	22
Schwierigkeitsgrad	einfach
Sichtweite	30 m (bis zu 45 m im Winter)
Beste Spots	Tabletop Pinnacle
Schnorcheln	gut vom Tauchboot oder Kajak aus
Tauchanzüge	3 mm
Korallen	Weichkorallen sehr gut, Hartkorallen erholen sich
Unterwasserwelt	Segelfische, Hammerhaie, Gefleckte Adlerrochen, Weiß- und Silberspitzenriffhaie, Große Gitarrenrochen, Unechte Karettschildkröten
Sonstiges	Nachttauchgänge, Wracktauchen, Dekompressionskammer auf Suva (25 Min. entfernt)

RECHTS
Diese *Royal Red Prawn* entdeckten wir nicht auf einem Tauchgang, sondern einfach nur beim Waten durch das Wasser.

UNTEN RECHTS
Wenn man die Riffe genau untersucht, darf man sich über so manche Überraschung freuen – etwa einen der gut getarnten Steinfische.

OBEN
Am besten kann man den farbenprächtigen Papageifisch beobachten, wenn er sich nachts zum Schlafen in eine schützende Schleimschicht gehüllt hat.

RECHTS
Bei Gisela's Arch wird man von einem neugierigen Fledermausfisch begrüßt.

denn in dieser lichtlosen Tiefe erkennt man keine Farben mehr. Im Schein der Lampe jedoch verwandelt sich Schwarz in leuchtendes Rot und Weiß in fluoreszierendes Pink. Gisela's Arch, ein Bogen, unter dem man durchschwimmen kann und vor dem ein neugieriger Fledermausfisch seine Runden dreht, lohnt sich ebenso als Tauchziel.

»Das Wrack« ist ein japanisches Fischerboot, das 1997 absichtlich versenkt wurde. Es ruht nun in 50 Meter Tiefe und wird – eine Ironie des Schicksals – von genau den Blauflossenthunfischen bewohnt, die einst von ihm aus gefischt wurden. Das Deck, das sich in 40 Meter Tiefe befindet, und der zehn Meter aufragende Mast sind mit Weich- und Fächerkorallen überzogen. Das Wrack verschwindet in der Dunkelheit, wenn man davon wegschwimmt und sich auf die Wand in der Nähe zubewegt, an der sich allerart Meerestiere tummeln: Falterfische, die paarweise unterwegs sind, alle Arten von Papageifischen, ab und zu ein Weißspitzenriffhai oder ein Grauhai, Schwärme von Füsilieren und Doppelfleckschnappern, außerdem bunt gefärbte Muscheln, riesige Porzellanschnecken und winzige Nacktschnecken.

Auf dem 45 Meter langen Riff vor der Steilwand bei Bird Island gibt es Berichten zufolge einen Teppich großer Gitarrenrochen. Empfehlenswert ist auch ein Abstecher zur Bird Island Wall, einem Tauchplatz für Anfänger, der Unechte Karettschildkröten, Mantarochen und mit etwas Glück sogar Hammerhaie zu bieten hat. Wer gerne unkompliziert taucht, egal auf welchem Niveau, wird hier ganz sicher nicht enttäuscht werden.

Hawaii, 3200 Kilom
mitten im Pazifik ge
Inselgruppe der Erd
inseln Maui, Lanai,
Hawaii (die größte)
Eilanden bestehend
vom Festland, dass
Flora und Fauna au
ist. Das macht das T
wirklich Besondere

Ihr Flugzeug wird Sie na
meist mit Pearl Harbou
paradies Pipeline in Ver
das schöne Binnenland
und dicht bevölkerten S
fanatischer Surfer sind
an den Schauplätzen de
Sie gut beraten, so schn
weiterzureisen.

Sofern die Zeit es erlau
beiden Tauch-Highligh
Molokai – einplanen. M
einen Tagesausflug dor
20-minütigen Taxifahrt
Sie das Maui Aquarium,
Adlerrochen alle möglic
nach vorheriger Anmeld
kann.

Sie können aber auch d
um an den unberührte
Insel zu tauchen oder e
unversehrten Juwel inm
erheben sich leuchtend
Höhe von 1000 Metern
neugierig darauf zu erfa
Geheimnis ist? Jetzt wis

Lanai trug lange Zeit den Beinamen Ananasinsel. Auf 6500 Hektar Fläche wurde die Staude angebaut, und die Insel war weltweit der größte Exporteur der stacheligen Frucht. Als in den 1980er Jahren dieses Geschäft immer unrentabler wurde, erfand sich Lanai noch einmal neu und wandelte sich zum exklusiven Feriendomizil.

Insel **Lanai**

HOTEL **Manele Bay**

Auf ganz Lanai gibt es nur zwei Hotels, die Lodge in Koele und jene in Manele Bay. Beide werden von demselben Unternehmen verwaltet wie die gesamte Insel, die sich in Privatbesitz befindet. Koele mit seinem fantastischen Golfplatz liegt im Landesinneren, für Manele Bay hat man aus einem 80 Kilometer langen, unversehrten Küstenstreifen den reizvollsten Ort der ganzen Insel ausgewählt. Doch das ist noch längst nicht alles, was zum besonderen Flair dieses Refugiums beiträgt: Spinnerdelfine sind so treue Besucher der Bucht vor dem Hotel, dass sie sogar schon Hauptdarsteller einer TV-Reportage für den Discovery Channel waren.

Der Baustil von Manele Bay ist sehr eigen: Er verbindet Elemente aus Fernost und Hawaii und ist damit kein Original, aber dennoch originell. Mittelpunkt des Resorts sind die Empfangsbereiche mit ihren hohen Decken. Von hier aus hat man freien Blick auf die von Bougainvilleen gesäumten Terrassen, den Pool und den Ozean. Ein dreiminütiger Spaziergang führt an den ruhigen Strand, der für alle Bewohner der Insel zugänglich ist. Da ihre Zahl aber so gering ist, fühlt man sich hier völlig ungestört.

Anders als sonst auf Hawaii üblich, erstrecken sich die Zimmer über zwei Etagen. Jedes einzelne bietet eine herrliche Aussicht, sei es auf das Meer oder auf die üppigen hawaiianischen Gärten von Manele Bay mit ihren rauschenden Wasserfällen und den von Koi-Karpfen bevölkerten Teichen. Allerdings haben die Zimmer mit Meeresblick einen entscheidenden Vorteil: Zur richtigen Jahreszeit können Sie vom Bett aus Spinnerdelfinen und Buckelwalen beim Spielen zusehen – noch bequemer kann man die Natur wohl nicht beobachten.

Auf einen Blick

Flughafen	Lanai via Honolulu
Fluggesellschaften	Lufthansa/United Airlines, Hawaiian Airlines
Transfer	15 Min. mit dem Bus
Zimmer	236 (klimatisiert)
Angestellte pro Zimmer	1 oder mehr
Freizeitangebot	Wandern, Geländewagenverleih, Golf, Tontaubenschießen, Tennis, Fitnessraum, Spa, Pool, Reiten, Walbeobachtung
Service	Internet, Telefon, Fernseher, Zimmerservice
Kinder	jedes Alter
Stromstecker	2-Pol-Flachstecker
Währung	US-Dollar
Zeitzone	MEZ –11
Telefon	001/808/5 65 37 04
Internetseite	www.islandoflanai.com

Die Küche ist international und von höchster Qualität. Die Mahlzeiten können Sie an jedem beliebigen Ort zwischen Pool und Bar einnehmen. Und wenn Sie Lust auf einen Ausflug in die Umgebung haben, können Sie den Shuttle-Service nutzen, der Sie hinauf zum Golfclub mit Blick auf das Meer oder zur noch höher gelegenen Koele Lodge bringt.

Lanai ist zwar nur eine halbe Flugstunde von Honolulu entfernt, aber diese Reise scheint einen in die Vergangenheit zurückzuführen – in ein Hawaii, wie es früher einmal war: Hier wohnen nur knapp 3000 Menschen, und alles wirkt so beschaulich, dass einem die beiden Polizeifahrzeuge und das Gefängnis mit seinen drei Zellen übertrieben vorkommen. Doch trotz der unglaublichen Ruhe, die man in Manele Bay genießen kann, kommt niemals Langeweile auf. Sie können mit einem Geländewagen auf fast unbefahrenen Wegen das Hinterland oder die menschenleeren Strände erkunden. Oder Sie gönnen sich eine Massage in einer offenen *cabana* mit Blick auf den Ozean. Auch für die Betreuung von Kindern ist gesorgt, falls Sie zwischendurch einmal Zeit für sich alleine haben möchten.

Für hawaiianische Verhältnisse ist Manele Bay mit 246 Zimmern ein relativ kleines Hotel und so etwas wie ein Geheimtipp. Diskretion wird groß geschrieben (so hat zum Beispiel Bill Gates hier geheiratet). Als einziges Hotel an der Küste der Privatinsel Lanai und als Ausgangspunkt für einige der spektakulärsten Tauchgründe der Region ist Manele Bay die Perle unter den Hotels auf Hawaii.

Die Tauchbasis befindet sich im Lahaina Harbour und ist mit dem Bus von Manele Bay in drei Minuten zu erreichen. Betreiber ist Trilogy Excursions. Der renommierte Veranstalter mit Hauptsitz auf Maui organisiert so gut wie alle Wassersportaktivitäten auf der Insel. Neben Tauchausflügen kann man auch Buckelwal-Touren und andere Bootsexkursionen buchen.

TAUCHBASIS

Die kleine Tauchschule verfügt über ausgezeichnete Ausrüstung, hat derzeit jedoch nur wenige Tauchexkursionen um Lanai im Angebot – Möglichkeiten gäbe es weit mehr. Doch da Lanai in Kürze kein Geheimtipp mehr sein wird, könnte sich das bald ändern.

Ein Wechsel im Management von Manele Bay dürfte einige Veränderungen mit sich bringen: Vor kurzem hat die Four-Seasons-Gruppe, die längst erkannt hat, um was für eine Goldmine es sich hier handelt, das Hotel übernommen. Die neue Leitung verfügt über reichlich Erfahrung darin, die Wünsche anspruchsvoller Tauchtouristen zu erfüllen. Um auf Nummer sicher zu gehen, sollten Sie bei der Buchung angeben, dass Sie in erster Linie zum Tauchen kommen. Ratsam ist es auch, bereits im Voraus die Tage festzulegen, an denen Sie tauchen möchten.

Falls Trilogy nicht all Ihre Träume wahr machen sollte, können Sie auf Extended Horizons ausweichen, einen kleinen, aber exzellenten Veranstalter mit Sitz auf Maui, der Lanai täglich anfährt. Gegen eine kleine Gebühr (eine lokale Steuer) werden Sie im Lahaina Harbour an derselben Stelle abgeholt, von der auch Trilogy startet. Dieser Veranstalter bietet außerdem ganzjährig eine Tauchexkursion nach Maui an, bei der man in Küstennähe auf Mantarochen trifft. Verbunden mit einer Besichtigung der Insel und des dortigen Aquariums, ist dies ein herrlicher Tagesausflug von Lanai aus.

Auf einen Blick

Boote	9,8-m-Schlauchboot (nass, überdacht)
Gruppengröße	6
Tauchlehrer	1 oder mehr
Sprachen	Englisch
Kurse	alle PADI-Kurse
Kinder	ab 12 Jahren
Sonstiges	Getränke, Reinigung der Ausrüstung, Charterboote, Tauchshop, Unterwasser-Scooter
Internetseite	www.sailtrilogy.com www.scubadivemaui.com

Was das Tauchen betrifft, wird Lanai höchstens noch von Molokoni Crater und Molokai übertroffen. Viele Tauchveranstalter, die ihre Basis auf Maui haben, fahren sogar lieber nach Lanai, anstatt vor ihrer Haustür zu tauchen. Die Insel ist ein erloschener Vulkan, weshalb die Unterwasserlandschaft um sie herum von zahlreichen Bogen und riesigen, durch erkaltete Lava entstandenen Röhren oder Höhlen durchzogen ist. An einer Stelle gibt es sogar einen Bogen innerhalb eines Bogens.

TAUCHEN

Mit First und Second Cathedral gibt es vor Lanai weltberühmte Tauchgründe, die man sich auf keinen Fall entgehen lassen sollte. Die 30 Meter hohen Röhren aus erstarrter Lava, durch deren »bunte Glasfenster« oder Öffnungen zum Meer sich das Licht strahlenförmig ergießt, sind nur knapp 500 Meter vom Hafen Lanais entfernt. Zu einer bestimmten Tageszeit fällt der Lichtschein direkt auf den »Altar«, einen großen Felsblock in First Cathedral (so benannt, weil sie näher an Maui liegt), und schafft so eine feierliche Atmosphäre. Versuchen Sie unbedingt, vor Ihrer Gruppe dort anzukommen, denn es kann leicht passieren, dass der feine Schlick am Grund von weniger erfahrenen Tauchern aufgewühlt wird. Dann ist das Wasser trübe und die ganze Wirkung dahin.

Einige Tauchgründe bieten eine Besonderheit, die es nur auf Hawaii zu geben scheint: Reinigungsstationen für Grüne Meeresschildkröten. Bei Turtle Haven und Oscar's Reef kann man beobachten, wie sich die Schildkröten mit gestrecktem Hals und senkrecht abgespreizten Flossen im Wasser treiben lassen und sich dabei von Doktorfischen säubern lassen. Während vor Maui viele Schildkröten von Tumoren befallen sind, scheinen sie um Lanai herum davon verschont zu sein. Vielleicht liegt das daran, dass sie hier nicht mit so vielen Menschen in Berührung kommen. Oder ihr Leben verläuft hier einfach ruhiger.

An einem anderen Tauchplatz, dem Lighthouse, sind mehrere große Weißspitzenriffhaie beheimatet, und am Wash Rock trifft man so seltene Arten wie die Tinkers Falterfische an. Obwohl diese eigentlich Tiefseebewohner sind, haben sich ein oder zwei Vertreter der

Auf einen Blick

Tauchplätze	über 30
Schwierigkeitsgrad	einfach
Sichtweite	25 bis 30 m
Beste Spots	Cathedrals, Lighthouse
Schnorcheln	gut am Hausriff und vom Tauchboot aus
Tauchanzüge	3 mm
Korallen	ausgezeichnet
Unterwasserwelt	Buckelwale, Spinner- und Fleckendelfine, große Tümmler, Muränen (14 Arten), Tinkers Falterfische, Mönchsrobben, Hawaiianische Rotfeuerfische, Anglerfische, Weißspitzenriffhaie, Hammer- und Tigerhaie, Nacktschnecken, Adlerrochen, Grüne Meeresschildkröten, Flammen-Lippfische
Sonstiges	Nachttauchgänge, Dekompressionskammer auf Oahu (1 Std. entfernt)

OBEN LINKS
Bei einem Tagesausflug nach Maui können Sie mit Mantarochen auf Tuchfühlung gehen.

RECHTS
Die Jungtiere des Braunen Bäumchenfischs sehen ganz anders aus als die erwachsenen Tiere.

Spezies in den seichteren Gewässern von Lanai niedergelassen. Die Sichtverhältnisse sind erstklassig, und offensichtlich hat El Niño den Hartkorallen bisher noch nichts anhaben können. Versäumen Sie auf keinen Fall, im Blauen nach Hammer- und Tigerhaien, Adlerrochen und der seltenen Hawaiianischen Mönchsrobbe Ausschau zu halten. Zur Buckelwalsaison werden Ihre Tauchgänge von den faszinierenden Gesängen dieser Säugetiere begleitet.

So klares Wasser und eine so unberührte Natur wie um Lanai findet man nicht einmal vor Molokai und Molokoni Crater, was Lanai zu einem der besten Tauchreviere Hawaiis und somit der USA macht. Da die Tauchgründe von Lanai so nahe bei Manele Bay liegen – die Cathedrals kann man vom Hotelbett aus sehen –, lässt es sich leicht einrichten, dann zu tauchen, wenn sonst niemand vor Ort ist. Was will man mehr!

RECHTS

Den seltenen Tinkers Falterfisch trifft man normalerweise nur in tieferem Wasser an, doch auf Lanai kommt er den Tauchern schon mal entgegen und zeigt sich auch weiter oben.

LINKS

Der hübsche Spitzkopf-Kugelfisch blickt mit seinen smaragdgrünen Augen in die Kamera.

Französisch-Polynesien

Kristallklares türkisfarbenes Wasser, schneeweißer Sand, sich sanft im Wind wiegende Palmen, strahlend blauer Himmel ... Denkt man sich noch die farbenprächtige, exotische Kultur der Polynesier und einen Hauch von Frankreich (vor allem in der Küche) hinzu, kommt dabei etwas wirklich Einzigartiges heraus. Tahiti, Bora Bora, Moorea, Huahine, Manihi, Rangiroa, Fakarava – wer verspürt bei so klangvollen Namen nicht den Drang, sofort das nächste Reisebüro aufzusuchen?

Die Sache hat nur einen Haken: Kaum jemand weiß, dass Papeete neben Tokio und London zu den teuersten Städten der Welt gehört. Hat man dennoch die Reise in diesen abgelegenen Teil der Erde angetreten, lohnt es sich, gleich drei, wenn nicht gar vier Inseln zu besuchen. Aufgrund der Flugpläne werden Sie zu Beginn und am Ende Ihres Aufenthalts jeweils eine Nacht in Papeete verbringen müssen. Sofern Sie nicht glühender Verehrer von Gauguin sind oder das wirklich sehenswerte Innere der Insel erkunden wollen, können Sie Tahiti aber getrost links liegen lassen, da es – überraschenderweise – kein besonders attraktives Ziel für einen Badeurlaub ist: Es fehlt der weiße Sand.

Die Inseln Französisch-Polynesiens liegen verstreut in einem Gebiet, das neunmal so groß wie ihr Mutterland ist. Sie bestehen hauptsächlich, wenn auch nicht ausschließlich, aus den Gesellschaftsinseln und dem Tuamotu-Archipel. Erstere erreicht man mit der Inlandsfluglinie von Air Tahiti Nui. Dabei handelt es sich um wunderschöne Vulkaninseln mit hohen, von grünem Dschungel überwucherten Gipfeln. Letztere sind flache Korallenatolle, aufgereiht wie Perlen an der Schnur (solche werden dort auch gezüchtet). Nur wenige hundert Kilometer trennen diese beiden Inselgruppen, doch angesichts ihrer großen Unterschiedlichkeit könnten es auch einige tausend sein.

Das Bora Bora war das erste Hotel, das nach dem Abzug der amerikanischen Streitkräfte am Ende des Zweiten Weltkriegs auf dieser bezaubernd schönen Insel eröffnet wurde. Natürlich wählte man dafür das herrlichste Fleckchen, Matira Point, den einzigen Ort auf der Hauptinsel mit eigenem weißem Sandstrand und freiem Blick auf das kristallklare Wasser der Lagune.

Insel Bora Bora

HOTEL Bora Bora

Bora Bora ist nach wie vor Anwärter auf den Titel »Schönste Insel der Welt«. In ihrer Mitte erhebt sich ein erloschener Vulkan, der oben abgeflachte Mount Otemanu, der ganz sanft in das türkisfarbene Meer abfällt. Der Flug von Tahiti dauert 45 Minuten. Man landet auf dem kleinen, idyllischen Flugplatz auf einer der winzigen *motus* oder Inseln, die Bora Bora umgeben. Ein Blick aus dem Flugzeugfenster lässt bereits die Schönheit des Reiseziels erahnen. Noch bevor Sie Ihr Gepäck abgeholt haben, wird Sie ein Mitarbeiter des Hotels willkommen heißen. Mit einem kleinen, hoteleigenen Wassertaxi werden Sie dann in 20 Minuten über die stille Lagune zu Ihrer Unterkunft gebracht. Beim Anlegen am Kai scheuchten wir einen Hai und zwei Mantarochen auf, die dort gerade ihre Runden drehten und sich mit Plankton stärkten – ein kleiner Vorgeschmack auf das, was wir unter Wasser erleben sollten.

Vielleicht haben Sie Berichte gehört, denen zufolge das Hotel Bora Bora inzwischen ziemlich heruntergekommen sei. Lassen Sie sich von solchen Aussagen nicht abschrecken – das ist alles relativ. Das Bora Bora ist so etwas wie die Grande Dame der Hotels auf den Inseln. Manche meinen, eine Generalüberholung täte ihr ganz gut. Doch auch wenn sie schon etwas in die Jahre gekommen ist, hat sie immer noch Klasse. Mit ihrem Stil und ihrer einmaligen Lage kann die jüngere, manchmal etwas ausgefallene Konkurrenz nicht mithalten. Und da das Hotel inmitten eines Parks liegt, den man fast schon als botanischen Garten bezeichnen könnte, bekommt man zum Glück kaum mit, wie sich der Rest der Insel verändert hat. Hier genießt man nach wie vor ungestörte Ruhe, Abgeschiedenheit und Unbeschwertheit.

Auf einen Blick

Flughafen	Bora Bora via Papeete
Fluggesellschaften	Lufthansa, Air New Zealand, Air Tahiti Nui
Transfer	20 Min. mit dem Boot
Zimmer	54 (alle klimatisiert)
Angestellte pro Zimmer	3
Freizeitangebot	Inseltouren, Angeln, Segeln, Wassersafaris, Picknicke auf einsamen Inseln, Hubschrauberrundflüge, Tennis, Massage
Service	Internet, Telefon, Fernseher (im Freizeit-*faré*), CD-Player, Zimmerservice, Mobiltelefone
Kinder	jedes Alter
Stromstecker	2-Pol-Rund- und Flachstecker
Währung	CFP-Franc, US-Dollar
Zeitzone	MEZ -11
Telefon	00689/60 44 60
Internetseite	www.amanresorts.com

POFAI BEACH
BAR RESTAURANT

Bei seiner Eröffnung 1961 hatte das Hotel etwa 90 Zimmer, die inzwischen – entgegen dem allgemeinen Trend – auf 54 reduziert wurden. Angeblich hat man hier, im Hotel Bora Bora, zum ersten Mal Bungalows auf Pfählen in eine Lagune gebaut – eine Idee, die inzwischen nicht nur in ganz Französisch-Polynesien, sondern bis auf die Malediven Nachahmer gefunden hat. Anstatt dieser im Wasser stehenden Pfahlbauten kann man als Unterkunft aber auch normale Bungalows an Land (ein ausgezeichneter Kompromiss), Pool-*farés* mit eigenem Plunge-Pool oder Strand-*farés* wählen (*faré* ist das tahitianische Wort für Haus). Jedes Zimmer verfügt über eine eigene Veranda, und dank der Wände aus Zedernholz, der Eichenfußböden und der schräggestellten Jalousien stellt sich bald ein wohliges Gefühl der Geborgenheit ein. Noch ein Tipp: Wenn Sie geräuschempfindlich sind, sollten Sie bei der Buchung angeben, dass Sie keinen zur Straße hin gelegenen Bungalow möchten.

Hoch über dem kleinen, makellos weißen Sandstrand thront das Haupthaus, dessen Innenwände mit historischen Fotos und polynesischen Gemälden dekoriert sind. Hier ist auch das Restaurant Matira untergebracht. Seine hohen Decken und offenen Außenwände sorgen für eine unübertreffliche Atmosphäre – man kann sich kaum einen angenehmeren Ort zum Dinieren vorstellen. Hauptsächlich werden hier Frühstück und Abendessen serviert (mittags stehen Sie vermutlich lieber barfuß im Sand an der am Strand gelegenen Pofai Bar). Am Abend wird das Lokal vom Schein flackernder Laternen und Kerzen erhellt – ein Ort mit wirklich einzigartigem Flair und unglaublich freundlichem und aufmerksamem Personal.

Schon in den 1970er Jahren gehörte das Bora Bora zu den vornehmsten Hotels der Welt, doch unter der sorgsamen Leitung der Aman-Gruppe ist es sogar noch besser geworden. Man ist sichtlich bemüht, den Status als bestes Hotel der Insel – vielleicht sogar der ganzen Inselgruppe – zu erhalten. Einen Aufenthalt hier kann man nur wärmstens empfehlen.

BORA DIVING
CENTER
ANNE & MICHEL
EVERY DAY = ·FUN DIVE
·INITIATION ·NIGHT DIVE
DEPARTURE ·8h30 - 13h30 - 18h
RETURN - 10h30 - 15h30 - 20h
677 184 / 483

BORA
DIVING CENTE
PLONGEE TOUS LES JOUF
ダイビング 毎日可
DIVING EVERY DAY
8.30AM - 1.30PM - 7.00PM
TEL. 677184

Die Tauchbasis Bora liegt unmittelbar hinter dem letzten Strand-Bungalow. Sie gehört nicht zum Hotel Bora Bora – ihre Betreiber sind Michel und Anne Condesse –, doch Hotelgäste genießen Vorzugsbehandlung. Erschrecken Sie nicht, wenn Sie die vielen Boote sehen. Tauchen ist hier alles andere als eine Massenveranstaltung – im Gegenteil.

TAUCHBASIS

In Französisch-Polynesien wird das Tauchen generell sorgfältig überwacht, und Tauchgruppen sind immer auf wenige Teilnehmer beschränkt. Darüber hinaus ist dank der großen Flotte der Condesses gewährleistet, dass die Boote selten voll besetzt sind, und auf Wunsch ist es fast immer möglich, ein Boot für sich allein zu chartern.

Die Boote sind zweckmäßig, allerdings ohne besondere Extras ausgestattet. Man ist vor der Sonne geschützt, aber nicht vor Wind und Wasser, und es gibt kaum trockene Bereiche. Am besten nimmt man eine wasserdichte Tasche für Handtücher und andere Utensilien mit, die trocken bleiben sollen. Kameras werden nicht zur Verfügung gestellt (bringen Sie also Ihre eigene mit!), und auch Verpflegung wird nicht angeboten. Wenn Sie sich zwischen den Tauchgängen stärken wollen, müssen Sie sich selbst versorgen.

Die Abholung vom Hotel erfolgt pünktlich auf die Minute, seien Sie also rechtzeitig zur Stelle. Den Tauchanzug zieht man am besten schon an, bevor man an Bord geht. Ausrüstung ist hinlänglich vorhanden und, obgleich nicht ganz neu, gut gepflegt. Wenn man kein Boot für sich allein gechartert hat, auf dem man das Tempo selbst bestimmen kann, herrscht immer etwas Zeitdruck, insbesondere bei Touren mit zwei Tauchgängen, zwischen denen nur ein 30-minütiger Aufenthalt an der Wasseroberfläche vorgesehen ist. Ein etwas entspannterer Zeitplan wäre einerseits wünschenswert, andererseits hat man bei einem so straffen Tauchprogramm mehr Zeit, die Annehmlichkeiten des Hotels zu genießen.

Auf einen Blick

Boote	7,30 m (nass, überdacht)
Gruppengröße	5
Tauchlehrer	7
Sprachen	Englisch, Französisch
Kurse	alle PADI-Kurse
Kinder	ab 8 Jahren
Sonstiges	Getränke, Vorbereitung und Reinigung der Ausrüstung, Charterboote, Wassersafaris (Helmtauchen, ohne Sauerstoffflaschen, keine Erfahrung notwendig)
Internetseite	www.boradive.com

Die Sache ist einfach: Wenn es Ihnen keinen Spaß macht, mit Haien und Mantarochen zu tauchen, ist Bora Bora nicht der richtige Ort für Sie. Wenn doch, finden Sie hier erstklassige Tauchreviere für jede Erfahrungsstufe und eine vielfältigere Unterwasserfauna als an jedem anderen Ort der Erde. Da man auch nirgends auf der Welt so gut schnorcheln kann wie hier, ist Bora Bora wirklich einmalig – mit einem Wort: Weltklasse.

OBEN
Vor Tapu bilden sich ganze Wolken von Falterfischen, die einen Taucher buchstäblich einhüllen können, vor allem, wenn gerade Zitronenhaie angefüttert werden.

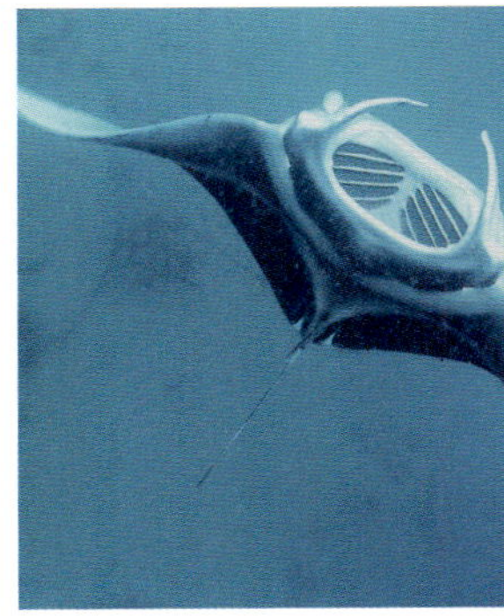

OBEN
Ein fressender Mantarochen – angetroffen bei einem Schnorchelausflug am Nachmittag

RECHTS
Beim Schnorcheln am Hotelpier werden Sie von gefleckten Adlerrochen begleitet.

TAUCHEN

Tapu ist wahrscheinlich der bekannteste Tauchplatz der Insel. An diesem einzigen befahrbaren Durchlass zwischen der Lagune von Bora Bora und dem offenen Meer wimmelt es nur so von Lebewesen, die meistens sehr zutraulich sind. Für Taucher wird hier so viel geboten, dass man, hätte man nur Gelegenheit für einen einzigen Tauchgang auf Bora Bora, unbedingt diese Stelle wählen müsste. Nichttaucher können die Unterwasserwelt von einem gelben, achtsitzigen U-Boot aus bewundern. Schwarzspitzenriffhaie, Napoleon-Lippfische und Zitronenhaie streifen in 30 Meter Tiefe um die steile Riffwand herum, während große Muränen, Schildkröten und dichte Schwärme von Falterfischen an den sanft abfallenden Wänden voller Tisch- und Gelappter Lederkorallen entlangschwimmen.

Bei einem Ausflug nach Muri Muri, das außerhalb der Lagune liegt, kann es passieren, dass Sie Spinnerdelfinen oder Buckelwalen begegnen, noch bevor Sie überhaupt nass geworden sind. Eine Rolle rückwärts versetzt Sie geradewegs in eine Szene aus einem James-Bond-Film: Dutzende von Schwarzspitzenriffhaien und Grauhaien kreisen unter Ihnen. Am besten tauchen Sie schnell ab, um die schräge Korallenwand zu erforschen, wo man gute Chancen hat, eine Echte Karettschildkröte anzutreffen, ehe das Riff in die Tiefe abfällt. Lassen Sie sich dann einfach von der Strömung treiben, und Sie sind wieder zurück im Film. Während des Sicherheitsstopps an der Ankerkette sollten Sie einen Blick nach oben werfen, wo buchstäblich die Hölle los ist: Die Schlacht um einen über Bord geworfenen Thunfischkopf lässt einen ganzen Schwall ausgebrochener Haifischzähne auf Sie herabregnen, die Sie mit der Hand auffangen können.

OBEN
Ein neugieriger Grauhai

Auf einen Blick

Tauchplätze	über 10
Schwierigkeitsgrad	einfach bis fortgeschritten
Sichtweite	30 m außerhalb, 12 m innerhalb des Riffs
Beste Spots	Muri Muri, Tapu, Tupiti Piti
Schnorcheln	ausgezeichnet am Hausriff, sehr gut vom Tauchboot aus
Tauchanzüge	3 mm
Korallen	hervorragend
Unterwasserwelt	Grau-, Zitronen- und Schwarzspitzenriffhaie, Mantarochen, Adlerrochen, Schulen von Barrakudas, Buckelwale, Thunfische, Napoleon-Lippfische, Delfine
Sonstiges	Dekompressionskammer auf Tahiti (1 Std. entfernt), Nachttauchgänge

OBEN
Wenn Gefahr im Verzug ist, kann sich der wachsame Igelfisch auf ein Mehrfaches seiner Größe aufblasen.

RECHTS
Grauhaie bei Muri Muri beim Kampf ums Fressen – besser kann Tauchen nicht sein.

UNTEN
Beim nächtlichen Schnorcheln am Hotelpier zeigt sich garantiert ein Mantarochen aus nächster Nähe.

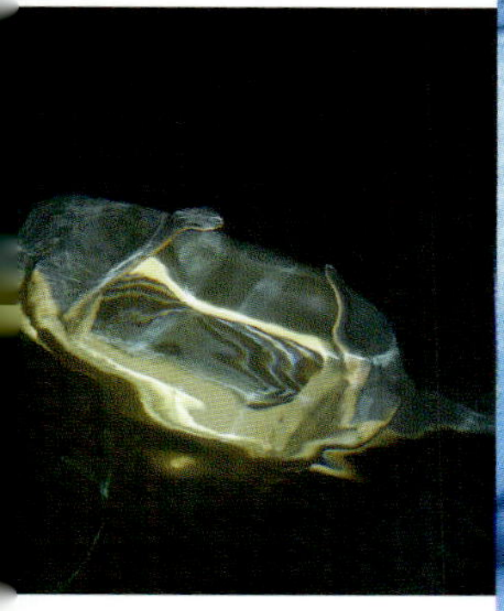

Wenn Sie in erster Linie wegen der Mantarochen auf die Inseln gekommen sind, können Sie nichts Besseres tun, als nach Sonnenuntergang am hoteleigenen Anlegeplatz Schnorchel und Taucherbrille anzulegen. Zwei starke Unterwasserlampen ziehen hier Plankton an, das wiederum mindestens einen Mantarochen anlockt. Ob Sie diesen vom sicheren Kai aus beobachten oder ob Sie ins Wasser eintauchen und sich von seinen Flossenspitzen streifen lassen – es ist in jedem Fall ein einmaliges Erlebnis. Oder Sie wagen sich nach Anau hinaus, einem Tauchgebiet innerhalb der Lagune, in dem ebenfalls Mantarochen auf der Suche nach Plankton sind.

Die Sichtverhältnisse sind wechselhaft, aber mit diesen einzigartigen Lebewesen zu schwimmen ist Abenteuer genug.

Ein flaches Tauchrevier innerhalb des Riffs ist mit orangefarbenen und blutroten Anemonen bewachsen, in denen sich kamerascheue Anemonenfische tummeln. Mit etwas Glück werden Sie mit dem Anblick eines großen Schwarms Gefleckter Adlerrochen belohnt. Für Schnorchler hält die Riffwand neben den auf Pfählen ins Wasser gebauten Bungalows einige Überraschungen bereit: So gut wie sicher begegnet man hier ganzen Rochen-Familien, Tintenfischen, die sich perfekt ihrer Umgebung anpassen, Schildkröten und einer Vielzahl tropischer Fische.

OBEN
Bora Boras Hartkorallen sind vielleicht nicht die farbenprächtigsten der Erde, dafür befinden sie sich in hervorragendem Zustand.

UNTEN
In Französisch-Polynesien gibt es mindestens 15 verschiedene Muränenarten. Die Riesenmuräne kann bis zu drei Meter lang werden.

OBEN
Ein Oktopus kann seine Farbe und die Beschaffenheit seiner Haut verändern um sich an die Korallen anzupassen.

UNTEN
Anemonen sind ein sicherer Hafen für viele Arten von Anemonenfischen, die eine Schleimschicht vor den Tentakeln schützt.

RECHTS

Es gibt kaum etwas Aufregenderes, als inmitten von Haien zu schwimmen.

UNTEN

Anemonen haben die unglaublichsten Farben. Wenn sie nicht gerade Nahrung aufnehmen, rollen sie sich zu schillernden Kugeln ein.

Die Hauptinsel von Tikehau sieht zunächst nicht sehr vielversprechend aus – ein abgeschiedenes Korallenatoll, das nur wenige Zentimeter über dem Meeresspiegel liegt. Lassen Sie sich davon aber nicht täuschen, allein das Tauchen lohnt einen Besuch. Und nur 15 Bootsminuten entfernt liegt die kleine, in Privatbesitz befindliche *motu* mit dem luxuriösen Pearl Beach Resort.

Insel Tikehau

HOTEL Pearl Beach Tikehau

Diese wahre Oase wurde 1990 eröffnet und 2001 von Grund auf renoviert und erweitert. Alle 38 Zimmer sind im traditionellen polynesischen Stil gebaut, mit palmgedeckten Dächern und Wänden aus geflochtenem Bambus. Zwar verfügen die meisten Räume über eine Klimaanlage, doch dank des ständigen Windes auf der Insel und der leistungsfähigen Deckenventilatoren ist sie eigentlich nicht nötig. Lassen Sie einfach Türen und Fenster offen, das leise Rauschen der Brandung wird Sie in den Schlaf wiegen – mehr ist hier nämlich nicht zu hören.

Sie können wahlweise am Strand oder über dem Wasser Quartier beziehen. Die Strand-Bungalows liegen unter Palmen auf einem dünnen Streifen rötlichen Sandes, der zwar nicht puderfein ist, aber das Schwimmen und Schnorcheln im seichten Wasser angenehm macht. Die Zimmer sind alle gleich groß und verfügen über eine Veranda sowie Innen- und Außenduschen. Bei den über Wasser gebauten Zimmern haben Sie die Wahl zwischen Standard-Bungalows – die meisten von ihnen mit Blick auf die Lagune – oder Premium-Bungalows, die als zusätzliche Annehmlichkeit über einen direkten Zugang zur Lagune verfügen.

Wenn Sie sich eines der besten und größten Zimmer sichern wollen, buchen Sie einen der neuen Überwasser-Bungalows. Zu diesen führt ein 100 Meter langer Holzsteg, der sich über die kristallklare Lagune spannt. Hier herrscht absolute Ruhe. Das Höchstmaß an Abgeschiedenheit bietet Zimmer 45 am äußersten Ende des Resorts. Jeder der Bungalows ist mit einem großzügigen Wohnbereich, Holzfußböden und einer eigenen Veranda ausgestattet. Diese bietet

Auf einen Blick

Flughafen	Tikehau via Papeete
Fluggesellschaften	Lufthansa, Air New Zealand, Air Tahiti Nui
Transfer	15 Min. mit dem Boot
Zimmer	38 (die meisten klimatisiert)
Angestellte pro Zimmer	3 oder mehr
Freizeitangebot	Ausflüge zur Vogelinsel und ins Dorf, Picknicke auf einsamen Inseln, Kajaks, Pool, Volleyball, Pétanque
Service	Telefon, Fernseher, CD-Player, Zimmerservice
Kinder	ab 12 Jahren
Stromstecker	2-Pol-Rundstecker
Währung	CFP-Franc, US-Dollar
Zeitzone	MEZ -11
Telefon	00689/96 23 00
Internetseite	www.pearlresorts.com/tikehau

ausreichend Platz für zwei bequeme Holzliegestühle sowie einen überdachten Essbereich und garantiert ein Maximum an Privatsphäre. Von einem etwas tiefer gelegenen Podest, das über eine zusätzliche Dusche verfügt, führen Stufen direkt ins Wasser – einfacher kann Schnorcheln nicht sein. Als Frühaufsteher haben Sie gute Chancen, über dem sandigen Boden und zwischen den Korallenköpfen unter Ihnen (harmlose) kleine Schwarzspitzenriffhaie oder Adlerrochen anzutreffen.

Oft wundern sich die Bewohner der Strand-Bungalows, warum manch andere Hotelgäste nach einem exquisiten Abendessen noch schamlos riesige Mengen Weißbrot mit aufs Zimmer nehmen. Des Rätsels Lösung: In den Boden der über Wasser gebauten Bungalows ist nicht nur eine Glasplatte eingelassen, die einen Blick auf die Lagune darunter gestattet, sondern auch eine kleine Luke, durch die man das Brot ins Wasser fallen lassen kann. So kann man auch den Meeresbewohnern ein Festmahl bereiten, doch besser wirft man das Brot einfach von der Veranda ins Meer – der Aufruhr ist derselbe, aber der Blick auf die Fische ist weitaus lohnender.

Nicht nur die Fische werden hier bestens verköstigt, sondern auch die Gäste. In diesem Teil der Welt macht sich immer wieder der Einfluss Frankreichs bemerkbar, insbesondere wenn es um das Essen geht. Zum Frühstück gehören frische Croissants, Baguette und *pains au chocolat*. Auch die anderen Mahlzeiten, die man im Restaurant Porteho einnimmt, sind von der französischen Küche inspiriert. Die Gerichte sind einfach, aber köstlich und enthalten meist heimischen Fisch als Grundlage. Das scheint umso vernünftiger, wenn man die Preise für importierte Waren bedenkt. Das meiste, einschließlich Fleisch, muss den weiten Weg von Australien oder Neuseeland zurücklegen. Allerdings wird man in Pearl Beach so herrlich verwöhnt, dass man leicht vergisst, welch logistische Leistung diesen Luxus überhaupt erst ermöglicht.

Im ganzen Resort herrscht eine sehr entspannte Atmosphäre, einen Dresscode gibt es hier nicht. Wer die Anlage zum Faulenzen nutzen will, legt sich in den Sand oder in den kleinen Süßwasserpool am Strand und genießt den Blick auf das kristallklare Wasser. Wenn Sie mehr erleben möchten, können Sie aus einer Reihe von Aktivitäten wählen, vom Angeln bis zum Lunch auf einer unbewohnten *motu*. Was immer Sie sich für Ihren Urlaub wünschen, in Pearl Beach finden Sie es.

140
140

Die kleine, aber perfekt gelegene Tauchbasis schließt unmittelbar an den Empfangsbereich des Pearl Beach Tikehau an. Sie wird von französischen Tauchlehrern geleitet, die alle auch Englisch sprechen. Es geht hier sehr entspannt zu, und ein kürzeres Haftungsausschluss-Formular haben Sie vermutlich noch nie unterschrieben. Die Einweisung ist kurz und bündig: Laut Gesetz darf niemand tiefer als 30 Meter tauchen, der dafür nicht ausgebildet ist.

TAUCHBASIS

Die Tauchgänge finden in der Regel am Morgen statt, wenn das Sonnenlicht am günstigsten ist. Täglich läuft eine Exkursion mit zwei Tauchgängen aus. Die Auswahl an Sherwood-Tauchausrüstung ist groß. Allerdings ist es Ihre Aufgabe, die Geräte zusammenzusetzen und am Ende des Tages zu spülen. Die Mitarbeiter verstauen anschließend alles und halten es für Ihre nächste Exkursion bereit, mehr nicht.

Das Boot ist einfach, aber zweckmäßig und kann bis zu zwölf Taucher aufnehmen. Dann wird es allerdings etwas enger. Auch für die Mitnahme von Unterwasserkameras ist das Boot nicht unbedingt geeignet, obwohl es einen kleinen Trockenbereich gibt. Die Tauchgründe erreicht man nach nur 25-minütiger Fahrt über die Lagune, aber stellen Sie sich darauf ein, dass Sie bei unruhiger See schon vorher nass werden. Am besten gehen Sie im Tauchanzug an Bord.

Der Einstieg erfolgt über eine Rolle rückwärts, aber auf Wunsch hilft Ihnen der Bootsführer, die Ausrüstung im Wasser an- und später wieder abzulegen. Die Gruppen bestehen aus höchstens fünf Teilnehmern – das fördert die Entdeckerfreude –, und die Tauchgänge sind in der Regel auf etwa 50 Minuten begrenzt. Während der Pausen auf dem Boot werden Tee, Wasser und Gebäck angeboten.

Hier handelt es sich zwar um eine relativ einfache Tauchbasis, die jedoch alles bietet, was man braucht. Machen Sie sich nur bewusst, wo Sie sind: Weit und breit ist kein anderes Tauchboot in Sicht, und das ganze Gebiet gehört Ihnen.

Auf einen Blick

Boote	7,30 m (nass, überdacht)
Gruppengröße	5
Tauchlehrer	2
Sprachen	Englisch, Französisch
Kurse	Qualifikationstauchgänge und Fortgeschrittenenkurse; keine Anfängerkurse
Kinder	ab 12 Jahren
Sonstiges	Getränke, Vorbereitung der Ausrüstung
Internetseite	www.bluenui.com

Die Tauchschule mag schlicht sein, doch wenn Sie erst einmal unter Wasser sind, spielt das keine Rolle mehr. Jacques Cousteau hat einmal gesagt, keine Lagune der Welt sei so reich an Fischen wie das Tikehau-Atoll. Das liegt zwar schon Jahrzehnte zurück, doch sind die Fischbestände hier noch immer außergewöhnlich.

OBEN
In dem kristallklaren Wasser um Tikehau erwartet Sie eine bezaubernde, jungfräuliche Korallenlandschaft.

TAUCHEN

Wie Rangiroa, das größere und bekanntere Nachbaratoll, besitzt auch Tikehau nur einen einzigen Durchlass zum Meer, Tuheiva. Fünf der insgesamt sechs Tauchgründe befinden sich in dessen Nähe. Glücklicherweise ist Pearl Beach das einzige Hotel in der Gegend, so dass die Ankerplätze nicht heiß erkämpft werden müssen.

Shark Hole stellt zweifellos alle anderen Tauchplätze in den Schatten. Wie diese garantiert er eine fantastische Sicht von 30 Metern und mehr. Beim Abstieg treffen Sie mit Sicherheit auf Dutzende von Grauhaien, die unter Ihnen ihre Kreise ziehen und oft bis auf zwei Meter an Sie herankommen – wenn Sie sie nicht bemerken, sogar noch näher. Vermutlich entdecken Sie auch einen zutraulichen Napoleon-Lippfisch, der unablässig auf und ab schwimmt. Auch er wird sich Ihnen nähern, leider jedoch nicht genug, als dass Sie seine intensiven Farben erkennen könnten. Wenn Sie sich einmal die Riffwand genau ansehen, werden Sie feststellen, dass Tausende und Abertausende von Husarenfischen vor ihr wellenförmige Bahnen ziehen.

Wenn Sie all dies hinter sich gelassen und vielleicht noch eine Echte Karettschildkröte angetroffen haben, gelangen Sie in einen atemberaubenden Korallengarten. In Französisch-Polynesien gibt es zwar keine Weichkorallen, aber dafür gehören die dortigen Hartkorallenbestände zu den umfassendsten und schönsten der Welt. Insbesondere Tikehau kann mit endlos scheinenden Feldern aufwarten. Die seichten Gewässer bieten einen unglaublichen Ausblick: Das Meer ist selten tiefer als zehn Meter, und es ist ein wahrhaft magisches Erlebnis, sich durch diese unberührte Natur unter Wasser zu bewegen.

Auf einen Blick

Tauchplätze	6
Schwierigkeitsgrad	einfach
Sichtweite	30 m und mehr
Beste Spots	Shark Hole
Schnorcheln	sehr gut vom Tauchboot aus
Tauchanzüge	3 mm
Korallen	unberührt
Unterwasserwelt	Grauhaie, Schwarz- und Weißspitzenriffhaie, Hammerhaie, Napoleon-Lippfische, Delfine, Stachel- und Fadenmakrelen-Schulen, Adlerrochen
Sonstiges	Dekompressionskammer auf Tahiti (1 Std. entfernt)

RECHTE SEITE

OBEN LINKS
Die unversehrten Korallen von Tikehau bieten Jägern und Gejagten gleichermaßen Unterschlupf.

MITTE LINKS
Falterfische sind fast immer paarweise unterwegs. Die meisten Paare bleiben ihr Leben lang zusammen.

UNTEN LINKS
Muränen lassen sich von Fischen und Garnelen putzen. Das geöffnete Maul mag beängstigend wirken, aber keine Sorge – die Tiere atmen so.

RECHTS AUSSEN
Ein Taucher über der Steilwand, im Vordergrund ein Gorgonenhaupt in leuchtenden Farben

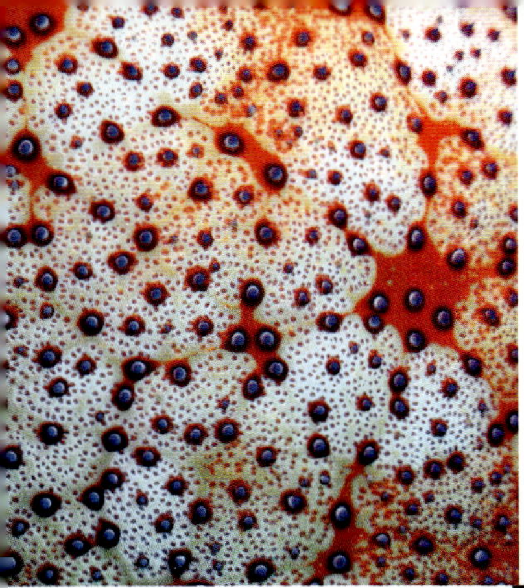

RECHTS

Auf Tikehau sieht man die Steilwände vor lauter Fischen nicht mehr.

UNTEN RECHTS

Bei Shark Hole kann man Schwarzspitzenriffhaie hautnah erleben.

OBEN

Nahaufnahme eines wunderschön gemusterten Gorgonenhaupts

LINKS

Neugierige Napoleon-Lippfische zeigen sich auf fast jedem Tauchgang.

RECHTS

In den zerfurchten Riffen finden Beutejäger wie Rotfeuerfische, Skorpionfische und Steinfische hervorragende Beobachtungsposten.

Ein bisher unbenannter Tauchplatz unmittelbar neben dem Tuheiva-Durchlass ist beinahe ebenso schön. Auch hier werden Sie riesige Felder unversehrter Hartkorallen entdecken; mit Sicherheit sahen alle Riffe der Welt einmal so aus – in den Zeiten vor der Umweltverschmutzung und der globalen Erwärmung.

Es ist ein einfacher Tauchgrund, auch hier geht es nicht tiefer als 30 Meter hinab, und es wimmelt von Rotfeuerfischen, die sich in den Überhängen verstecken. Wahrlich gigantische Steinfische zwängen sich in die engsten Winkel, auch der allgegenwärtige Napoleon-Lippfisch ist hier anzutreffen sowie der eine oder andere Hammerhai und Unmengen vielfarbiger Fische. Grüne Muränen gibt es im Überfluss – aber nehmen Sie sich in Acht, wenn Sie an einer abgestorbenen Koralle Halt suchen, denn typisch für diese Lebewesen ist eine unheilvolle Verbindung aus schlechtem Sehvermögen und scharfen Zähnen.

Bei gutem Wetter können Sie das offene Meer hinter dem Hotel erkunden (auch wenn der Weg dorthin nicht ganz einfach ist). Bei einsetzender Flut ist ein Strömungstauchgang durch den Tuheiva-Pass zu empfehlen. Hier trifft man auf eine unglaubliche Vielfalt an Lebewesen, darunter Mantarochen und Hammerhaie. An diesem abgelegenen Ort ist Tauchen noch ein ungetrübtes Vergnügen, das alle möglichen Überraschungen bereithält. Und durch kristallklares Wasser über riesige Felder unberührter Korallen zu gleiten und dabei zu wissen, dass kilometerweit niemand sonst unterwegs ist, sorgt für ein Hochgefühl bei jedem Tauchgang.

Costa Rica

Die Republik Costa Rica gilt im krisengeschüttelten Mittelamerika als Hort der Stabilität. Das seit 1821 unabhängige Land liegt zwischen Nicaragua und Panama und grenzt im Westen an den Pazifischen Ozean, im Osten an das Karibische Meer. Im Landesinneren locken überwältigend schöne Regenwälder und eine Kette von Vulkanen, von denen einige noch aktiv sind. Besonders der zwei Autostunden von der Halbinsel Papagayo entfernte Arenal bietet fast jede Nacht ein Feuerwerk.

Sollten Sie die Attraktionen von Mittelamerikas Karibikküste bereits kennen, können Sie an der Westküste völlig andere Erlebnisse genießen, zumindest was das Tauchen angeht. Der schmale Streifen Festland, der den nordamerikanischen mit dem südamerikanischen Kontinent verbindet, bildet gleichzeitig eine Barriere zwischen zwei grundverschiedenen maritimen Lebensräumen. Im nährstoffreichen Pazifik, der rauer und kühler ist als die Karibik, wimmelt es nur so vor Meereslebewesen, die von den Galapagosinseln bis hierher kommen. Fast möchte man glauben, die frühen spanischen Siedler hätten schon über Tauchgeräte verfügt, als sie diese Küste die »Reiche Küste« nannten.

Kein Abschnitt verdient diese Bezeichnung mehr als die Halbinsel Papagayo, dieser dünne Streifen Land im Nordwesten, der zu den am wenigsten entwickelten Regionen Costa Ricas gehört. Hier findet sich das erste echte Fünfsterneresort des Landes, das Four Seasons Peninsula Papagayo.

Die 1000 Hektar große Halbinsel Papagayo hat teil an einem groß angelegten, von der Regierung unterstützten Entwicklungsprojekt an Costa Ricas Pazifikküste und wird eines Tages mit Resorts übersät sein. Vorerst jedoch hat das Four Seasons die Küste für sich allein und kann sich zu Recht rühmen, an der allerschönsten Stelle zu liegen. Wo noch vor wenigen Jahren unberührter Regenwald stand, stehlen heute Brüllaffen die Bälle vom Arnold-Palmer-Golfplatz und machen Leguane Würfelspiele auf den blitzblanken hoteleigenen Chevrolets Suburbans.

Halbinsel Papagayo

HOTEL Four Seasons Peninsula Papagayo

Nach halbstündiger Autofahrt vom Flughafen in Liberia erreicht man einen Palmenhain wie aus dem Bilderbuch. Was auf den ersten Blick wie die Hoteleinfahrt erscheint, ist in Wirklichkeit die Zufahrt zur Halbinsel. Acht Kilometer lang schlängelt sich die Straße zwischen Wald und Rasenflächen hindurch, bis man schließlich das Herzstück des Resorts erreicht, das zu beiden Seiten von Stränden flankiert wird. Die Playa Blanca macht ihrem Namen allerdings weniger Ehre, ist sie doch eher grau als weiß. Schöner ist eindeutig die Playa Virador auf der anderen Seite. Ruhige, geschützte Gewässer zum Schwimmen finden Sie jedoch an beiden Ufern.

Mit der architektonischen Ästhetik mag manch einer zu kämpfen haben – von oben sieht das Resort aus wie der Rand eines Terrakottatopfes, und die Zimmer wurden offenbar der Form eines Gürteltiers nachempfunden –, aber nichtsdestotrotz ist das Resort einzigartig und fügt sich harmonisch in seine Umgebung ein.

Die 163 Zimmer sind in drei großen Flügeln untergebracht, die exklusiveren Unterkünfte und Suiten liegen in kleinen Grüppchen verstreut am Hang. Die Standardzimmer sind sehr großzügig geschnitten und wunderschön möbliert: Wie in einem Four Seasons nicht anders zu erwarten, ist das Bett mit traumhafter Bettwäsche bezogen, daneben gibt es ein geräumiges Bad sowie einen Wohnbereich, der ins Freie übergeht und durch ein fast unsichtbares Moskitogitter geschützt ist. Es lohnt sich, etwas mehr zu investieren und ein Zimmer in den oberen Etagen zu buchen – der Ausblick ist wirklich fantastisch. Die ebenerdigen Räume gewähren nur einen flüchtigen Blick auf das Wasser.

Auf einen Blick

Flughafen	Liberia
Fluggesellschaften	Lufthansa, United Airlines, Delta Airlines
Transfer	45 Min. mit dem Auto von Liberia
Zimmer	163 (alle klimatisiert)
Angestellte pro Zimmer	4
Freizeitangebot	Golf, Naturerkundungen, Angeln, Segeln, Kajaks, Canopy-Tour im Regenwald, Surfen, Kinderbetreuung, Tennis, Spa, Pools
Service	Fernseher, Internet, Zimmerservice
Kinder	jedes Alter
Stromstecker	2-Pol-Flachstecker
Währung	Costa-Rica-Colón, US-Dollar
Zeitzone	MEZ -8
Telefon	00506/6 96 00 00
Internetseite	www.fourseasons.com

Um die drei Restaurants kümmert sich ein unglaublich aufmerksamer Stab an Mitarbeitern, denen kein Wunsch zu aufwendig ist. Das Frühstück nimmt man in der Brasserie ein, das Mittagessen entweder dort oder im Congos am Pool. Am Abend hat man zusätzlich die Möglichkeit, im eleganten italienischen Restaurant Mare zu speisen. Halbpension ist eine gute Wahl, aber lassen Sie sich vorsichtshalber die Bedingungen vorab genau erklären. Ein Vergnügen der besonderen Art ist die »Argentinische Nacht« im Congos: Es gibt Fleisch und Fisch vom Grill, so viel das Herz begehrt. Hier geht niemand hungrig ins Bett.

Das Angebot an Aktivitäten ist reichhaltig, und es gibt sogar spezielle Veranstaltungen für Kinder. Auf Ausflügen in den Regenwald können Sie Brüllaffen und Hellrote Aras beobachten (die »Skywalk«-Tagestour sollten Sie allerdings besser auslassen). Auch innerhalb des Resorts wird ein umfangreiches Programm geboten – von Pilates über Surfen bis zum Wildwasser-Rafting. Service, Ambiente und Komfort entsprechen voll und ganz den Erwartungen, die der Name Four Seasons weckt, und die eigenwillige Architektur findet in der atemberaubenden Naturkulisse ihren Widerpart. Dass es eine Unterkunft dieser Qualität in einer der vormals ärmsten und unberührtesten Gegenden Costa Ricas gibt, ist an sich schon ein Erfolg.

Tauchen ist im Four Seasons Papagayo die einfachste Sache der Welt. Die von einer amerikanischen Familie geführte Tauchbasis Diving Safaris liegt 15 Bootsminuten entfernt an der gegenüberliegenden Seite der Bucht. Allerdings werden Sie den Weg dorthin niemals zurücklegen müssen – jeden Morgen um neun Uhr startet an der hoteleigenen Playa Blanca eine Expedition mit zwei Tauchgängen, und das Team ist stets pünktlich zur Stelle.

TAUCHBASIS

Vom Strand aus bringt Sie ein kleines Boot zu einem der fünf Tauchboote von Diving Safaris. Diese sind einfach, aber äußerst bequem und absolut zweckmäßig, vor allem wenn man bedenkt, dass die meisten der fünf Tauchgründe ganz in der Nähe liegen. Ausnahmen sind die Catalinas und die Bat Islands, für die man einen ganzen Tag einplanen sollte. Aber keine Sorge – Diving Safaris verfügt auch über Boote für längere Touren.

Auf dem Boot werden nur kleine Erfrischungen wie Wasser, Obst und Kekse angeboten. Aber wenn Sie keinen Tagesausflug machen, sind Sie normalerweise um ein Uhr mittags wieder im Resort zurück und können dort in aller Ruhe zu Mittag essen.

Eventuelle Versäumnisse in der Verpflegung macht das Team beim Tauchen mehr als wett. Die Führer tun ihr Möglichstes, Ihnen alles zu zeigen, was die örtlichen Tauchgründe an Exotik zu bieten haben. Auch kümmern sie sich um die Ausrüstung, wechseln nach dem ersten Tauchgang die Flaschen und verstauen alles sachgemäß, so dass Sie Geräte und Anzug am nächsten Tag gut gereinigt und einsatzbereit auf dem Boot vorfinden werden.

Für Kinder bietet Diving Safaris Bubblemaker-Kurse im Hotelpool an, und jeden Freitag gibt es eine Einführung ins Gerätetauchen für Erwachsene – eine hervorragende Gelegenheit, um die Faszination des Tauchens erstmals zu erleben.

Auf einen Blick

Boote	ab 7,60 m (nass/trocken, überdacht)
Gruppengröße	6
Tauchlehrer	5
Sprachen	Englisch, Spanisch
Kurse	alle PADI-Kurse
Kinder	ab 12 Jahren
Sonstiges	Nitrox und Kreislauftauchgeräte (am Vortag reservieren), Essen und Getränke, Vorbereitung und Reinigung der Ausrüstung, Charterboote
Internetseite	www.costaricadiving.net

Falls Sie unbedingt Korallen sehen wollen, ist Papagayo nichts für Sie; dasselbe gilt für die Galapagosinseln und den Großteil des östlichen Pazifiks. Wenn Sie sich jedoch für Begegnungen mit ungewöhnlichen Meeresbewohnern begeistern, dann werden Sie hier nicht enttäuscht – Papagayo ist so etwas wie der kleine Bruder der Galapagos. Abgesehen von den Kokosinseln, die mehrere hundert Kilometer vor der Küste liegen und nur mit Liveaboards erreichbar sind, ist es das schönste Tauchgebiet an der mittelamerikanischen Pazifikküste.

OBEN
An den Riffen wimmelt es nur so von Igelfischen. Leider ist das anmutige Seepferdchen ihre Leibspeise.

TAUCHEN

Auf einen Blick

Tauchplätze	22
Schwierigkeitsgrad	einfach bis fortgeschritten
Sichtweite	6 bis 12 m (Dezember bis März), 6 bis 22 m (April bis November)
Beste Spots	Virador, Bat Islands, Catalinas Islands
Schnorcheln	mittelmäßig bei Playa Blanca, gut vom Tauchboot aus
Tauchanzüge	5 mm (3 mm im Sommer)
Korallen	wenig
Unterwasserwelt	Harlekingarnelen, Seepferdchen, Zebramuränen und *Jewel Morays*, Bullen- und Walhaie, Adler-, Teufels- und Mantarochen, Kuhkopfrochen-Schulen, Bastardschildkröten, Grüne Meeresschildkröten, Lederschildkröten, große Süßlippen-Schulen, Spatenfische und Stachelmakrelen, Anglerfische, Grind-, Buckel- und Killerwale
Sonstiges	Tagesausflüge, Nachttauchgänge, Dekompressionskammer (1,5 Std. entfernt), Meeresreservat bei den Bat Islands

Dabei sind die Tauchplätze um Papagayo, was die Unterwassertopografie angeht, den Kokosinseln gar nicht so unähnlich: ein sanft abfallender Meeresgrund, übersät mit unendlich vielen Felsblöcken jeder Größe, die mit Algen, einigen kleinen Weichkorallen und gelegentlich einer Hartkoralle bewachsen sind. Auch die Vielfalt an Meerestieren ist fantastisch: Virador, nur wenige Minuten vom Four Seasons entfernt, bietet ein Kunterbunt seltener Arten, und bei Argentina können Sie darauf hoffen, einen der dort heimischen großen orangefarbenen Anglerfische anzutreffen.

Bis zu meinem Aufenthalt in Papagayo waren mir zwei kleine, aber wohlgestaltete Stars der Unterwasserwelt immer entgangen: das anmutige Seepferdchen und die hübsche Harlekingarnele. Gleich bei meinem ersten Tauchgang in Virador tauchten sie auf – und sie kamen sogar mit großem Geleit: fesselnd schönen Seeigeln, Adlerrochen, Teufelsrochen, *Jewel Morays (Muraena lentiginosa)*, Sternfleckenmuränen, Unechten Karettschildkröten, Skorpionfischen, Milchfischen und riesigen Schulen von Süßlippen, alle begleitet von den betörenden Gesängen der Wale.

Etwas weiter draußen, bei den berühmten Bat Islands, gerät der Puls schon einmal ins Stocken, wenn man mit an Sicherheit grenzender Wahrscheinlichkeit auf einen der großen – und ich meine wirklich großen – Bullenhaie trifft. In den weiter südlich gelegenen, noch aufregenderen Tauchgründen bei den Catalinas begegnet man gigantischen Schulen von Kuhkopfrochen, die gut und gerne Tausende von Exemplaren umfassen. Eine weitere Spezialität der Catalinas ist die faszinierende, scheue Zebramuräne, die man hier fast täglich

RECHTE SEITE

OBEN, VON LINKS NACH RECHTS
Eine Sternfleckenmuräne wagt sich zur Beutejagd aus ihrem Versteck; Seepferdchen findet man gewöhnlich nur selten, aber hier sind sie gleich an mehreren Riffen heimisch; die bezaubernde, scheue Zebramuräne, eine der schlangenähnlichen Vertreterinnen der Spezies, zeigt sich auf den Catalinas häufig.

UNTEN
Die exotische Harlekingarnele ernährt sich ausschließlich von Seesternen, die für sie eine Art lebendige Speisekammer darstellen, hat sie doch wochenlang daran zu knabbern.

LINKS

Eine *Jewel Moray (Muraena lentiginosa)*, eines der attraktivsten Mitglieder der Muränenfamilie, in den Gewässern um Costa Rica

UNTEN LINKS

Der Seestern entfaltet seinen Zauber erst bei künstlichem Licht – ein Grund, immer eine Taschenlampe dabeizuhaben.

RECHTE SEITE

OBEN, VON LINKS NACH RECHTS

Bei einer solchen Dichte an Meerestieren kann man seinen Tauchpartner schon einmal aus den Augen verlieren; junge Weißspitzenriffhaie verstecken sich oft in Höhlen; an Fischschulen herrscht in dieser Region wahrlich kein Mangel, vielleicht weil hier kein kommerzieller Fischfang betrieben wird.

UNTEN

Wie dieses trächtige Weibchen beweist, können Weißspitzenriffhaie eine imposante Größe erreichen.

antrifft. Und seien Sie auf der Hut, jederzeit kann einer der größeren Meeresbewohner Ihren Weg kreuzen: Große Teufelsrochen, Walhaie, Schwertwale, Grindwale und Buckelwale haben hier ihr Revier.

An allen diesen Tauchplätzen müssen Sie immer damit rechnen, Ihren Tauchpartner in einem Fischschwarm zu verlieren. Das ist keine Übertreibung – die Schulen der Süßlippen, Spatenfische und Kettenhechte haben wirklich ungeheuerliche Ausmaße. Es mag klareres Wasser und aufregendere Unterwasserlandschaften geben, aber die Tierwelt ist hier schlicht überwältigend. Diese Region verdient es daher, bei jedem Taucher, der sich bisher noch nie in den östlichen Pazifik gewagt hat, ganz oben auf der Wunschliste zu stehen.

Die Wassertemperaturen sind sehr wechselhaft. Die Fülle an Meerestieren geht zurück auf die Strömungen, die sich aus den kalten Auftrieben im Süden bilden. Extreme Temperaturunterschiede sind daher keine Seltenheit. Die besten Bedingungen herrschen während der Sommerregenzeit, wenn die Sichtweite bis zu 20 Meter beträgt; am Nachmittag geht oftmals ein Regenschauer nieder, und es ist häufig bewölkt. Wenn Sie Schwertwale, große Mantarochen oder Walhaie sehen möchten, tauchen Sie aber besser mit einem 5-mm-Nassanzug in kühlerem Wasser – selbst wenn die Sicht dann nicht so gut ist, weil das kalte Wasser viel Plankton mit sich führt.

Wenn Ihnen der Gedanke an ein Liveaboard Unbehagen bereitet, befinden sich die Tauchparadiese der Kokos- und Galapagosinseln außerhalb Ihrer Reichweite. Doch Papagayo steht diesen Regionen kaum nach – und Sie dürfen dort in einem der besten Hotelbetten der Welt schlafen.

Mexiko

Mexikos Küsten, die pazifische im Westen und die karibische im Osten, sind grundverschieden. Während sich an der Pazifikküste mit ihren berühmten Ferienorten Acapulco und Puerta Vallarta das Meer von seiner rauen Seite zeigt, kann sich die Karibikküste eines ruhigen Ozeans und schneeweißer Sandstrände rühmen – und der Riviera Maya auf der Halbinsel Yucatán.

Cancún, die größte Stadt auf der Halbinsel, ist Ausgangspunkt für die Erkundung der gesamten Küste. Die pulsierende Metropole, die alles an Vergnügungen zu bieten hat, was das sinnenfrohe Herz begehrt, ist zum Inbegriff des Massentourismus geworden und wird von heruntergekommenen, aztekisch angehauchten Hotelburgen dominiert. Wo einmal einer der wohl schönsten Strände der Karibik war, drängen sich heute die Bars, Nachtclubs und Spielcasinos. Einige benachbarte Städte sind diesem Beispiel gefolgt: Tulum und Playa del Carmen zum Beispiel sind berühmt für die Horden lärmender Studenten, die dort jeden Abend ihre Partys feiern.

Man mag es kaum glauben, aber nur 30 Minuten südlich von Cancún findet sich eine stilvolle Luxusunterkunft in nahezu unberührter Landschaft. Das inmitten eines Naturschutzgebietes und ganz in der Nähe von Maya-Ruinen gelegene Hotel Maroma verkörpert das Beste, was die Halbinsel zu bieten hat. Es ist ein echter Geheimtipp, von dem selbst die meisten Taxifahrer noch nie gehört haben. Glücklicherweise brauchen Sie sich darüber keine Gedanken zu machen, denn sofort nach Ihrer Landung wird man Sie am Flughafen willkommen heißen und mit einem schneeweißen, klimatisierten Geländewagen ins Hotel bringen. Und sind Sie erst einmal im Maroma angekommen, verfliegen ohnehin all Ihre Sorgen.

Das Hotel Maroma, erbaut nach den Entwürfen des Architekten Jean Louis Moreno, fügt sich perfekt in eine 200 Hektar große Kokosplantage ein, die an eine abgeschiedene Bucht grenzt und mit dem schönsten weißen Sandstrand an der gesamten Riviera Maya gesegnet ist. Mittlerweile gehört das Hotel zur Orient-Express-Gruppe, doch es bleibt nach wie vor Morenos Visionen treu. Strenge Auflagen garantieren außerdem, dass die Gegend um das Maroma die am wenigsten und am besten bebaute Region an der mexikanischen Karibikküste bleibt.

HOTEL Maroma

Die Straße zum Maroma ist, wie hier üblich, unbefestigt. Nachdem man die manikürten Rasen und palmengesäumten Auffahrten der anderen Hotels hinter sich gelassen hat, biegt man in einen eineinhalb Kilometer langen Weg aus Sand und Kieseln ein und fährt durch einen unberührten Dschungel, der unter Naturschutz steht. Am Ende wartet die Oase Maroma, in der man sich dank der lächelnden Gesichter der Hotelangestellten vom ersten Augenblick an zu Hause fühlt.

Das Hotel Maroma entpuppt sich als Ensemble einzelner Häuser, die sich auf mehr als acht Hektar Fläche verteilen. Das Zentrum bildet der direkt am Strand gelegene Speisesaal, an den der ruhige Hauptpool angrenzt. Im südlichen Teil des Resorts befinden sich jüngere Gebäude, in denen unter anderem ein Fitnessraum, ein Spa und ein Tauchshop untergebracht sind. Einziger Wermutstropfen ist ein benachbartes Resort, doch dank der Weitläufigkeit des Geländes fällt es kaum auf.

Die ruhigsten der 66 Zimmer des Maroma liegen in den oberen Stockwerken. Zimmer 1 bis 4 gehen auf den Strand und sind besonders zu empfehlen, Zimmer 2 und 4 bieten ein Höchstmaß an Privatsphäre. Der architektonische Stil lässt sich am besten als eine Mischung aus Maya-Elementen und maurischen Anleihen beschreiben. Hohe Decken aus heimischen Hölzern, rau verputzte, weiße Wände, Fensterläden aus Bambus und geflieste Fußböden sind die wesentlichen Merkmale der Inneneinrichtung. Jedes Zimmer verfügt über eine eigene großzügige Terrasse, auf der eine traditionelle mexikanische Hängematte zur Siesta einlädt.

Auf einen Blick

Flughafen	Cancún
Fluggesellschaften	Lufthansa und Iberia, auch Charterflüge
Transfer	30 Min. mit dem Auto
Zimmer	66, darunter 20 Suiten (alle klimatisiert)
Angestellte pro Zimmer	3
Freizeitangebot	Hobie Cats, Kajaks, Maya-Ruinen, Windsurfen, Sonnenuntergangsfahrten, Angeln, Golf, Reiten, Tennis, Fitnessraum, Pool, Spa
Service	Internet, Gemeinschaftsfernseher, Zimmerservice
Sonstiges	Mobiltelefone
Kinder	ab 16 Jahren
Stromstecker	2-Pol-Flachstecker
Währung	mexikanische Pesos (US-Dollar werden meistens auch akzeptiert)
Zeitzone	MEZ –7
Telefon	00998/8 72 82 00
Internetseite	www.maromahotel.com

In welchem Zimmer Sie auch wohnen, Sie sind nie weiter als ein paar Schritte vom Strand entfernt, dem die landestypischen *palapas*, die Dächer aus Palmblättern, die hier viele Gebäude und Bauten zieren, sein charakteristisches Aussehen verleihen. Und was für ein Strand! Aus drei Kilometern feinstem schneeweißem Sand bestehend, fällt er sanft in das ruhige und geschützte Wasser der Bucht ab. Ein einladendes Arrangement luxuriöser Strandmöbel, bestehend aus bequemen Sesseln, Liegestühlen und großen Diwanen mit riesigen Kissen, sorgt dafür, dass Sie sich gar nicht mehr von der Stelle rühren möchten. Warum sollten Sie auch? Ein kleiner Wink genügt, und Sie bekommen alles nur Denkbare serviert, vom Frühstück und Mittagsimbiss bis zum romantischen Abendessen bei Fackelschein. Sie könnten Ihren ganzen Urlaub am Strand verbringen, ohne auch nur einen Finger krumm machen zu müssen.

Falls Sie sich dennoch vom Strand losreißen können, lohnt sich ein Ausflug nach Puerto Aventuras, einer kleinen Stadt 30 Minuten südlich vom Maroma und vermutlich dem einzigen Ort auf der Welt, an dem man gleichzeitig mit Delfinen, Stachelrochen und Seekühen schwimmen kann. Sie können aber auch die geheimnisumwobenen Maya-Ruinen von Tulum oder Chichén Itzá besichtigen, auf dem Rücken eines Pferdes den Dschungel erkunden oder sich im Hochseefischen und gar Fallschirmspringen versuchen.

Wo Sie Ihre Mahlzeiten einnehmen, ist ganz Ihnen überlassen, allerdings gibt es dafür bessere Plätze als die Hauptterrasse. Ganz am Ende des Strandes, im Schatten hoher Palmen und mit Blick auf den Ozean, der fortwährend seine Farbe wechselt, liegt ein Essbereich unter freiem Himmel. Der Dresscode ist in der Regel eher zwanglos, doch während tagsüber legere Kleidung den Vorrang hat, ist am Abend etwas mehr Eleganz angesagt. Mittags und abends mischen sich in der Küche mexikanische und europäische Einflüsse. Ein besonderer Genuss ist das Frühstück – es bietet frischgepresste Säfte und selbstgemachte Marmeladen aus den exotischen Früchten der Region ebenso wie herrlich weiche Pfannkuchen mit Zimtsirup.

Eine Beschreibung des Maroma wäre unvollständig, würde man das *temazcal* nicht erwähnen, ein altes aztekisches Ritual zur spirituellen und körperlichen Reinigung, das hier jeden Abend durchgeführt wird. Es ist nichts für Zartbesaitete: Zum Klang traditioneller Beschwörungsformeln steigt man hinab in eine halb in die Erde eingegrabene Schwitzhütte. Vielleicht nicht jedermanns Sache, aber ganz gewiss ein besonderes Erlebnis.

Einer der Vorzüge des Maroma besteht darin, dass man sich selbst bei voller Belegung fragt, wo all die Gäste sind. Der Speisesaal am Strand ist selten mehr als zur Hälfte gefüllt, man findet immer Platz unter einer *palapa*, und an der Bar gibt es nie ein Gedränge – ebenso wenig wie sonst irgendwo. Egal, zu welcher Zeit man anreist, dieser Ort wirkt immer angenehm leer.

TURTLE NEST
NIDO DE TORTUGA

Diese winzige Basis wird vom vermutlich kundigsten, freundlichsten und erfahrensten Team der ganzen Karibikküste geleitet. Ramón, der viele der Tauchplätze mit entdeckt hat, taucht hier seit Jahren. Er und seine Mitarbeiter kennen das Riff wie ihre Westentasche. Tauchen ist ihr Leben, und sie haben, wie Unterwasser-Buschleute, einen scharfen Blick für alles, was sich bewegt.

TAUCHBASIS

Tauchen ist hier eine sehr individuelle Angelegenheit. Da für die meisten Tauchgänge nur zwei bis vier Gäste vorgesehen sind, können Sie die Termine selbst festlegen. Das 6,70 Meter lange Boot einheimischer Bauart, das von Ramóns Frau eigenhändig bemalt wurde, legt meist zwischen 9.00 und 9.15 Uhr ab. Um an Bord zu gelangen, müssen Sie ein paar Schritte durch das Wasser waten. Dass das Boot nicht überdacht ist, stört nicht weiter, da alle Tauchgründe in weniger als zehn Minuten zu erreichen sind. Wenn Sie einen Tagesausflug in weiter entfernte Gebiete unternehmen möchten, lässt sich auch das arrangieren.

Die Tauchschule stellt Tauchanzüge und Tarierwesten zur Verfügung, außerdem kann man Tauchcomputer mieten. Eine Maske bringt man besser selbst mit. Computer und Unterwasserkameras sind zwar grundsätzlich in Ihrem Zimmer am besten aufgehoben, doch wenn Ihnen das zu umständlich ist, kümmern sich die Mitarbeiter der Basis darum. Ihre Ausrüstung erwartet Sie jeweils fertig vorbereitet, wenn Sie an Bord gehen, und wird nach Ihrem letzten Tauchgang für Sie gespült und getrocknet.

Die meisten Tauchgänge leitet der charmante und umsichtige Ramón, der stets auf die Sicherheit seiner Gäste bedacht ist. Egal, wie tief man getaucht ist, jeder Tauchgang endet mit einem fünfminütigen Sicherheitsstopp – und einem herzlichen Händedruck. Man kann sich kaum einen besseren Ort vorstellen, um tauchen zu lernen.

Auf einen Blick

Boote	6,70 m (nass, halboffen)
Gruppengröße	4
Tauchlehrer	4
Sprachen	Englisch, Spanisch, Französisch
Kurse	PADI-Kurse
Kinder	ab 16 Jahren
Sonstiges	Computerverleih, Getränke, Nitrox, Kreislauftauchgeräte (nach vorheriger Anmeldung), Vorbereitung und Reinigung der Ausrüstung, Charterboote

Die hiesige Vielfalt an Tauchmöglichkeiten ist überwältigend. Nicht weniger als 15 Tauchplätze gibt es in maximal zehn Minuten Entfernung von der Basis, und für jeden ist etwas dabei: Anfänger können die blühenden Riffkanten in geringer Tiefe und ihre kleinen Steilwände erforschen, während erfahrene Abenteuerlustige sich von der berühmten Maroma-Strömung treiben lassen und die *cenotes*, versteckte unterirdische Wassergrotten, erkunden.

OBEN
Die ungelenke Karibische Spinnenkrabbe sucht in den Armen einer Anemone Schutz.

TAUCHEN

Echtes Steilwandtauchen ist hier nicht möglich, es gibt nur einfache, flache Tauchgründe mit »Miniwänden«, bei denen die Höhenunterschiede zwischen den Plateaus nicht mehr als drei Meter betragen. Sie liegen in etwa 12 bis 15 Meter Tiefe und weisen reiche, lebendige Ökosysteme auf, in denen Fächerkorallen und große Sternkorallen besonders häufig vertreten sind. Schwärme von Süßlippen, Rubia und ab und zu sogar ein seltener Krötenfisch lassen sich wie schwerelos treiben und scheinen nichts gegen die Anwesenheit von Tauchern einzuwenden zu haben – solange diese langsam atmen. Gefleckte und Grüne Muränen gibt es reichlich, Letztere sieht man allerdings eher nachts.

Ein weiterer guter Tauchplatz für Anfänger ist New Reef, ein etwa zwölf Meter breites Korallenband mit vielen Schluchten und Überhängen, die sich hervorragend im eigenen Tempo entdecken lassen. Hier gibt es Meeresfauna im Überfluss: verschiedene Rochen, darunter der Jamaika-Stachelrochen, Hummer, Papageifische, Husaren, Zackenbarsche, Großflossen-Kaiserfische und viele andere an Riffen beheimatete Arten.

Wenn Sie größere Fische sehen wollen, müssen Sie etwas mehr Erfahrung mitbringen. Turtle Plain ist ein Plateau in etwa 30 Meter Tiefe, das permanent von der mächtigen Maroma-Strömung umspült wird. Es ist relativ karg und mit Hunderten riesiger Schwämme bewachsen, die von der starken Strömung umgebogen werden. Hierher kommen große Grüne Meeresschildkröten und Echte Karettschildkröten zum Fressen. Während Sie angestrengt Halt an einem Felsen oder Schwamm suchen müssen, scheinen die Tiere völlig mühelos gegen den Strom zu schwimmen.

Auf einen Blick

Tauchplätze	12
Schwierigkeitsgrad	einfach bis fortgeschritten
Sichtweite	20 m und mehr
Beste Spots	Cenotes, Maroma-Strömung
Schnorcheln	gut am Hausriff, ausgezeichnet auf den Delfin- oder Seekuh-Expeditionen
Tauchanzüge	3 mm
Korallen	sehr gut
Unterwasserwelt	große Grüne Meeresschildkröten und Echte Karettschildkröten, Papageifische, Bullen-, Ammen- und Walhaie, Delfine, Seekühe, Krötenfische
Sonstiges	Tagesausflüge während der Walhai-Saison, Nachttauchgänge, Dekompressionskammer in Playa del Carmen (15 Min. entfernt)

RECHTE SEITE

OBEN LINKS
In den Korallenriffen vor der Halbinsel Yucatán sind über 500 Fischarten heimisch, darunter auch Rubia.

MITTE LINKS
Mit aufgesperrtem Maul läuft ein Zackenbarsch in der Reinigungsstation ein.

UNTEN LINKS
Die meisten Zackenbarscharten nehmen eine intensivere Farbe an, wenn sie geputzt werden.

RECHTS AUSSEN
Die Grotte Grand Cenote ist auch für Tauchanfänger zugänglich. Nur schwer kann man sich vorstellen, dass sie unter Wasser liegt.

LINKS
Das New Reef bietet geschützte Plätze in geringer Tiefe für lange und einfache Tauchgänge.

UNTEN LINKS
Während eine Schildkröte anscheinend mühelos in der starken Maroma-Strömung verweilt, um Nahrung aufzunehmen, kann sich der Taucher nur unter großer Anstrengung an Ort und Stelle halten.

Wer seinen Adrenalinspiegel erhöhen möchte, hat dazu reichlich Gelegenheit beim Tauchen in der Maroma-Strömung. Sie werden in tiefem Wasser ausgesetzt und steigen auf 40 Meter ab, wo Sie von der Strömung erfasst werden und, an Schildkröten vorbei, an der Oberkante einer 2000 Meter langen Wand entlangtreiben. In der Dunkelheit erkennt man schemenhaft Lebewesen, die auf den ersten Blick wie Napoleon-Lippfische aussehen, die sich hierher verirrt haben, sich dann aber als riesige, ausgewachsene Papageifische entpuppen, deren leuchtende Farben aus der Nähe fast blenden. Doch die Tiere ziehen allzu schnell vorüber, denn die Strömung trägt Sie davon.

Weiter draußen, bei Puerto Aventuras, erwarten Sie Seekühe und Delfine, bei der Insel Holbox leisten Ihnen im Juli und August Walhaie beim Schwimmen oder Schnorcheln Gesellschaft. Das Hotel bietet außerdem einen Tagesausflug zu zwei außergewöhnlichen *cenotes* an: zur Grande Cenote in der Nähe der Maya-Ruinen von Tulum sowie zur Angelitas, einer *cenote*, die sich in Privatbesitz befindet und nur Gästen des Maroma zugänglich ist.

In der Grande Cenote kann man zwar auch schnorcheln, doch ihr voller Reiz erschließt sich erst beim Tauchen. Es ist eher Grotten- als Höhlentauchen; man hat hier eine unbegrenzte Sicht. Wenn Sie ins Wasser gleiten, wird es Ihnen den Atem verschlagen: zunächst wegen der Wassertemperatur, die hier niedriger ist als im Meer, dann wegen der überwältigenden Klarheit des Wassers. Ihrem Tauchführer folgend, schlängeln Sie sich an Stalaktiten und Stalagmiten vorbei, und zwischen den einzelnen Kavernen erhaschen Sie glitzernde Sonnenstrahlen, die durch das tiefe, türkisfarbene Wasser dringen.

Nach einer Pause in Tulum geht es weiter zur Angelitas, einer sensationellen Wassergrotte mit mehr als 60 Metern Durchmesser. Das Tauchen hier ist wie eine Reise durch ein Wunderland: Es gibt kein maritimes Leben zu bestaunen, nur umgestürzte Bäume, was eine einzigartige Stimmung schafft. Nachdem Sie die fünf Meter dicke Schicht Brackwasser über sich gelassen haben, gelangen Sie in vollkommen klares Wasser, und in 30 Meter Tiefe werden Sie mit einer Szenerie belohnt, die dem *Herrn der Ringe* entnommen zu sein scheint. Es ist, als wäre man in ein Märchen geraten. Einfach traumhaft!

LINKS
Die nährstoffreichen Strömungen sorgen für ein reiches Fischvorkommen.

UNTEN
Der majestätische Adlerrochen ist regelmäßig an der Steilwand zu Gast.

RECHTS
Um unerkannt zu bleiben, haben Oktopusse unglaubliche Möglichkeiten, ihre Farbe und Hautbeschaffenheit zu verändern.

USA

Die Florida Keys erinnern in vielerlei Hinsicht an die Karibik – nur kann man die Keys mit dem Auto erreichen. Allein die Fahrt lohnt die Reise. Die mehr als 200 Inseln, 34 von ihnen bewohnt, sind durch den malerischen Overseas Highway (auch als US 1 bekannt) miteinander verbunden, einer 180 Kilometer langen, einspurigen Straße mit 42 Brücken, die sich über das schier unendliche, türkisfarbene Meer spannen. Am Ende des Highways ist man Havanna näher als Miami.

Wäre es nach Henry Flagler gegangen, könnten Sie ewig weiterfahren. Bis 1912 gab es keine Verbindungsstraße zu den Keys. Doch Flagler, ein Großindustrieller und Eisenbahnpionier, erkannte, dass Key West damals der einzige Hochseehafen an der Südostküste der USA war. In der Hoffnung, von der Nähe zum Panamakanal profitieren zu können, finanzierte er aus privaten Mitteln einen Damm und eine Bahnlinie, um die Inseln mit dem Festland zu verbinden. Die ersten zehn Kilometer des Streckenabschnitts nach Kuba waren sogar schon fertig gestellt, als am Labour Day 1935 der stärkste Hurrikan, der jemals die Ostküste heimgesucht hatte, seine Arbeit zunichte machte.

Auf der ersten und größten Insel, Key Largo, säumen Tauchshops und Kuriositätenläden den Straßenrand. 150 Kilometer weiter liegt Ernest Hemingways berühmtester Wohnort, die südlichste Stadt der Vereinigten Staaten, das lebendige Key West. Der typische trockene Humor der Inselbewohner findet in jenem berühmten Grabstein den deutlichsten Ausdruck, auf dem geschrieben steht: »Ich habe dir doch gesagt, dass ich krank bin.« Wenn Sie auf der Suche nach einem luxuriösen Rückzugsort sind, werden Sie auf halbem Weg fündig: auf Little Palm Island, direkt neben Little Torch Key gelegen.

Es überrascht nicht, dass man für die Dreharbeiten von *Patrouillenboot PT 109*, jenen Film über die Kriegserlebnisse John F. Kennedys, ausgerechnet Little Palm Island wählte, um den Kinobesuchern vorzugaukeln, man befände sich im Südpazifik. Hier findet man zwei Hektar perfekter Filmkulisse. Die Entfernung nach Miami beträgt 150 Kilometer, und die Hauptverkehrsader der Keys liegt nur wenige Bootsminuten entfernt – gleichwohl scheinen Welten zwischen der Insel und der vielbefahrenen Straße zu liegen.

Little Palm Island

HOTEL

Little Palm Island

Ein im Stil der 1930er Jahre gehaltenes Motorboot holt Sie von einer kleinen Pförtnerloge auf Little Torch Key ab und bringt Sie in zehn Minuten zehntausend Kilometer weit fort – zumindest kommt es einem so vor. Sind Sie erst einmal in die stilvolle und luxuriöse Welt von Little Palm Island eingetaucht, werden Sie sich kaum mehr vorstellen können, dass Sie sich noch immer in Florida befinden.

Als Erstes wird Ihnen die üppige Vegetation auf der Insel auffallen, dann das niemals verstummende Vogelgezwitscher. Little Palm Island ist Winterquartier für eine unglaubliche Vielfalt an Zugvögeln, darunter verschiedene Reiherarten, Falken, Sittiche, Tauben, Pelikane und Kormorane – es ist, als beträte man eine große Freiluftvoliere. Nirgendwo sonst auf den Keys lässt sich dieses Naturschauspiel beobachten, das sogar die dem Vogelschutz verpflichtete Audubon Society für einzigartig hält.

Das Zentrum des Resorts bildet ein beschaulicher, palmengesäumter Pool, um den sich die Palapa Bar, das Restaurant, eine gemütliche Bibliothek und eine Boutique gruppieren. Sie alle sind in einstöckigen, holzverkleideten Bauten unterschiedlichen Stils untergebracht, die den Eindruck erwecken, als handele es sich hier um ein Privathaus mit verschiedenen Nebengebäuden. Sie werden schnell vergessen, dass Sie sich in einem Hotel befinden.

Ein makelloser Pfad aus weißem Sand führt um die Anlage herum und zu 28 auf einer Anhöhe gelegenen, strohgedeckten Bungalows, allesamt mit Meeresblick und nur für die Bewohner zugänglich. Das Gefühl, man halte sich in der Abgeschiedenheit der Südsee auf, wird verstärkt durch die Tatsache, dass es in den Zimmern weder Telefone

Auf einen Blick

Flughafen	Miami oder Key West
Fluggesellschaften	Lufthansa/United Airlines, Delta Airlines
Transfer	40 Min. von Key West oder 2,5 Std. von Miami mit dem Auto, dann 10 Min. mit dem Boot
Zimmer	28, 2 Suiten (alle klimatisiert)
Angestellte pro Zimmer	4
Freizeitangebot	Wassersport, Ausflüge nach Key West, Fitnessraum, Spa, Pool
Service	eingeschränkter Zimmerservice
Kinder	ab 16 Jahren
Stromstecker	2-Pol-Flachstecker
Währung	US-Dollar
Zeitzone	MEZ –6
Telefon	00305/8 72 25 24
Internetseite	www.littlepalmisland.com

noch Fernseher gibt – ein mutiger Entschluss in Nordamerika. Kennzeichnend für die Zimmer sind gewölbte Decken, in Moskitonetze gehüllte Betten, ein separater Wohnraum, Whirlpools, Duschen innen wie außen und eine kleine, vor fremden Blicken geschützte Veranda. Einen besonderen Touch verleihen liebevoll arrangierte Details – Briefpapier mit Ihrem Namen, ein Teddybär auf dem Bett und eine gut ausgestattete Hausbar. Es ist wie bei Freunden, nur besser.

Der Speisesaal liegt auf einer kleinen Düne, und es steht Ihnen frei, im klimatisierten Innenbereich, im Schatten mit Blick auf den Strand oder direkt am Wasser zu essen. Das Abendessen können Sie sich auch bei Fackelschein am Strand servieren lassen, wo Sie den Sonnenuntergang beobachten und Pelikanen beim Tauchen zusehen, während Sie das sensationell gute Essen genießen. Und genau dann, wenn man glaubt, besser kann es gar nicht kommen, pirscht sich eines der seltenen *Key Deer* (eine nur dort vorkommende, vom Aussterben bedrohte Reh-Art) an, um seinen Anteil an Ihrem Diner zu erbetteln. Spätestens dann weiß man, dass Little Palm Island so etwas wie ein Naturschutzreservat ist.

Bleibt anzumerken, dass der Strand besser aussieht, als er tatsächlich ist. Die Keys sind nicht weit von den Bahamas entfernt, aber leider nicht mit denselben Traumstränden gesegnet. Dafür können Sie etwas anderes ausprobieren: Machen Sie es sich an der Strandpromenade bequem oder an einem der idyllischen Flecken, an denen die Insel so reich ist, oder erforschen Sie mit einem kleinen Boot die Mangroven. Mit etwas Glück treffen Sie auf Seekühe, die auf der Suche nach Seegras, ihrer Leibspeise, nach Little Palm kommen. Wenn Sie einen längeren Ausflug unternehmen möchten, bietet die Tauchbasis Kajaktouren zum Great White Heron National Wildlife Refuge an.

Das Zahlenverhältnis von Mitarbeitern zu Gästen entspricht in diesem hervorragend geleiteten Resort eher dem Standard des Fernen Ostens als jenem der westlichen Hemisphäre. Die Umgebung ist traumhaft, die Tierwelt überwältigend und das gesamte Ambiente ungewöhnlich – einen größeren Gegensatz zum amerikanischen Durchschnittshotel kann man sich gar nicht vorstellen. Es gibt hier auch keine Autos. Als einzige Geräusche hört man das Platschen der Pelikane beim Fischen im Wasser und gelegentlich ein vorbeifahrendes Boot. Zum Erkunden der Keys und Auskundschaften der besten Tauchgründe in der Gegend ist dies der ideale Ausgangspunkt.

Tides
Wind 15 to 20 KTS
Seas
Air Temp. 68°-80°
Water Temp. 76°

Island Girl
Little Palm Island

Truman Arrival Dock
Snorkel-Dive Service
Registered Guests Only
Beyond this Point

Die Tauchbasis liegt im geschützten Hafen von Little Palm Island, wo das Hollywood-Modell des *Patrouillenbootes PT 109* seinen Anlegeplatz hatte, gleich hinter dem Spa, und ist, wie alles hier, nur einen kurzen Fußweg von den Zimmern entfernt. Sie ist zwar klein, wartet aber mit hervorragender Ausrüstung auf, die regelmäßig erneuert wird. Alles ist darauf ausgerichtet, das Tauchen so angenehm wie irgend möglich zu gestalten.

TAUCHBASIS

Das tadellose, achteinhalb Meter lange *Island Girl* kann bis zu 14 Personen aufnehmen – doch bei der bescheidenen Größe des anliegenden Resorts ist mit einer vollen Belegung eher selten zu rechnen. Die Tauchgruppen sind ohnehin auf sechs Personen beschränkt. Da es auf dem Boot ziemlich nass zugeht, ist man mit einer wasserdichten Tasche gut beraten.

Weil Tauchreviere wie Looe Key und *Adolphus Busch* ganz in der Nähe liegen, besteht kein Bedarf an Tagesausflügen mit Verpflegung. Auf dem Boot werden gleichwohl immer kalte Getränke und genügend Handtücher mitgeführt. Wenn Ihnen nach einem langen Tauchgang kalt ist (in Looe Key kann man gut 90 Minuten unter Wasser verbringen), bekommen Sie sogar einen langen, gefütterten, wasserdichten Mantel gereicht, in dem Ihnen schnell wieder warm wird. Auf diesem Boot werden Sie garantiert nie frieren, ganz gleich, welches Wetter auch herrscht – man ist für alle Eventualitäten gerüstet.

Die Tauchbasis ist Ihnen auch behilflich, wenn Sie weiter weg tauchen möchten. Falls Ihre Zeit ausreicht, um das Wrack der *Thunderbolt* in Marathon zu besuchen, werden Sie in einer halbstündigen Fahrt gen Norden zum kleinen, aber perfekt organisierten Deep Blue Dive Center chauffiert. Von dort bringt man Sie zum etwa 20 Minuten entfernt liegenden Wrack und dann zu einem weiteren, flacheren Tauchgrund. Wenn Sie diese Unternehmung zu einem Tagesausflug ausweiten möchten, können Sie auf dem Rückweg eine Mittagspause in einem der vielen Restaurants mit Meeresblick einlegen. Dies ist eine lohnende Exkursion, die das Angebot im Resort wunderbar abrundet.

Auf einen Blick

Boote	ab 8,50 m (nass, überdacht)
Gruppengröße	6
Tauchlehrer	2
Sprachen	Englisch
Kurse	alle PADI-Kurse
Kinder	ab 16 Jahren
Sonstiges	Nitrox, Kreislauftauchgeräte, Getränke, Vorbereitung und Reinigung der Ausrüstung, Charterboote, Unterwasser-Scooter-Verleih

Hier kann man auf zweierlei Arten tauchen. Behutsame und sehr einfache Tauchgänge in seichtem Wasser sind für Anfänger bestens geeignet. Erfahrene Taucher kommen beim aufregenden Wracktauchen, oft in Gebieten mit starker Strömung, voll auf ihre Kosten. Unabhängig vom individuellen Können wird hier für jeden etwas Besonderes geboten.

OBEN
Die Wracks um Little Palm bieten Raubfischen und Beutetieren gleichermaßen Unterschlupf. Diesem Barrakuda scheint es an Nahrung nicht zu mangeln.

TAUCHEN

Looe Key, benannt nach der unglückseligen *H.M.S. Looe*, die 1742 am Riff sank, wurde 1981 zum Meeresschutzgebiet erklärt. Nach nur 20 Minuten Fahrzeit vom Resort findet man hier einige der aufregendsten Korallen-Grat-Rinnen-Systeme der ganzen Keys. Und das türkisfarbene Meer ist so klar, dass man schon einmal das Gefühl haben kann, auf den Bahamas zu sein. Da es selten mehr als zehn Meter hinabgeht, ist dies der ideale Ort, um tauchen zu lernen oder Tauchqualifikationen zu erwerben.

Neben gesunden Korallenbänken gibt es um die Looe Keys Unmengen von Fischen, gerade so, als hätte sich in Fischkreisen herumgesprochen, dass es sich hier um ein Schutzgebiet handelt. Man sieht Schwärme von Süßlippen, Meerbrassen, Gestreiften Sergeanten und Meerbarben, und mit etwas Glück wird man sogar mit dem Anblick einer Schule von Mitternachts-Papageifischen belohnt. Wie in einer Szene aus einem Hitchcock-Film tauchen diese plötzlich aus dem Nichts auf, tun sich kurz an den Korallen gütlich und entschwinden blitzschnell wieder.

Aber das ist längst noch nicht alles. Auch Großflossen- und Franzosen-Kaiserfische sowie Gekrönte Engelfische, Barrakudas, Grüne und Gefleckte Muränen sind hier anzutreffen. Wenn Sie die Simse und Überhänge am Riff absuchen, kann es gut sein, dass Sie einen Riesenzackenbarsch zu sehen bekommen, der sich perfekt seiner Umgebung anpasst, und über sich entdecken Sie vielleicht einen Riffhai oder Adlerrochen. Immer wieder ist man erstaunt, dass man sich in den USA befindet. Da das Meer so seicht ist, kann man schier endlos unter Wasser bleiben, um dort die Fauna und Flora zu bestaunen.

Auf einen Blick

Tauchplätze	über 30
Schwierigkeitsgrad	einfach bis fortgeschritten
Sichtweite	25 m (Mai bis Oktober), 9 m (November bis April)
Beste Spots	Looe Key, *Adolphus Busch*, *Thunderbolt*
Schnorcheln	sehr gut vom Tauchboot aus
Tauchanzüge	3 mm
Korallen	gut
Unterwasserwelt	Große Tümmler, Adlerrochen, Schwarzspitzenriffhaie, Bullen-, Ammen- und Riffhaie, Riesenzackenbarsche, Grüne und Gefleckte Muränen, Tarpune, Seekühe
Sonstiges	Tagesausflüge, Nachttauchgänge, Wracktauchen, Meeresreservat

RECHTE SEITE, IM UHRZEIGERSINN VON OBEN LINKS
Schulen von Gelbschwanzbarschen sind zahlreich; das Meeresreservat Looe Key ist eines der fischreichsten Gebiete an der amerikanischen Küste; meistens paaren sich Großflossen-Kaiserfische fürs Leben; die vielen Wracks der Florida Keys sind sowohl für Anfänger wie auch für erfahrene Taucher spannende Abenteuerspielplätze.

LINKS

Seit er in Florida unter Artenschutz steht, vermehrt sich der Riesenzackenbarsch, der auch Judenfisch genannt wird, in Windeseile.

UNTEN LINKS

In den Riffen vor Florida sind die Grüne und die Gefleckte Muräne heimisch.

Zugegeben, was die Artenvielfalt betrifft, kann man das Tauchen hier nicht mit Indonesien oder dem Great Barrier Reef vergleichen, aber dennoch ist es unglaublich lohnenswert, und gerade Anfänger bekommen hier weit mehr geboten als in vielen renommierteren Tauchregionen.

Wenn Sie größere Herausforderungen suchen, ist Wracktauchen das Richtige für Sie. Sie können entweder die *Adolphus Busch* in 25 Minuten Entfernung vom Hotel ansteuern oder die *Thunderbolt* am Marathon Key. Letztere liegt etwas weiter draußen, doch die Fahrt lohnt sich wirklich. Die Sichtverhältnisse sind an diesen Stellen wechselhaft, und man muss rund 30 Meter in die Tiefe gehen. Um die Möglichkeiten voll auszuschöpfen und auch in Anbetracht der strengen örtlichen Tauchvorschriften, sollte man mit Nitrox tauchen.

Die *Adolphus Busch* steht in 32 Meter Tiefe, die *Thunderbolt* in 35 Meter Tiefe aufrecht im Wasser. Letztere wurde früher, wie ihr Name (»Blitzschlag«) vermuten lässt, zur Erforschung von Blitzen eingesetzt. Um Blitzeinschläge auszulösen, ließ man damals eine mit einem Stahlseil gesicherte Boje in Gewitterstürme treiben. Die dafür benutzte Winde ist noch intakt. An beiden Wracks treffen Sie Riesenzackenbarsche an, jene Giganten, die gerne die Einsamkeit suchen. Hier waren sie aufgrund der Harpunenfischerei schon einmal vom Aussterben bedroht und sind daher etwas scheu, doch seit sie unter Artenschutz stehen, wachsen ihre Bestände wieder an. Bis zu 30 Kilo schwere Tarpune, die wie von einer Chromschicht überzogen wirken, glitzern im Wasser, Kettenhechte jagen Schwärmen von Glasfischen hinterher, und große Barrakudas spielen sich als die Herren der Wracks auf. Auch wenn Sie schon in anderen, spektakuläreren Gebieten der Erde getaucht sind, gibt es hier wunderbare Entdeckungen zu machen, und das Tauchen gehört ganz gewiss zu den Höhepunkten eines Aufenthalts in Little Palm.

UNTEN

Der monogame Großflossen-Kaiserfisch ist meist sehr zutraulich.

RECHTS

Die *Thunderbolt*, eines der besten Tauchwracks in den Keys, sank bei einer Expedition zur Erforschung der Auswirkung von Blitzeinschlägen auf Schiffe. Dazu wurde ein Ballon, der an dieser Seilwinde hing, in ein Gewitter gelenkt, um Blitze anzuziehen.

OBEN

Mit seinen zusätzlichen »Augen« verwirrt der Vieraugen-Falterfisch seine Feinde.

VODKA

Belize

Belize wurde erst spät für den Tourismus entdeckt. Das Land war bis 1981 britische Kolonie, und um seine Grenze zu Guatemala gab es lange Zeit Auseinandersetzungen. Politische Stabilität trat erst 1998 ein, weshalb weite Teile noch immer unberührt sind: Im Hinterland gibt es Jaguare und Regenwälder zu bestaunen, an der Küste jungfräuliche Riffe. Glücklicherweise ziehen Regierung und Umweltschutzorganisationen an einem Strang, um diese Naturschätze zu bewahren.

Schenkt man den einschlägigen Zeitschriften Glauben, ist San Pedro das Urlaubsziel der Wahl. Doch abgesehen von ein paar Tauchplätzen à la Disneyworld, an denen man auf Stachelrochen trifft und Haie füttern kann, wird man hier enttäuscht, denn die Riffe wurden von den beinahe alljährlichen Hurrikans praktisch leer gefegt. Weiter südlich hat man mehr Glück. Zwei Stunden entfernt liegen das sagenumwobene Blue Hole und die Turneffe-Inseln. Ersteres ist durchaus interessant, Letztere bieten sogar einige der besten Tauchplätze in der ganzen Karibik. Die Übernachtungsmöglichkeiten sind hier aber sehr begrenzt. Wenn Sie bereit sind, die lange Anfahrt auf sich zu nehmen, können Sie im kleinen, aber stilvollen Mata Chica in San Pedro bleiben – allerdings sind fünf Stunden Fahrzeit täglich nicht gerade Tauchen de Luxe.

Sie sind sicher besser beraten, noch weiter im Süden Logis zu beziehen, im Turtle Inn auf der Halbinsel Placencia. Hier treffen Sie rund ums Jahr auf eine große Vielfalt an Meeresbewohnern und machen zur richtigen Jahreszeit garantiert die Begegnung mit Walhaien – nur eine Stunde vor der Küste. Dies ist weltweit bisher der einzige Ort, an dem Meeresbiologen klären konnten, warum und wann genau diese Tiere jeweils auftauchen. Landratten können im wunderschönen Inland ausgedehnte Wanderungen unternehmen. Diese Kombination ist wirklich unschlagbar.

2002 gab es für das Turtle Inn eine gute und eine schlechte Nachricht: Die schlechte Nachricht war, dass der Hurrikan Iris die Anlage beinahe dem Erdboden gleichgemacht hatte. Und die gute? Dass der Hurrikan Iris die Anlage beinahe dem Erdboden gleichgemacht hatte! Das intime Resort war ursprünglich nach einer Idee des Filmregisseurs Francis Ford Coppola entstanden, und nun, da die Natur ihm wieder eine weiße Leinwand beschert hatte, nutzte er die Chance, es noch einmal völlig neu zu erschaffen.

Halbinsel **Placencia**

HOTEL Turtle Inn

Die Anfahrt zum Turtle Inn ist schon wegen der makellosen, saftig grünen Rasenflächen ein Erlebnis für sich. Wenn man bedenkt, dass die Gegend 2002 völlig verwüstet war, hat Coppola beim Wiederaufbau Bemerkenswertes geleistet – nichts weist mehr darauf hin, was sich hier vor nicht allzu langer Zeit abgespielt hat. Die nächstgelegene Stadt ist das verschlafene Placencia, 30 Flugminuten südlich von Belize City auf einer Halbinsel gelegen. Der regelmäßig von der zuverlässigen lokalen Fluglinie Tropic Air angeflogene schmale lange Landstreifen ragt nur wenige Zentimeter aus dem Meer heraus und ist umschlossen von zwei Gewässern: auf der einen Seite dem offenen Meer, auf der anderen einer geschützten Lagune, in der von Seekühen bis zu fünfeinhalb Meter langen Krokodilen so gut wie alles vertreten ist.

Bei der Gestaltung des Resorts mit seinen hochaufragenden, strohgedeckten Dächern wurden Elemente der Maya-Kultur mit balinesischen Einflüssen verbunden. Diese Mischung findet sich in allem Zierrat wieder – in den in Stein modellierten Reliefs, den nach antikem Vorbild bemalten Türen, den verzierten Holzfriesen, den mit Kerzen gesäumten Steinpfaden ... Auch ohne den Hausherrn zu kennen, verspürt man immer einen Hauch von Theatralik – ein bisschen wie bei einem perfekten Bühnenbild.

Die Zimmer sind freistehende, strohgedeckte, auf Pfählen thronende Hütten mit einer großzügigen, schattigen Veranda, geräumigem Sitzbereich und gemütlichem Schlafzimmer mit Queen-Size-Bett. Sie liegen entweder direkt am Strand oder eine halbe Gehminute entfernt. Dass man auf größere Betten verzichtet hat, obwohl reichlich Platz dafür vorhanden wäre, ist keine Nachlässigkeit, sondern

Auf einen Blick

Flughafen	Placencia via Belize City
Fluggesellschaften	Lufthansa oder Delta Airlines, dann Tropic Air/ Maya Island Air nach Placencia
Transfer	3 Min. mit dem Auto
Zimmer	25 (nicht klimatisiert)
Angestellte pro Zimmer	3 oder mehr
Freizeitangebot	Wassersport, Angeln, Jaguarbeobachtung, Regenwald, Pool, Spa
Service	Internet, Zimmerservice
Sonstiges	Mobiltelefone erlaubt
Kinder	jedes Alter
Stromstecker	2-Pol-Flachstecker
Währung	Belize-Dollar (US-Dollar werden meistens auch akzeptiert)
Zeitzone	MEZ –8
Telefon	00501/8 24 49 12
Internetseite	www.turtleinn.com

hat Methode. Coppola erklärt es so: »Wenn Sie allein hier sind, brauchen Sie kein größeres, und wenn Sie mit einem geliebten Menschen hier sind, sollten Sie kein größeres wollen!«

Kein Zimmer gleicht dem anderen. Sie können zwischen dem Honeymoon Cottage, der Chinese Matrimonial Suite, dem Pavilion House und den mit jeweils zwei Schlafzimmern ausgestatteten Garden oder Seaview Villas (ideal für Familien oder Freunde) wählen. Mit ihren hohen Dächern, geschnitzten Türen, Holzverkleidungen, Steinmetzarbeiten und Statuen lassen die Räume den balinesischen Wohnstil anklingen. Obwohl es keine Klimaanlagen gibt, ist es dank der leisen, aber wirkungsvollen Deckenventilatoren in allen Zimmern erstaunlich kühl.

Zwar behauptet der Tourismusverband von Belize, Placencia besitze einige der schönsten Strände des Landes, aber es gibt hier weder feinen weißen Sand noch klares, türkisfarbenes Wasser. Auch wenn die fleißigen Mitarbeiter keine Mühen scheuen, dies wettzumachen, und den Strand unablässig von Seetang säubern, ist das Schwimmen im kreisrunden Hauptpool oder dem kleineren Pool am Pavilion House doch am angenehmsten.

Das Essen wird normalerweise im Restaurant Mare mit Blick auf den Pool und das Meer serviert. Das stets aufmerksame Personal richtet Ihnen das Abendessen aber auch am Strand oder auf dem

Zimmer an. Mittags können Sie in der Laughing Fish Bar essen, die direkt am Strand liegt. Der Küchenchef verwendet heimische Zutaten, darunter Bioprodukte aus dem benachbarten Resort Blancaneaux Lodge. Daraus zaubert er Kreationen mit italienischem Einschlag, eine Referenz an Coppolas Wurzeln.

Das Turtle Inn ist wirklich etwas Besonderes. Getreu der Devise des Besitzers pflegt das Resort einen individuellen Stil, und es sieht ganz danach aus, als würde das auch so bleiben. Zwar finden Sie hier keinen perfekten weißen Sandstrand, dafür sind Sie aber von einer herrlichen Naturkulisse umgeben, sowohl über als auch unter Wasser: Seekühe, Regenwälder, Wasserfälle und das größte Jaguarreservat der Welt, ganz zu schweigen von der unglaublichen Artenvielfalt im Meer, wo unter anderem auch Walhaie ihre Runden drehen. Um all dies und noch viel mehr zu entdecken, kann man sich keinen besseren Ort vorstellen.

WHALE SHARK
SAPODILLA TOM

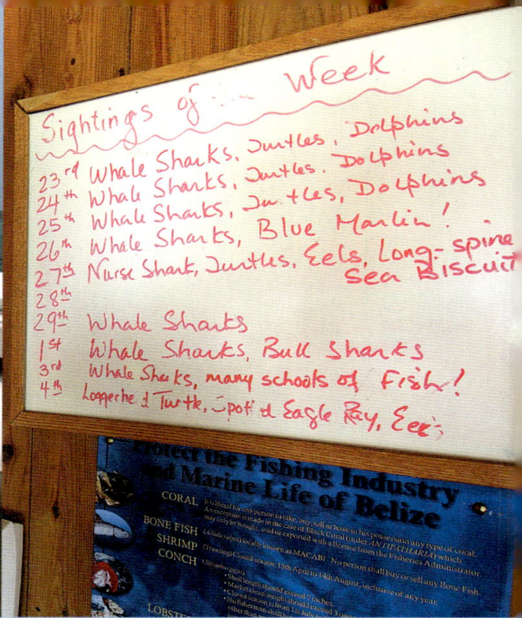
Sightings of ... Week
23rd Whale Sharks, Turtles, Dolphins
24th Whale Sharks, Turtles, Dolphins
25th Whale Sharks, Turtles, Dolphins
26th Whale Sharks, Blue Marlin!
27th Nurse Shark, Turtles, Eels, Long-spine Sea Biscuit
28th
29th Whale Sharks
1st Whale Sharks, Bull Sharks
3rd Whale Sharks, many schools of Fish!
4th Loggerhead Turtle, Spotted Eagle Ray, Eels
Protect the Fishing Industry and Marine Life of Belize
CORAL
BONE FISH
SHRIMP
CONCH

YAMAHA
DAN

Nach nur zweiminütigem Fußmarsch erreichen Sie das Tides Dive Centre, auf halbem Weg zum hoteleigenen Spa direkt an der Lagune gelegen. Im Laden kann man nicht nur T-Shirts und Tauchzubehör kaufen, auch die Auswahl an Ausrüstung ist erstklassig – nur eine eigene Maske sollte man mitbringen. Bevor Sie ins Wasser gehen, sollten Sie sich erkundigen, ob gerade *pica pica* im Meer treiben, das sind mikroskopisch kleine Quallenlarven. Wenn sie unterwegs sind, führt kein Weg an dem im Shop erhältlichen Schutzpräparat vorbei.

TAUCHBASIS

Die Boote sind so gut wie neu und darauf ausgelegt, Sie möglichst schnell zu den Tauchgründen zu befördern. Auch wenn das Riff Schutz bietet, kann das Wetter umschlagen und die Überfahrt etwas rauer werden. Nehmen Sie eine wasserdichte Tasche mit, wenn Sie eine Kamera oder andere Dinge dabeihaben, die trocken bleiben sollen.

Mit dem in der Tauchbasis verwendeten Hookah-System können auch Nichttaucher bis auf acht Meter Tiefe gehen. Sie werden dabei von einem Schwimmkompressor über einen Schlauch mit Luft versorgt. Dieses System wird bei Laughingbird Cay eingesetzt und ist der ideale Einstieg, um sich als Taucher ausbilden zu lassen – was Sie hier ebenfalls tun können.

Wenn sich nicht gerade Seekühe herumtreiben oder hervorragende Sichtverhältnisse herrschen, ist Schnorcheln am Hotelstrand nicht besonders aufregend; man schließt sich daher besser den Tauchausflügen an. Gute Schnorchelgebiete liegen um die Cays, die kleinen Inselchen, wirklich außergewöhnlich sind die Tauch- oder Schnorchelexkursionen zu den Walhaien.

Die meisten Tauchfahrten sind als Tagesausflüge angelegt und steuern entweder die 30 Minuten entfernten inneren Atolle an oder das Barriereriff, zu dem man eine Stunde unterwegs ist. Außer bei den Walhai-Exkursionen nutzt man das Oberflächenintervall zum Mittagsimbiss am weißen Sandstrand einer winzigen, mit Palmen bewachsenen Insel. Die stets lächelnde Tauchcrew wechselt die Flaschen, während Sie sich eine Ruhepause gönnen, und kümmert sich auch am Ende des Tages um Ihre Ausrüstung. Sie selbst können sich entspannt zurücklehnen.

Auf einen Blick

Boote	ab 7,9 m (nass, überdacht, nur eingeschränkt Schatten)
Gruppengröße	6
Tauchlehrer	2
Sprachen	Englisch, Spanisch
Kurse	alle PADI-Kurse
Kinder	ab 12 Jahren
Sonstiges	Computer- und Unterwasserkameraverleih, Essen und Getränke, Reinigung der Ausrüstung, Charterboote, Tauchshop, Hookah-Schnorcheln und -Tauchen (Helmtauchen, ohne Sauerstoffflaschen, keine Erfahrung notwendig)

Viele Leute fahren zum Tauchen nach Nord- oder Zentralbelize, doch was einem dort geboten wird, reicht nicht an Gladden Spit heran. Dank des immensen Einsatzes der *Friends of Nature* und der Regierung von Belize wurde dieses Gebiet 2001 zum Meeresreservat erklärt. Zur richtigen Jahreszeit taucht oder schnorchelt man hier so gut wie sicher in Gesellschaft von Walhaien.

OBEN
Leider ist die hübsche Gebänderte Scherengarnele sehr gefragt für Meerwasseraquarien.

TAUCHEN

Auf einen Blick

Tauchplätze	12
Schwierigkeitsgrad	einfach bis fortgeschritten
Sichtweite	15 m innerhalb, 30 m außerhalb des Riffs
Beste Spots	Gladden Spit, Glovers Reef
Schnorcheln	sehr gut vom Tauchboot aus
Tauchanzüge	3 mm
Korallen	sehr gut
Unterwasserwelt	Walhaie, riesige Schnapper- und Stachelmakrelen-Schulen, Schwarze Zackenbarsche, Nassau-, Tiger-, Gelbflossen- und Leoparden-Zackenbarsche, Spitzschwanz-Schlangenaale, Bullen-, Ammen- und Zitronenhaie, Unechte Karettschildkröten und Lederschildkröten, Tümmler und Fleckendelfine, Riesenzackenbarsche, Seekühe, Krötenfische
Sonstiges	Tagesausflüge, Nachttauchgänge, Wracktauchen, Meeresreservat

Früher kamen Fischer aus Honduras nach Gladden Spit, um mit ihren Netzen die Schnapper zu fangen, die hier so zahlreich sind, doch heute wird das Gebiet in Zusammenarbeit mit den örtlichen Tauchveranstaltern sorgfältig überwacht und geschützt. Die Boote müssen sich an feste Fahrzeiten halten, damit die Walhaie so wenig wie möglich in ihrem natürlichen Verhalten gestört werden. Das kommt wiederum auch den Tauchern zugute. Hier taucht man in 20 bis 23 Meter Tiefe im Blauen: Der Meeresgrund ist kaum zu erkennen, und abgesehen von gelegentlich vorbeiziehenden dunklen Schatten großer Bullenhaie und Blauer Marline gibt es wenig, woran man sich orientieren könnte. Zur falschen Zeit sieht man praktisch nichts, aber in der richtigen Jahreszeit und nach Vollmond ist das Tauchen hier einfach unvorstellbar schön.

Die Fischer hatten schon immer gewusst, dass hier etwas Besonderes vor sich geht: Der Vorrat an Schnappern, die sie in steter Folge aus dem Wasser zogen und mit denen sie ihre Boote zum Überquellen brachten, schien unerschöpflich – und auch Walhaie zogen unaufhörlich ihre Kreise. Erst ein Meeresbiologe deckte bei seinen Tauchgängen den Zusammenhang zwischen beiden Arten auf: Riesige Schwärme von Schnappern haben hier ihre Laichgründe, ihre Millionen von mikroskopisch kleinen Eiern schweben als weiße Wolken durchs Wasser – und verschwinden in den weit aufgesperrten Mäulern der angelockten Walhaie. Die sanften Riesen, die mehr als 16 Meter lang werden können, streichen mit nur wenigen Zentimetern Abstand an Ihnen vorbei. Die erste Begegnung mit einem dieser Giganten werden Sie garantiert niemals vergessen.

RECHTE SEITE, IM UHRZEIGERSINN VON LINKS OBEN
An den blühenden Riffen ist der Indigo-Hamletbarsch ein häufiger Gast; ein wunderbares Erlebnis ist das Tauchen mit Walhaien; ein auffällig gemusterter Bienenwaben-Kofferfisch; ein riesiger (und fauler) Küstensauger lässt sich von einem Walhai mitnehmen.

OBEN
Immense Stachelmakrelen-Schulen sind nur eine von vielen Attraktionen, auf die man sich bei einer Walhai-Tour ins Blaue freuen darf.

LINKS
Die Riffe in Zentral- und Südbelize bieten ideale Lebensbedingungen für eine Fülle von Meeresbewohnern, wie etwa diese Schule von Gestreiften Sergeanten.

RECHTS
Weil sich die Unechte Karettschildkröte so langsam fortbewegt, sammeln sich auf ihrem Panzer stets Meeresablagerungen an.

OBEN
Riesige Schulen laichender Schnapper steigen aus der Tiefe hoch – das ist der Moment, auf den die Walhaie warten.

RECHTS
Das Barriereriff von Belize ist nach dem Great Barrier Reef in Australien das zweitgrößte der Welt.

Mit Walhaien zu tauchen ist ein unbeschreibliches Abenteuer, doch auch wenn man diese Erfahrung gar nicht genug preisen kann, ist das längst nicht alles, was die Tauchgründe in Belize zu bieten haben. Während das Barriereriff im Norden direkt an der Küste vor San Pedro verläuft, liegen hier fast 50 Kilometer zwischen Riff und Ufer – genügend Platz für zahlreiche Inselchen und Atolle mit Korallen in bestem Zustand. Die Sicht mag hier etwas eingeschränkt sein, dafür durchstreift man einen wahren Garten Eden sich sanft wiegender Fächerkorallen.

Steilwandtauchen steht auf dem Programm, wenn Sie sich zum Barriereriff hinauswagen, dem längsten in der westlichen Hemisphäre, das an dieser Stelle bis auf über 2000 Meter abfällt. Hier wimmelt es von Lebewesen: Muränen, Delfinen, Nacktschnecken, Riesenzackenbarschen, Teufelsrochen, Bullen-, Sandtiger- und Zitronenhaien werden Sie ebenso begegnen wie vier verschiedenen Schildkrötenarten, darunter die seltene und träge Unechte Karettschildkröte.

Laughing Bird Cay, eine halbe Stunde vom Turtle Inn entfernt, ist eines von nur drei *faros* oder Unterwasseratollen auf der ganzen Welt. Das Gebiet eignet sich für kurze Tagesausflüge und Nachttauchgänge und ist die Heimat zweier seltener Krötenfische, des Weißgepunkteten und des Weißgestreiften Krötenfischs. Auch für neugierige Zitronen- und Ammenhaie ist es bekannt. Noch spektakulärer ist Glovers Reef, dessen Wände weit mehr als 600 Meter in die Tiefe abfallen, doch für einen Ausflug dorthin ist ruhige See erforderlich. Alles in allem belohnt Sie dieser Teil von Belize mit einigen wirklich überwältigenden Tauchgründen, schlicht und ergreifend den besten in der ganzen Karibik – und neben Walhaien herzuschwimmen ist ein absolutes Highlight.

Peter Island Resort
Deadman's
Beach Bar
and Grill

Karibik

In der Karibik mit ihren beinahe 40 Inselstaaten herrscht kein Mangel an attraktiven Reisezielen, doch schöne Hotels und reizvolle Tauchgründe scheinen einander auszuschließen. Bei den südlich gelegenen ABC-Inseln (Aruba, Bonaire und Curaçao) oder den im Norden liegenden Caymaninseln wird dem Taucher Außergewöhnliches geboten, dafür lassen die Unterkünfte zu wünschen übrig. Reist man an bekanntere Orte wie Antigua, Jamaika oder Barbados, kann man in fantastischen Resorts logieren, aber das Tauchen ist eine Enttäuschung.

Wer beides sucht, wird auf den Jungferninseln fündig. Es war Kolumbus, der sie erstmals in die Landkarten einzeichnete. 1493, auf seiner zweiten Reise in die Neue Welt, kam er hier vorbei und taufte – dies ein Privileg des Entdeckers – die unberührten Inseln zu Ehren der Heiligen Ursula und der 11 000 Jungfrauen in ihrem Gefolge »Las Virgenes«. Peter Island liegt im Herzen der wunderbaren Tauchgründe dieser Region. Zu ihnen zählt auch die *RMS Rhone*, die im 19. Jahrhundert gesunken ist und bei vielen Tauchern als das interessanteste Wrack der ganzen Karibik gilt.

Ein Abenteuer ganz anderer Art erwartet Sie an Bord der *Turks and Caicos Aggressor II*: Schnorcheln mit Buckelwalen – ein Erlebnis, das Sie bis an Ihr Lebensende nicht vergessen werden. Wenn man ohnehin in der Gegend ist, bietet sich ein Aufenthalt im Amanyara auf der Insel Providenciales an. Hier findet man die in der Karibik so seltene Kombination von exzellentem Tauchen und erstklassiger Hotellerie.

Peter Island ist der perfekte Ort zum Tauchen in der Karibik. Die riesige Insel befindet sich in privater Hand. Ihre mehr als 700 Hektar unversehrter Natur sind von endlosen weißen Sandstränden gesäumt, und unmittelbar vor der Haustür liegen die besten Tauchgründe der gesamten Jungferninseln. Das gleichnamige Resort wurde 1960 eröffnet und gehört mittlerweile in die Klasse der Luxushotels.

Peter Island

HOTEL Peter Island

Eine Insel dieser Größe zu bebauen und zu verwalten ist nicht billig, allein die Errichtung des Hafens war ein Großprojekt. Peter Island ist ein gutes Beispiel dafür, wie man ein kleines Vermögen machen kann, indem man ein großes investiert. In den späten 1960er Jahren kaufte der norwegische Millionär Peter Smedwig die Insel, zehn Jahre später veräußerte er sie weiter an zwei Geschäftsleute, die hier ihr Vermögen durchbrachten. Wie viele Inseln in Privatbesitz verschlang auch Peter Island das Geld wie ein schwarzes Loch das Licht – schade für die Eigentümer, aber als Gast darf man die Früchte ernten.

Vielleicht stellen Sie sich die Jungferninseln üppig grün vor, doch hierfür mangelt es an Niederschlägen. Peter Island bildet da keine Ausnahme. Einer Mönchstonsur vergleichbar, ist der bewirtschaftete Küstenstreifen dicht bewachsen, doch je weiter man ins Inselinnere vordringt, desto karger wird die Vegetation. Die perfekt gestylte Uferlandschaft – ein botanischer Traum aus exotischen Palmen, Bougainvilleen und Jasmin – ist einem Heer von Gärtnern und einem ausgeklügelten Bewässerungssystem zu verdanken.

Das Resort liegt direkt neben dem hauseigenen Jachthafen, wo sich auch ein Pool, ein Restaurant und eine Bar befinden, von denen aus man zur Nachbarinsel Tortola hinüberblicken kann. Ganz in der Nähe liegen die 32 Zimmer mit Meeresblick, die an den Hafen grenzen und Aussicht auf Palmen und Ozean bieten. Die am weitesten vom Restaurant entfernten Unterkünfte sind nicht nur die ruhigsten, sondern auch jene mit dem schönsten Ausblick. Die Inneneinrichtung vereinigt amerikanische und karibische Elemente und ist eher konservativ gehalten – nichtsdestotrotz ist es sehr gemütlich.

Auf einen Blick

Flughafen	Beef Island Tortola via San Juan
Fluggesellschaften	Lufthansa/United Airlines
Transfer	35 Min. mit dem Boot
Zimmer	52, außerdem 2 Villen (alle klimatisiert)
Angestellte pro Zimmer	4 oder mehr
Freizeitangebot	Wassersport, Basketball, Golf (nicht auf der Insel), Angeln, Pool, Wandern, Tennis, Fitnessraum, Spa
Service	Internet, Telefon, Zimmerservice (Frühstück und Abendessen)
Sonstiges	Mobiltelefone erlaubt
Kinder	ab 8 Jahren
Stromstecker	2-Pol-Flachstecker
Währung	US-Dollar
Zeitzone	MEZ –6
Telefon	00284/4 95 20 00
Internetseite	www.peterisland.com

Am allerschönsten jedoch wohnt man fünf Minuten zu Fuß oder eine Minute mit dem Shuttleservice entfernt – in einer der herrlichen modernen Strandsuiten mit großzügigem Wohnbereich, eigener Terrasse und riesigem Badezimmer mit geräumiger Dusche und Doppelbadewanne. Damit nicht genug: Der Blick auf den Ozean und die unbewohnten Nachbarinseln ist überwältigend. Und der tadellos gepflegte Rasen vor einigen der Suiten lädt zum Entspannen in der Hängematte ein.

Überhaupt ist die Hängematte das Sinnbild von Peter Island, und am Strand von Deadman's Bay findet man sie in großer Zahl. Der beinahe eineinhalb Kilometer lange Streifen aus feinstem weißem Sand zieht sich in weitem Bogen dahin, gespickt mit strohgedeckten Hütten und Sonnenschirmen. Während die meisten Buchten und Strände der Jungferninseln häufig von Charterbooten heimgesucht werden, hat man sich auf Peter Island vor ungebetenen Gästen geschützt. Die zum Resort gehörigen Uferbereiche sind nicht nur mit Bojen markiert, man ist sogar so weit gegangen, für fremde Boote einen weit entfernten Strand auszuweisen.

Ganz am Ende von Deadman's Beach liegt das herausragende Spa – der Standort ist unschlagbar. Von hier aus blickt man auf eine menschenleere Bucht mit weißem Sand, ein bevorzugtes Fischfanggebiet der Pelikane und den wohl besten Platz zum Schnorcheln auf der Insel. Auch wenn Sie kein Wellness-Fanatiker sind, sollten Sie sich eine der ganz ausgezeichneten Behandlungen gönnen, schon allein um auf das Gelände zu gelangen. Lassen Sie sich einfach in den Whirlpool fallen, und genießen Sie den Ausblick auf die Brandung und die im seichten Wasser planschenden Pelikane.

Die Küche von Peter Island wurde bis vor kurzem rekordverdächtige 30 Jahre lang vom selben Chefkoch geleitet. Heute stehen zwar neue Leute am Herd, doch das Essen ist weiterhin exzellent. Gekocht wird international, gegessen entweder im Freien, im Deadman's Beach Grill, oder im klimatisierten Restaurant Tradewinds. Der Service könnte nicht freundlicher sein, für einen kleinen Plausch bleibt immer Zeit. Sie werden sich hier eher wie ein Freund der Familie als wie ein Hotelgast fühlen.

Peter Island ist ein exklusives, überaus gepflegtes Fleckchen Karibik. Da sowohl die entsprechenden Ambitionen als auch die nötigen Mittel vorhanden sind, wird der Standard weiter steigen. Architektonisch mag es modernere Resorts geben, aber die Umgebung ist einfach unschlagbar.

mares

Bequemer als auf Peter Island kann Tauchen nicht sein. Von keinem Zimmer aus geht man länger als zwei Minuten zur Tauchbasis Paradise Watersports unmittelbar am resorteigenen Hafen. Das Tauchboot wartet nur wenige Meter weiter. Dank der wunderbaren Lage der Insel besteht kein Anlass, zu nachtschlafender Stunde aufzubrechen: Das Wrack der *RMS Rhone*, der beliebteste Tauchplatz auf den Jungferninseln, liegt nur eine Viertelstunde entfernt. Es reicht also völlig, wenn Sie nach einem köstlichen und entspannten Frühstück um halb zehn Uhr losfahren.

TAUCHBASIS

Im kleinen Laden stapeln sich die Gerätschaften, hier können Sie sogar digitale Unterwasserkameras ausleihen. Zwar sieht man es gern, wenn Sie Ihre Ausrüstung selbst klarmachen, aber eine höfliche Frage genügt, und man wird es für Sie richten. Das gilt auch für das Wechseln der Flaschen vor dem zweiten Tauchgang.

Das Boot, eine bequeme, etwas betagte 9-Meter-Jacht, ist hervorragend für seine Aufgabe geeignet, zumal keiner der Tauchgründe weiter als 30 Minuten entfernt liegt und Tagestouren nicht erforderlich sind. Es sei hier noch einmal erwähnt: Zum Tauchen ist Peter Island nicht zu überbieten.

Wenn Sie Glück haben, gehen Sie mit Randy, dem Besitzer des Tauchshops, auf Tour. Er verfügt über immense Erfahrung in diesen Gewässern und unterhält Sie nicht nur mit Geschichten über seine Begegnungen mit riesigen Haien bei Filmarbeiten in großer Tiefe, sondern lässt Sie auch an seinem reichen Wissensschatz teilhaben: Nichts scheint ihm zu entgehen, und sein Enthusiasmus verwandelt selbst einen durchschnittlichen Tauchgang in ein Abenteuer.

Sobald Sie wieder auf der Insel sind, können Sie Ihre Ausrüstung einfach ablegen und gehen. Das Team wird sich darum kümmern, alles reinigen und aufs Boot zurückbringen – für den Tauchgang am Nachmittag oder am nächsten Tag. Die kleine, sehr aufmerksame Mannschaft bietet einen ausgezeichneten und sehr persönlichen Service, der die Angebote des Resorts perfekt ergänzt.

Auf einen Blick

Boote	9 m (trocken, überdacht)
Gruppengröße	6 und mehr
Tauchlehrer	4
Sprachen	Englisch
Kurse	alle PADI-Kurse
Kinder	ab 12 Jahren
Sonstiges	Computer- und Unterwasserkameraverleih, Reinigung der Ausrüstung, Getränke, Tauchshop

In Umfragen von Tauchmagazinen, besonders in den USA, rangieren die Jungferninseln immer ganz oben in der Wertung – der Grund hierfür ist offensichtlich: Man kommt schnell hin, die See ist meist ruhig, die Einheimischen sind freundlich, und die Auswahl an Hotels ist riesig. Nicht zu vergessen die hervorragenden Tauchmöglichkeiten, darunter spektakuläres Wracktauchen. Fische tummeln sich hier im Überfluss, und die Auswahl an Tauchgründen ist so groß, dass sowohl Anfänger als auch erfahrene Taucher immer etwas Passendes finden.

OBEN
In den 150 Jahren, die seit dem Untergang der *RMS Rhone* verstrichen sind, hat sich eine dicke Kruste blühender Korallen auf ihr gebildet.

TAUCHEN

Die geschützten Gewässer rund um die Inseln bieten ideale Bedingungen zum Schnorcheln oder Tauchen. Schnorchler sollten Kurs auf die Baths bei Virgin Gorda nehmen, eine Gruppe riesiger Granitblöcke, die spektakuläre Pools bilden – perfekt für ausgiebige Erkundungen. Wenn das Wetter mitspielt, kann man sich zu den äußeren Riffen vorwagen, wo man gute Chancen hat, auf größere Tiere zu treffen, von großen Schulen Westatlantischer Stachelmakrelen und Fadenmakrelen bis zu Regenbogenmakrelen und Permits. Gelegentlich sieht man auch Haie, darunter Bullenhaie, Große Hammerhaie, Zitronenhaie und zuweilen sogar Seidenhaie, Düstere Haie und Galapagoshaie.

Die Riffe befinden sich in hervorragendem Zustand: Hier wachsen ganze Wälder von Fächerkorallen, Weichkorallen und, vor allem am Santa Monica Rock, Feuerkorallen. Da Letztere schmerzhafte Verbrennungen verursachen können, lässt man besser die Finger von ihnen. Bei den Tauchplätzen handelt es sich in erster Linie um Grat-Rinnen-Riffsysteme, die auf sandigen Boden abfallen. Schleimfische und Goldstirnbrunnenbauer ziehen ihre Kreise, Röhrenaale schlängeln sich durch das Wasser, und große Stachelrochen, die sich im Sand vergraben, scheinen sich für unsichtbar zu halten. Werfen Sie auch einmal einen Blick in das Schildkrötengras, dort taucht außer Trompetenfischen gelegentlich auch einer der schönen Goldgefleckten Schlangenaale auf.

Doch was die meisten Besucher hierher lockt, sind die Wracks. Die *RMS Rhone* ist einer der berühmtesten Wracktauchplätze der Welt. Das Schiff ankerte während des Hurrikans von 1867 vor Peter Island. In einem verzweifelten Versuch, sich in Sicherheit zu bringen, steuerte

RECHTE SEITE

OBEN LINKS
Trotz seiner Farbigkeit hebt sich der Gekrönte Engelfisch meist kaum vom Riff ab.

MITTE LINKS
Das stark verkrustete Passagierdeck der *RMS Rhone* bildet ein ungewöhnliches Fenster, durch das man beobachten kann, was sich draußen im Wasser tut.

UNTEN LINKS
Nach Ablegen des Laichs verteidigen Drückerfische ihr Territorium. Sie sind dafür bekannt, mit ihren scharfen Zähnen auf arglose Taucher loszugehen.

RECHTS AUSSEN
Tagsüber ziehen die Hirnkorallen nicht unbedingt Blicke auf sich, anders aber bei Nacht, wenn Sie während der Nahrungsaufnahme ihre volle Schönheit preisgeben.

Auf einen Blick

Tauchplätze	25
Schwierigkeitsgrad	einfach bis fortgeschritten
Sichtweite	30 m
Beste Spots	*RMS Rhone*
Schnorcheln	gut am Hausriff und vom Tauchboot aus
Tauchanzüge	3 mm
Korallen	sehr gut
Unterwasserwelt	Königsbarsche, verschiedene Arten von Plattwürmern, Adlerrochen, Goldgefleckte Schlangenaale, Goldschwanz-, Viper-, Ketten-, Gefleckte und Grüne Muränen, Riff-, Ammen-, Bullen-, Zitronen-, Seiden- und Große Hammerhaie, Buckelwale, Tarpune, Krötenfische
Sonstiges	Nachttauchgänge, Wracktauchen, Meeresreservat

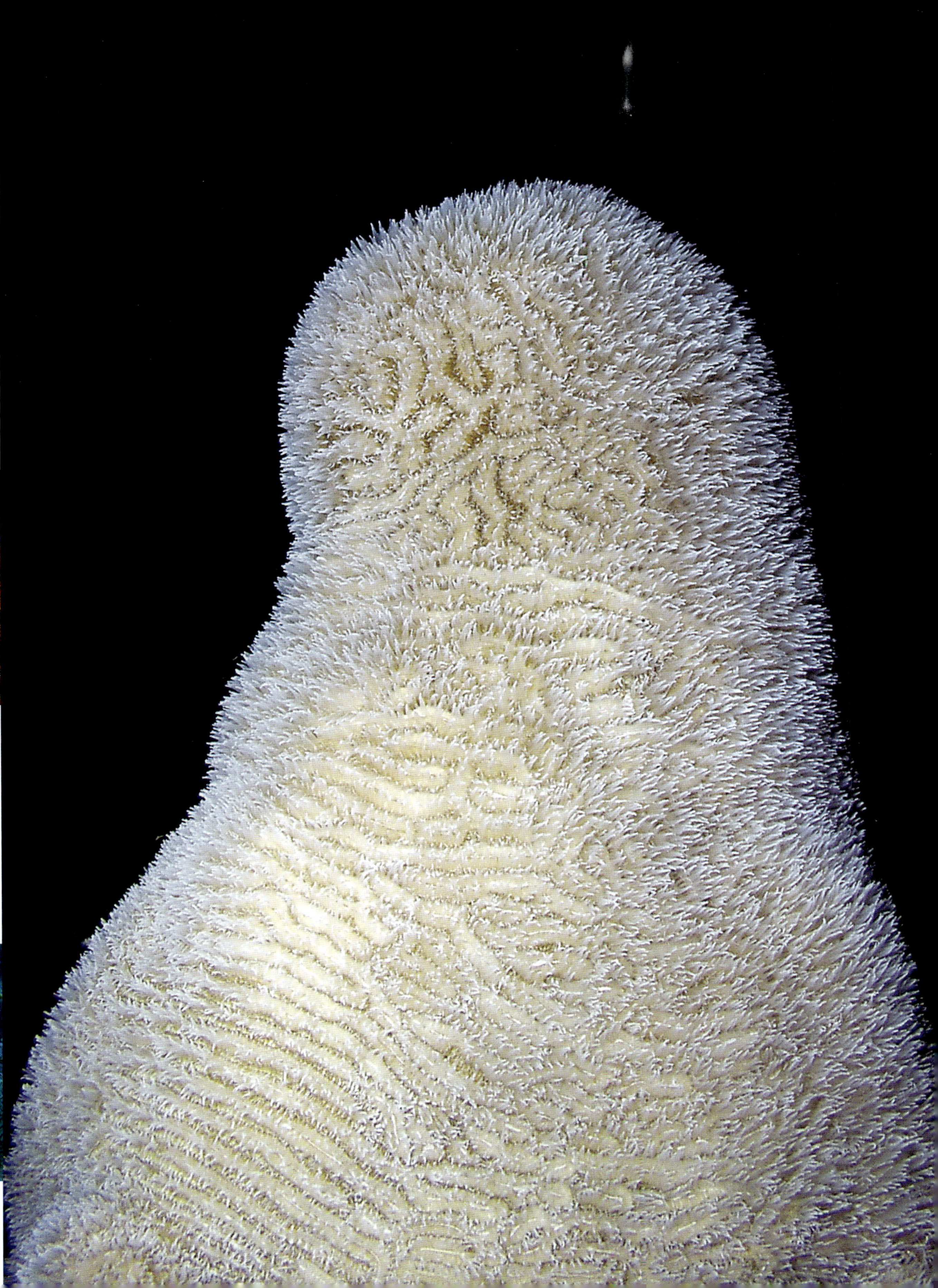

OBEN
Die *RMS Rhone* gilt als das faszinierendste Tauchwrack in der ganzen Karibik und eines der besten der Welt.

OBEN

Die in drei Teilen auf dem Meeresboden verstreute *Rhone* bietet ein schier unendliches Erkundungsterrain.

es sein Kapitän auf die offene See hinaus, doch es sank bereits nach wenigen Meilen auf den Meeresgrund. Nun ruht es, von unzähligen Korallen bewachsen, in 9 bis 27 Meter Tiefe. Normalerweise erforscht man zuerst den tiefer liegenden Bug und in einem zweiten Tauchgang das aufragende Heck. Sie sollten vorher einen Blick auf die Wrackkarte werfen (das Tauchschiff führt eine mit), damit Sie die vielen auf dem Meeresboden verstreuten Teile zuordnen können. Dort unten gibt es nämlich einiges zu entdecken, zum Beispiel das Bullauge der Flitterwochensuite aus Messing, das von unzähligen Tauchern wieder blank gerieben wurde – das soll Glück bringen.

Ein Teil des Wracks blieb unversehrt und war 1977 Drehort für den Film *Die Tiefe*. Im Inneren kann man bequem herumschwimmen, ohne sich je zu verirren. Zwar wimmelt es hier nur so vor Fischen, aber nach einigen Spezies muss man eine Weile Ausschau halten: Rußkopfmuränen, Hummern, Barrakudas, Stachelmakrelen, Süßlippen, Soldatenfischen, Tüpfelritterfischen, Gekrönten Engelfischen, Kofferfischen, Oktopussen und Grünen Muränen. Statten Sie auch der einzigen noch vorhandenen Kanone einen Besuch ab sowie dem riesigen Satz Schraubenschlüssel und dem einsam ruhenden Anker. Eine wundervollere Tauchumgebung könnte man sich nicht erträumen: eine Vielfalt bunter Meeresbewohner vor den Umrissen des Schiffs, angestrahlt vom Sonnenlicht. Und man weiß nie, wen man noch so alles in den zahllosen Winkeln und Nischen aufstöbern wird.

OBEN

Die *Rhone* ist nicht das einzige Tauchwrack in den Gewässern um Peter Island. Auf diesem Schlepper ist nun eine Schildkröte Kapitän, die im Ruderhaus das Kommando übernommen hat.

UNTEN LINKS

Als eines der ersten Stahlschiffe überhaupt bildet die *Rhone* einen soliden Untergrund für den Bewuchs, der sich seit 150 Jahren dort ausbreitet.

UNTEN RECHTS

Im glasklaren Wasser um Peter Island kann man eine unglaubliche Vielfalt an Korallen bestaunen.

OBEN

Im Seegras sind der seltene Gold gefleckte Schlangenaal und der bekanntere Pazifische Trompeter fisch zu Hause.

LINKS

Echte Karettschildkröten sind leicht aufzuspüren, aber ihre Junge machen sich schnell aus dem Stau

OBEN

Der einfarbige, aber dennoch auffallend schöne junge Ritterfis kann keine Sekunde stillhalten.

LINKS

Der Stachelrochen glaubt, er sei unsichtbar, wenn er sich im Sand vergräbt. Deshalb kann man sich ihm bis auf Zentimeter nähern.

RECHTS
Den blühenden Riffen um Peter Island konnte El Niño offenbar nichts anhaben.

OBEN
Pazifische Trompetenfische zeigen sich in allen nur denkbaren Farben, vom schlichten Braun über ein leuchtendes Gelb bis zu diesem leuchtenden Blau.

OBEN
An den Riffen verstecken sich oft Unmengen von Langusten. Der Bärenkrebs zeigt sich jedoch eher selten.

LINKS
Segelflosser haben bezaubernde Farben und Muster.

Was für eine surreale Szenerie: Da sitzt man in einem Whirlpool im Heck eines fast 40 Meter langen Schiffes, weit weg vom Festland mitten im warmen Karibischen Meer, und um einen herum springen Buckelwale aus dem Ozean, lassen donnernd ihre Schwanzflossen auf die Wasseroberfläche krachen oder schwimmen träge mit ihren Neugeborenen neben dem Schiff her. Auf manch einem von kalten Regenschauern gepeitschten Walbeobachtungsboot wäre man schon für einen kleinen Ausschnitt davon dankbar – hier wird es ganz schnell normal.

Turks- und Caicosinseln

SCHIFF

Turks and Caicos Aggressor II

Die 2003 gebaute *Turks and Caicos Aggressor II*, ein 36 Meter langes Tauchboot, kreuzt eigentlich in den Gewässern um die Turks- und Caicosinseln, doch für sechs Wochen im Jahr hält sie Kurs nach Süden, auf die Silver Bank rund 80 Kilometer vor der Nordküste der Dominikanischen Republik. Hier werden Sie in den Genuss eines wirklich außergewöhnlichen Erlebnisses kommen – einer sehr nahen und persönlichen Begegnung mit Buckelwalen. Nach achtstündiger Überfahrt von Puerto Plata erreichen Sie das Zielgebiet. Das ist eine ordentliche Strecke, also stecken Sie lieber ein Mittel gegen Reisekrankheit ein. Wenn Sie erst vor Anker liegen, schützt Sie ein riesiges, hufeisenförmiges Riff vor der Dünung – dann können Sie die Pillen wegpacken und entspannen.

Kojen gibt es für jeden Geldbeutel. Sie können zwischen Vierbett- oder Zweibettkabinen sowie einer geräumigeren Luxuskajüte wählen, alle voll klimatisiert. Die Viererkabinen eignen sich vor allem für Familien, die Zweierkabinen für Paare. Am ruhigsten sind die Kabinen 2 und 4, da sie am weitesten vom rund um die Uhr laufenden Generator entfernt sind. Da ist die Luxuskajüte schon etwas lauter, weil sie im Bug liegt, aber dafür bietet sie ein größeres Bett und etwas mehr Platz. Der Stauraum ist generell begrenzt, da jedoch Tauchanzüge und Schnorchelausrüstung im überdachten Tauchdeck aufbewahrt werden, reicht der Platz für Ihre Sachen aus. Sie können ohnehin mit leichtem Gepäck reisen, da es an Bord eher locker zugeht und Sie nicht viel Kleidung brauchen werden.

Zwei Jahre nahm der Bau des Schiffes in Anspruch. Die Arbeiten erfolgten unter den gestrengen Augen des Kapitäns und Eigentümers

Auf einen Blick

Flughafen	Puerto Plata
Fluggesellschaften	Lufthansa/United Airlines
Transfer	30 Min. mit dem Auto
Kabinen	9 (alle klimatisiert)
Angestellte pro Kabine	1
Service	Internet, E-Mail, Satellitentelefon, DVD-Player, Whirlpool, Verleih von Digitalkameras
Kinder	ab 10 Jahren
Stromstecker	2-Pol-Flachstecker
Währung	US-Dollar
Zeitzone	MEZ –6
Telefon	00649/2 31 04 04
Internetseite	www.aggressor.com

Piers van der Walt, und es wurde wirklich auf jedes Detail geachtet. In sämtlichen Kabinen befindet sich ein in die Wand eingelassener DVD-Player und eine Auswahl an über 200 aktuellen Filmen. Beim Einchecken wird ein E-Mail-Account für Sie eingerichtet, und es gibt sogar ein Satellitentelefon, so dass Sie immer Kontakt zur Außenwelt haben – wenn Sie das denn möchten. Diavorträge und kurze Referate über Wale nach dem Abendessen helfen Ihnen zu verstehen, was draußen vor sich geht. Sollte Ihre Konzentration nachlassen, gucken Sie einfach aus dem Fenster – dort läuft die Liveshow.

Nur fünf Tage werden Sie an der Silver Bank verbringen, wo Sie jeden Tag zwei Spritztouren mit einem soliden Schlauchboot unternehmen. Nach dem Frühstück erhalten Sie von Piers eine ausführliche Einweisung, dann machen Sie sich auf zur Begegnung der etwas anderen Art. Zwei jeweils dreistündige Touren in einem kleinen Gummiboot unter der sengenden Sonne – das mag zunächst nicht verlockend klingen, doch wenn es erst einmal losgeht, sind alle Unannehmlichkeiten schnell vergessen.

Am Ende der Fahrt können Sie eine DVD erstehen, auf der Szenen Ihres Aufenthalts an Bord festgehalten wurden. 60 US-Dollar sind ein stolzer Preis, aber dafür bekommen Sie eine tolle Erinnerung an dieses grandiose Abenteuer; im Nachhinein werden Sie vielleicht sogar wünschen, Sie hätten die eigene Kamera daheim gelassen und sich mehr dem Augenblick hingegeben. Wenn Sie aber doch lieber selbst fotografieren, steht Ihnen eine große Auswahl an digitalen und 35-mm-Unterwasserkameras zur Verfügung, die Sie hier leihen können.

Die Qualität des Essens ist wechselhaft. Das Frühstück bietet mit Porridge, Eiern und Pfannkuchen ausreichend Stärkung für den Tag, mittags gibt es meist Nudeln, sehr willkommen nach dem stundenlangen Aufenthalt im Wasser oder im feuchten Tauchanzug. Nicht so überzeugend ist das Abendessen, was auch daran liegt, dass frische Zutaten an Bord Mangelware sind. Unter Umständen lohnt es sich, im Voraus darum zu bitten, dass man sich in Puerto Plata mit viel *mahi mahi*, den leckeren Goldmakrelen, eindeckt.

Alles in allem ist das wohl die ungefährlichste und bequemste Art und Weise, mit Buckelwalen schwimmen zu gehen. Wenn Sie einen ganzen, unglaublichen Tag mit diesen Tieren im Wasser verbracht haben, werden Sie mit Whirlpool, Cocktails und einem Spielfilm im Bett belohnt. Lässt sich das noch steigern?

Jedes Jahr begeben sich von Ende Januar bis Ende März unzählige Buckelwale auf die mehr als 2000 Kilometer lange Reise vom Nordatlantik in die warmen, geschützten Gewässer der Silver Bank nahe der Dominikanischen Republik, dem Mekka der Windsurfer. Die Wissenschaft rätselt noch immer, warum sie ausgerechnet hier ihre dreieinhalb Meter langen Jungen zur Welt bringen und sich erneut paaren, um sich dann wieder auf den Weg gen Norden zu machen. Und das alles, ohne einen einzigen Bissen Nahrung zu sich zu nehmen.

OBEN
So könnten auch Sie nur wenige Meter neben einem 40 Tonnen schweren, arglosen Buckelwal schwimmen.

SCHNORCHELN

Die übliche Information zu dem, »was Sie hier erwartet«, ist für diese Tour überflüssig. Zur richtigen Jahreszeit ist das Unterwasserspektakel garantiert: Sie werden mit zwölf Meter langen, 40 Tonnen schweren Walen und ihren Jungen schwimmen und ihre gewaltigen Sprünge und Schwanzschläge erleben. Mit etwas Glück treffen Sie zudem auf einen verspielten Jungwal namens Valentine. Bei diesen Begegnungen – während Sie sich auf dem Wasser treiben lassen und warten, dass die Wale zu Ihnen kommen, nicht umgekehrt – trennt Sie oft nur eine Armlänge von diesen großartigen Geschöpfen.

Nichts kann Sie wirklich vorbereiten auf diesen Moment, wenn Sie sich zum ersten Mal mit Maske und Schnorchel ins Wasser gleiten lassen und plötzlich über einem voll ausgewachsenen schlafenden Giganten schweben. Obwohl keinerlei Gefahr besteht, wird Ihr Herz unweigerlich anfangen zu rasen, und Sie werden hin- und hergerissen sein zwischen Angst und Verzauberung. Es ist ganz einfach ein Privileg, mit diesen Lebewesen das Wasser zu teilen, zumal sie, obwohl der Mensch Jagd auf sie macht, zu den wenigen Tieren gehören, die Sie zwischen sich und ihre Neugeborenen lassen.

Und das Beste daran ist, dass Sie für dieses wundervolle Abenteuer keinerlei Vorkenntnisse brauchen. Wenn Sie imstande sind zu schnorcheln, können Sie buchstäblich nur eine Armlänge entfernt neben einigen der größten und großartigsten Geschöpfen der Welt herschwimmen. Die Erinnerung an dieses Naturschauspiel werden Sie bis an Ihr Lebensende bewahren. Es ist einfach magisch.

RECHTE SEITE

OBEN
Buckelwale sind längst nicht alles, was es hier zu sehen gibt. Nicht selten trifft man auf Schulen von Delfinen, denen es in diesen entlegenen Regionen offensichtlich Spaß macht, Menschen zu begegnen und mit ihnen zu spielen.

MITTE
Vom Schwanzflossen-aufs-Wasser-Schlagen bis zum Auftauchen zeigen Buckelwale ihr gesamtes Repertoire an Verhaltensweisen.

UNTEN
Die Wale kommen zum Greifen nahe. Meistens bleibt die Mutter im tieferen Wasser und beobachtet genau, wie ihr Kalb aufsteigt, um Sie zu begrüßen.

Auf einen Blick

Tauchplätze	12
Schwierigkeitsgrad	einfach
Sichtweite	15 bis 25 m
Schnorcheln	fantastisch
Tauchanzüge	3 mm
Korallen	wenig
Unterwasserwelt	Buckelwale, Fleckendelfine, Nacktschnecken
Sonstiges	Meeresreservat

Südlich von Korsika liegt Sardinien, eine bergige Granitinsel mit unzähligen Buchten aus weißem Sand und einigen der besten Tauchplätzen im ganzen Mittelmeerraum. 1960 kaufte eine Gruppe von Investoren auf Initiative des Aga Khan 60 Kilometer des schönsten Küstenstreifens und schuf dort ein Ferienparadies, das heute als Costa Smeralda oder Smaragdküste – benannt nach der Farbe des angrenzenden Ozeans – bekannt ist.

Für viele ist die Costa Smeralda gleichbedeutend mit Sardinien. Ihre heutige Anziehungskraft ist den strengen Auflagen der Investoren zu verdanken, die sowohl das Bauwesen reglementieren als auch Umweltschutz vorschreiben. Selbst nach 40 Jahren ist dieser Ort noch immer unverschandelt, und neue Baurichtlinien werden dafür sorgen, dass dies auch so bleibt.

Auf Sardinien geht es die meiste Zeit des Jahres recht beschaulich zu. Das ändert sich schlagartig, wenn im Juli und August die Sonne am hellsten strahlt und die Reichen und Schönen in Scharen hier einfallen. Sechs Wochen lang ankern Luxusjachten in den Buchten, während ihre Besitzer im malerischen Porto Cervo bei einem Cappuccino sitzen oder im Milliardärsclub, der nicht ganz ohne Grund so heißt, ihre Partys feiern. Die Preise explodieren in dieser Zeit aufgrund des immensen Andrangs, und viele Resorts sind sowieso nur vier Monate im Jahr geöffnet. Dennoch kommen die meisten Gäste wegen der Ruhe hierher, und genau die findet man im Hotel Pitrizza.

Das Pitrizza liegt versteckt hinter dem hoteleigenen Strand auf einer Landzunge aus Granitfelsen – einer der schönsten Stellen an Sardiniens wilder, aber exklusiver Küste. Für die Architektur des 1963 eröffneten und in den 1990er Jahren von Grund auf renovierten Hotels gilt, was die gesamte Costa Smeralda auszeichnet: Die Natur wurde respektiert, und die Anlagen und Bauten fügen sich harmonisch in die zerklüftete Landschaft der nordöstlichen Küste Sardiniens ein.

Insel Sardinien

HOTEL Pitrizza

Die rustikalen, meist einstöckigen Steingebäude verschmelzen so sehr mit ihrer Umgebung, dass man fast meinen könnte, es handle sich um in Hügel gebaute Höhlenwohnungen von Hobbits – wenn auch sehr stilvolle. Das Gras, das in weiten Flächen bis zum Strand sprießt, wächst auch an und auf ihnen – der Anblick eines Gärtners, der auf dem Dach Rasen mäht, ist keineswegs ungewöhnlich.

Die 55 Zimmer des Pitrizza liegen in kleinen Grüppchen über das Areal verstreut. Die Inneneinrichtung gibt sich zurückhaltend, auf den weiß verputzten Wänden setzen einheimische Kacheln Akzente, und zu den Möbeln in sardischem Stil gehört auch ein King-Size-Bett. Dank des Panoramafensters zwischen Schlafzimmer und Terrasse können Sie den Ausblick auch bei geschlossenem Fenster genießen. Aber wollen Sie das wirklich? Die Luft ist erfüllt von süßem, betörendem Jasminduft, der in Ihr Schlafzimmer strömt. Wenn das allein noch nicht als Grund ausreicht, die Klimaanlage abzuschalten, so betört zumindest das immer und überall im Resort zu hörende Rauschen des Meeres die meisten Gäste so sehr, dass sie die Fenster offen lassen.

Die Zimmer sind durch ein Netz von terrakottagefliesten Pfaden verbunden, die sich durch den mit Olivenbäumen, Bougainvilleen, Rosenbüschen, Hibiskus- und Oleandersträuchern bepflanzten Hotelpark winden. Die meisten Räume haben Blick auf das Mittelmeer. Wenn Sie nur das Beste wollen, sollten Sie eines der westlich des Clubhauses gelegenen Zimmer reservieren. Noch luxuriöser (und geräumiger) sind die 15 Suiten. Und wem das immer noch nicht genügt, der kann die weiß getünchte Villa mit eigenem kleinem Strand beziehen

Auf einen Blick

Flughafen	Olbia
Fluggesellschaften	Lufthansa, Air Dolomiti
Transfer	30 Min. mit dem Taxi
Zimmer	55 Villen (alle klimatisiert)
Angestellte pro Zimmer	2 oder mehr
Freizeitangebot	Wassersport, Golf, Tennis, Squash, Reiten, Angeln, Go-Karts, Spa, Fitnessraum, Pool
Service	Internet, Telefon, Fernseher, DVD-Player, Zimmerservice
Kinder	jedes Alter
Stromstecker	2-Pol-Rundstecker
Währung	Euro
Telefon	0039/0789/93 01 11
Internetseite	www.starwoodhotels.com

oder eine der beiden Villen auf der Capa di Sopra etwas oberhalb der Anlage, die beide über einen eigenen Pool verfügen.

Das Herzstück des Hotels bilden die Bar und der Speisesaal, in dem Sie drinnen oder im Freien mit Ausblick auf den Strand essen können. Himmelblaue Rohrmöbel und leuchtend rote Geranien zieren die weitläufige, mit Terrakottasteinen gepflasterte Terrasse, von der aus Sie das azurblaue bis smaragdgrüne Meer sowie die Bambussonnenschirme und Liegesessel mit marineblauen Polstern bewundern können, die am grobsandigen Strand der sanft ins Meer abfallenden Buchten zum Faulenzen einladen.

Wie überall in Italien nimmt man die Mahlzeiten meist al fresco ein, hier vor der Kulisse eines bizarr geformten und stets kühlen, weil unbeheizten Meerwasserpools. Als dieses riesige Bassin in den Fels gehauen wurde, beließ man einen Großteil des Granits in seinem ursprünglichen Zustand. Gegen einen vergleichsweise moderaten Aufpreis ist alles Essen inklusive. Man bekommt viel für sein Geld – eine fantastische Kombination aus Stil, Service und exzellenter italienischer Küche (einschließlich wunderbaren *gelati*). Wenn Sie die Abwechslung lieben, können Sie ohne Zusatzkosten in einem der anderen Hotels der Starwood-Gruppe essen, im Cervo, Cala di Volpe oder Romazzino. Doch so hervorragend diese auch sein mögen – an das Pitrizza reichen sie nicht heran.

Das Hotel ist nur vier Monate im Jahr, von Mai bis September, geöffnet. Während der restlichen Zeit, wenn starke Strömungen das kühle Wasser des Atlantiks durch die enge Straße von Gibraltar ins Mittelmeer ergießen, ist das Meer zu kalt zum Baden. Dass die Besitzer in dieser Ruhephase hinter den Kulissen weiterwerkeln, um das besondere Flair dieses Orts zu erhalten, hat für Sie als Gast nur Vorteile. Alles hat natürlich seinen Preis – der gleichzeitig mit den Temperaturen an der ganzen Costa Smeralda ordentlich in die Höhe schnellt –, aber dafür wohnen Sie im bekanntermaßen schönsten Hotel am Mittelmeer, das so ganz nebenbei auch noch Zugang zu einigen der besten und abwechslungsreichsten Tauchgründe der Region bietet. Stilvoller tauchen kann man in Europa wohl nirgends.

650

Proteus Diving liegt nur fünf Minuten mit dem Auto entfernt – Sie können sich nach vorheriger Anmeldung aber auch mit einem Charterboot am Hotelstrand abholen lassen. Da Sie sich selbst um Ihre Ausrüstung kümmern müssen, ist es einfacher, diese hier zu leihen. Das kleine, freundliche Team ist auf erstklassigen persönlichen Service bedacht. Und vor allem: Sie werden nie mit mehr als fünf Personen tauchen (während bei anderen örtlichen Tauchbasen die Gruppen aus mehr als 20 Leuten bestehen).

TAUCHBASIS

Als Tauchschiff wird ein sechs Meter langes Schlauchboot mit einem leistungsstarken Außenbordmotor eingesetzt. Es eignet sich bestens für die Fahrt über die geschützten und meist ruhigen Gewässer zu den Tauchplätzen, die selten mehr als 30 Minuten entfernt liegen. An der Costa Smeralda gibt es 15 weitere Tauchveranstalter, so dass es auf dem Meer zuweilen etwas betriebsam zugeht, aber keine Sorge – alle verteilen sich auf über 40 Tauchgründe, daher kann unter Wasser keineswegs von Massenbetrieb die Rede sein.

Wie die Hotelsaison hängt auch die Tauchsaison vom Wetter ab und dauert in der Regel von Mai bis September. Im Frühjahr kann das Wasser noch ziemlich kalt sein, erreicht dafür aber im Hochsommer relativ angenehme 25 °C. Im Juni lässt es sich hier gut aushalten, aber die besten Bedingungen findet man im September vor, wenn das Meer noch immer warm ist, die meisten Touristen aber bereits verschwunden sind. Die Tauchschule hält Nassanzüge für alle Temperaturen bereit (auch 5-mm-Doppelhüllen für den Mai), doch wie immer sollten Sie Ihre eigene Maske mitbringen und in diesem Fall auch eine Jacke mit Kapuze. So ist man für die kühleren Monate gut gerüstet.

Getaucht wird entweder am Vormittag oder am Nachmittag. Es geht hier sehr entspannt zu, man startet morgens nicht unmenschlich früh, und im Normalfall absolviert man pro Fahrt nur einen Tauchgang. Am flexibelsten sind Sie, wenn Sie ein eigenes Boot chartern, dann können Sie auch zwei Tauchgänge einplanen und Ihr Oberflächenintervall für eine Lunchpause an einem der vielen kleinen Sandstrände entlang der Küste nutzen.

Auf einen Blick

Boote	6-m-Zodiac (nass, offen)
Gruppengröße	5
Tauchlehrer	2
Sprachen	Englisch, Italienisch, Spanisch
Kurse	alle PADI- und CMAS-Kurse
Kinder	ab 14 Jahren
Sonstiges	Computerverleih, Essen und Getränke, Charterboote, Nitrox-Kreislauftauchgeräte
Internetseite	www.proteusdiving.it

Auf Sardinien tauchen Sie mit beinahe unbegrenzter Sichtweite – wie in einem Aquarium. Oft wird die Region als interessantestes Tauchgebiet im gesamten Mittelmeerraum bezeichnet. Sie ist sehr abwechslungsreich und für Anfänger wie für erfahrene Taucher gleichermaßen geeignet.

OBEN
Taucht man durch die spektakulären Canyons und Durchgänge vor dieser Küste, glaubt man von Meisterwerken der Architektur umgeben zu sein.

TAUCHEN

Die Tauchbedingungen sind hier nicht zuletzt deshalb so gut, weil es sich bei diesem Teil Sardiniens um den Nationalpark La Maddalena handelt. Eine größere Vielfalt an Fischen finden Sie nirgendwo sonst im Mittelmeer. Bei Picchi di Punta Coticcio zum Beispiel leben Muränen, Oktopusse, große Zackenbarsche, wunderschöne Nacktschnecken, Skorpionfische, Hummer und Schulen von Mittelmeer-Riffbarschen – Erinnerungen an das Rote Meer werden wach. Besonders große Arten gibt es hier nirgends, aber im Norden, nahe den Lavezzi-Inseln, stoßen Sie vielleicht auf eine Gruppe gewichtiger Zackenbarsche, die es völlig kalt zu lassen scheint, wenn sich ihnen Taucher nähern.

Wirklich spektakulär ist die Unterwasserlandschaft. Die Inseln Sardiniens bestehen aus Granit, und manche der ins Meer abfallenden Felsformationen erinnern an die Seychellen. Secche dei Monarci, bekannt für seine Roten Gorgonien, erkennt man an zwei Unterwasser-Felsspitzen, während die Grotta di San Francesco ein ganz besonderes Erlebnis für Sie bereithält: Nach der Begrüßung durch einen als Empfangschef bekannten Zackenbarsch gelangt man durch einen Tunnel in ein glasklares, aquamarinfarbenes Becken unter freiem Himmel, das von überhängenden Felsen eingerahmt wird. Hochaufragende Granitwände, Schluchten, Rinnen, Höhlen und von der Strömung umspülte Spitzen bilden eine sensationelle Kulisse zum Tauchen – und die erstaunliche Vielfalt an Lebewesen in diesem angeblich toten Meer ist das Sahnehäubchen obendrauf.

Auf einen Blick

Tauchplätze	15
Schwierigkeitsgrad	einfach bis fortgeschritten
Sichtweite	30 m
Beste Spots	Punta del Papa, Lavezzi
Schnorcheln	ungeeignet
Tauchanzüge	5 mm oder mehr
Korallen	keine
Unterwasserwelt	Zackenbarsche, Mittelmeer-Muränen, Oktopusse, Skorpionfische, Meeraale, Nacktschnecken, Barrakuda-Schulen, Zitterrochen, Rote Gorgonien
Sonstiges	Tagesausflüge, Nachttauchgänge, Meeresreservat

RECHTE SEITE, IM UHRZEIGERSINN VON OBEN LINKS
Das ist vermutlich der einzige Ort in Italien, an dem man Calamari sehen kann, die nicht auf einem Teller arrangiert sind; die Bestände an großen Zackenbarschen haben in diesem Meeresschutzgebiet wieder zugenommen, und die Tiere sind – vor allem bei Lavezzi – ziemlich zutraulich; Muränen und Meeraale verstecken sich in den zerklüfteten Wänden; die prächtigen Farben des Skorpionfischs kämen ohne ein Blitzlicht nicht zur Geltung.

Ägypten

Die ägyptische Halbinsel Sinai, ein Dreieck aus unwirtlicher Wüstenlandschaft, ragt in das Rote Meer hinein und ist, wie viele Wüsten, von überwältigender Schönheit. Doch der Kontrast von rotem Sand und klarem blauem Wasser ist hier besonders beeindruckend. Fast an der äußersten Spitze dieses Keils, perfekt platziert, um die weltbekannten Tauchgründe Ras Mohammed National Park und die Straße von Tiran zu erreichen, liegt Sharm El-Sheikh.

Das einstmals verschlafene Fischerdorf war lange Zeit die einzige Ansiedlung an diesem trostlosen und gleichzeitig faszinierenden Abschnitt des Roten Meeres, und noch bis 1982 gab es nur eine einzige Übernachtungsmöglichkeit in dem Ort. Seitdem hat sich einiges geändert. Zwar ist die Stadt noch immer umgeben von kargen Hügeln und in der Wüste entspringenden *wadis*, doch die Zahl der Hotels ist auf 160 geklettert, teils schon in Betrieb, teils noch im Bau befindlich. Die meisten von ihnen sind auf billige Pauschalreisen ausgelegt, aber das sollte Sie nicht weiter stören. Steuern Sie gleich das Four Seasons an – diese wahre Oase übertrifft alle anderen Hotels um Längen.

Sinai, die einzige Landbrücke zwischen Afrika und Asien, grenzt im Norden an Israel und sieht sich im Osten, über den Golf von Akaba, Saudi-Arabien gegenüber. Die strategisch bedeutsame Halbinsel hat eine unruhige politische Vergangenheit. Leider ist Sharm El-Sheikh in jüngster Zeit wieder Schauplatz eines Anschlags geworden, was viele Reisende davon abhält, ihren Urlaub in dieser Region zu verbringen.

Dort, wo heute das Four Seasons steht, war noch vor wenigen Jahren nichts als Wüste – atemberaubend und spektakulär, aber eben nur Sand und Felsen. Der Technik der Meerwasserentsalzung ist es zu verdanken, dass sich der Ort inzwischen in eine grüne Oase verwandelt hat. Das 2002 erbaute Four Seasons Resort zieht sich an einem sanften Hügel hinab bis an das Ufer des Roten Meeres. Die Grenze zur umliegenden Ödnis markieren 300 ausgewachsene Palmen.

Halbinsel Sinai

HOTEL

Four Seasons Sharm El-Sheikh

Eine breite Auffahrt führt zum Herzstück des Hotels, einem weitläufigen Gebäude aus cremefarbenem Stein, das im ägyptischen Baustil gehalten ist. Hier befinden sich die Rezeption sowie verschiedene Restaurants mit Blick über das Gelände und das rauschende Meer. Im Norden schließen die besonders für Familien geeigneten 64 Suiten mit jeweils zwei Schlafzimmern an, im Süden die 136 anderen Gästezimmer.

Trotz der 200 Zimmer herrscht hier kein Massenbetrieb. Die üppigen, terrassenförmig angelegten Gärten werden von kleinen, mit Bougainvilleen gesäumten Piazzas durchbrochen, die man entweder zu Fuß über breite Pflasterwege oder, zur Freude mitreisender Kinder, mit einer Elektrobahn erreicht. Diese einzigartigen Plätze verleihen dem Resort den Anschein eines kleinen Dorfes. Es ist kaum möglich, die Anlage in ihrer Gesamtheit zu überblicken, eher gerät man von einer wunderschön gestalteten Ecke in die nächste.

Jedes Zimmer besitzt eine eigene Terrasse, die entweder auf den Garten hinausgeht oder, als kostspieligere Variante, einen erhabenen Blick über den ins Meer abfallenden Landstreifen bietet. Die mit Marmorböden ausgelegten Räume sind in schlichter Eleganz gehalten. Nach einem ausgefüllten Tag findet man hier ein kühles, stilles Refugium mit einem unglaublich bequemen Bett – dem Markenzeichen aller Four Seasons – mit flauschigen Kissen, herrlichen Federbetten und (natürlich) Bettwäsche aus ägyptischer Baumwolle, die täglich gewechselt wird. Genauso luxuriös sind die Bäder.

Auf einen Blick

Flughafen	Sharm El-Sheikh
Fluggesellschaften	Lufthansa, Egypt Air, British Airways, auch Charterflüge
Transfer	5 Min. mit der Limousine
Zimmer	200 (alle klimatisiert)
Angestellte pro Zimmer	4
Freizeitangebot	Katharinenkloster, Beduinen-Zeltdörfer, Quad-biking und Reiten in der Wüste, Ausflug in den Coloured Canyon, Pools, Spa, Fitnessraum
Service	Telefon, Fernseher, Internet, DVD-/CD-Player, Zimmerservice
Kinder	jedes Alter
Stromstecker	2-Pol-Rundstecker
Währung	ägyptische Pfund, US-Dollar
Zeitzone	MEZ +1
Telefon	0069/3 60 35 55
Internetseite	www.fourseasons.com

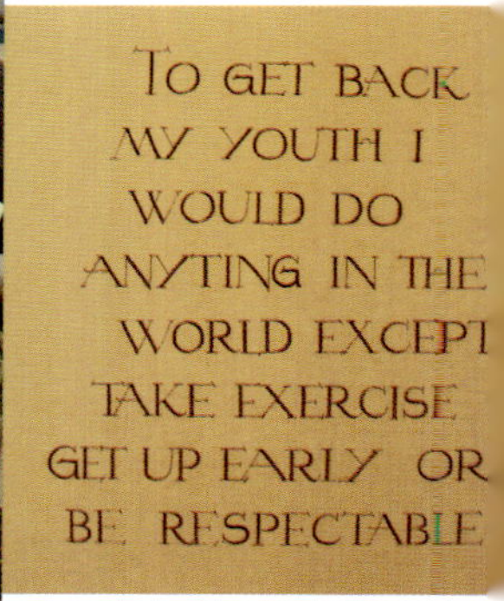
TO GET BACK
MY YOUTH I
WOULD DO
ANYTING IN THE
WORLD EXCEPT
TAKE EXERCISE
GET UP EARLY OR
BE RESPECTABLE

Die Architekten haben gute Arbeit geleistet, aber wirklich Großartiges vollbracht haben die Landschaftsgärtner. Nicht weniger als 1800 Palmen haben sie gepflanzt, und in keinem der Innenhöfe fehlt ein leise sprudelnder Brunnen – und das in einem Land, in dem Wasser zu den größten Kostbarkeiten zählt. Vom Zentrum des Hotels aus ergießt sich ein Bach durch mehrere felsige Wasserläufe. Sein beruhigendes Plätschern schafft zusammen mit dem Duft von Jasmin und der bunten Farbenpracht der Vegetation eine einzigartige Atmosphäre.

Sie haben die Wahl, ob Sie die Mahlzeiten unten am Strand oder oben im Haupttrakt einnehmen möchten. Der Reef Grill, der auf einer kleinen Klippe über dem Strand thront, bietet herrliche Ausblicke auf die Insel Tiran und ist der perfekte Ort für einen Mittagsimbiss oder ein leichtes Abendessen. Oben in der Hotelanlage können Sie zwischen dem marokkanisch-libanesischen Restaurant Arabesque und dem Italiener Il Frantoio wählen. Die Speisen sind ebenso ausgezeichnet wie teuer, daher empfiehlt es sich, beim köstlichen und üppigen Frühstück, das im Zimmerpreis inbegriffen ist, etwas kräftiger zuzulangen.

Traumstrände gibt es entlang der Sinaiküste nirgendwo, aber im Four Seasons hat man es verstanden, aus dem roten, halbmondförmigen Sandstrand das Beste zu machen. Sorgfältig platzierte intime Nischen vermitteln ein Gefühl von Abgeschiedenheit, selbst wenn der Strand dicht bevölkert ist. Sie können direkt vom Strand aus losschwimmen, doch besser noch schnappen Sie sich Tauchermaske und Flossen und spazieren bis zum Ende des Anlegestegs – das Wasser ist hier fünf Meter tief, und beim Schnorcheln trifft man auf Rotfeuerfische.

Das Personal ist außergewöhnlich freundlich und hilfsbereit und bietet eine hervorragende Kinderbetreuung an. Wenn Sie auf die Gesellschaft von Kindern nicht so viel Wert legen, sollten Sie das Resort Ende Oktober meiden, um diese Zeit sind vielerorts Schulferien.

Falls Sie Abwechslung vom Tauchen und Schnorcheln suchen, gibt es reichlich Möglichkeiten. Wenn man immer auf das Wasser blickt, vergisst man allzu leicht die Schönheit der Wüste hinter sich, in der man von einer Quad-Tour bis zum Besuch des Sankt-Katharinen-Klosters am Fuß des Berges Sinai die unterschiedlichsten Ausflüge unternehmen kann.

Das Four Seasons ist kein kleines Hotel, es wirkt aber dennoch sehr beschaulich. Wenn Sie garantierten Sonnenschein, herrliche Tauchgründe und eine luxuriöse Bleibe suchen, sind Sie hier am richtigen Ort.

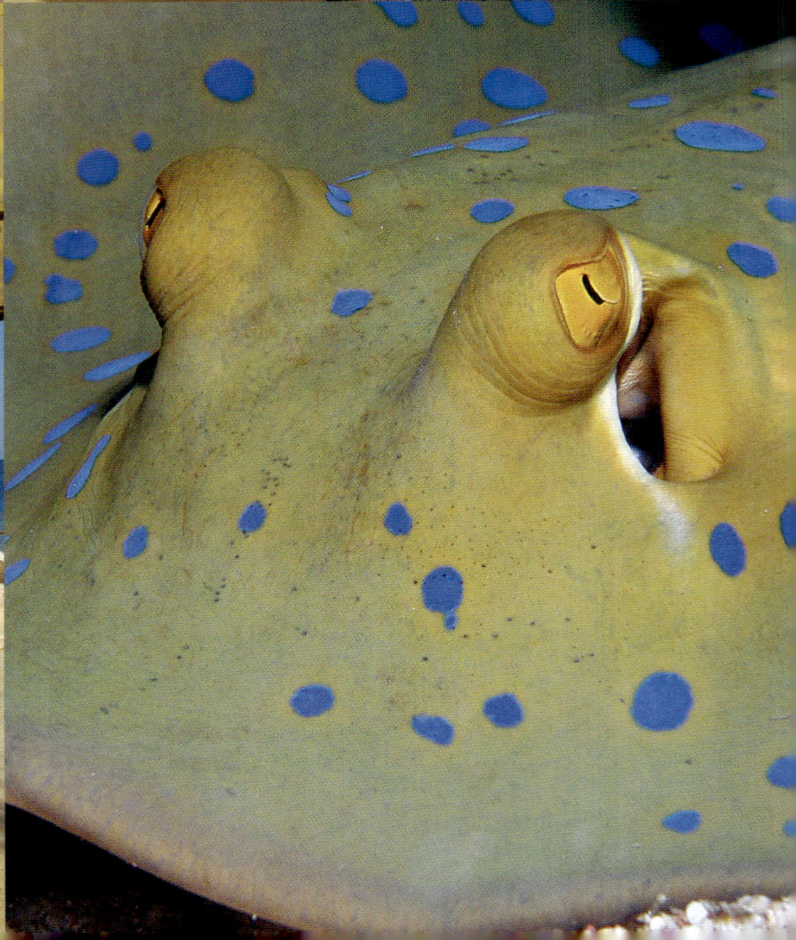

Die Tauchbasis Sinai Blues liegt direkt am Strand des Four Seasons und ist von keinem Zimmer weiter als fünf Gehminuten entfernt. Das sehr professionell arbeitende Unternehmen bietet sowohl Tauch- als auch Schnorchelexkursionen an und verfügt über eine riesige Auswahl an Leihausrüstung. Auf einen Tauchlehrer kommen nie mehr als sechs Teilnehmer, daher können Sie, an Bord ebenso wie im Wasser, mit einer individuellen Betreuung rechnen.

TAUCHBASIS

Das Rote Meer ist ein stark frequentiertes Tauchgebiet. Inzwischen ist die ägyptische Regierung dazu übergegangen, die Zahl der Tauchschiffe zu limitieren. Trotz der Beschränkung auf 300 Boote, einschließlich Liveaboards, herrscht in Sharm große Betriebsamkeit; wundern Sie sich also nicht, wenn Sie am Horizont eine Armada weißer Schiffsrümpfe ausmachen.

Um dem ganzen Trubel aus dem Weg zu gehen, lohnt es sich, die innere Uhr um einige Stunden vorzustellen. Wenn Sie gen Süden nach Ras Mohammed fahren, legen Sie am besten um sieben Uhr morgens vom Kai ab. Da Sie erst am frühen Nachmittag zurückkehren werden, sollten Sie ein Frühstücks- und Lunchpaket bestellen. Für die Fahrt zur im Norden gelegenen Straße von Tiran empfiehlt sich sogar eine noch frühere Abfahrt um sechs Uhr, dann sind Sie nach einem Tauchgang in totaler Einsamkeit rechtzeitig zum Frühstück wieder im Four Seasons zurück.

Um die Flotte von Sinai Blues kümmert sich der charmante Riham. Ein solides Hochleistungsschlauchboot bringt Sie in nicht einmal 15 Minuten zur Straße von Tiran, für die Fahrt zu den etwas weiter entfernten Tauchgründen von Ras Mohammed wird ein größeres Motorboot eingesetzt. Die Crew macht der vielgerühmten ägyptischen Gastfreundschaft alle Ehre, kümmert sich um Ihre Ausrüstung, spült sie für Sie und hilft Ihnen ins Wasser und wieder heraus. Trotz des großen Andrangs zu den Spitzenzeiten geht es in der Tauchbasis immer sehr persönlich zu. Neun Tauchlehrer sorgen dafür, dass auch Anfänger sich hier bestens aufgehoben fühlen.

Auf einen Blick

Boote	ab 8,5 m (nass und offen, trocken und überdacht)
Gruppengröße	6
Tauchlehrer	9
Sprachen	Englisch, Arabisch, Deutsch, Französisch, Italienisch, Spanisch, Japanisch, Niederländisch
Kurse	alle PADI-Kurse
Kinder	Bubblemaker-Kurse für 8- bis 10-Jährige, Open-Water-Zertifikat ab 10 Jahren
Sonstiges	Computerverleih, Nitrox auf Wunsch, Essen und Getränke auf vorherige Bestellung, Charterboote, Vorbereitung und Reinigung der Ausrüstung
Internetseite	www.sinaiblues.com

Das Rote Meer hält viele herrliche Tauchgründe bereit, und trotz des großen Zuspruchs von Seiten der Tauchtouristen hat Sharm El-Sheikh noch immer einige der besten zu bieten. Zu verdanken ist das in erster Linie deren Lage an genau der Stelle, wo sich das Rote Meer in den Golf von Suez und den Golf von Akaba teilt. Weitere Attraktionen sind jede Menge Wracks, die vor Ägyptens Küste auf dem Meeresgrund liegen.

OBEN
Das Ende des Bootsanlegestegs des Four Seasons ist ein fantastischer Platz zum Schnorcheln und Tauchen. Man findet dort Rotfeuerfische im Überfluss.

TAUCHEN

OBEN
Ein Angehöriger der Seeigel-Familie, der keine Stacheln hat, ist eine einfache Beute für Drückerfische und Kugelfische.

Manche behaupten, das ultimative Taucherlebnis im Roten Meer sei nur mit einem Liveaboard möglich, das sich zu den Brother Islands, in Richtung Sudan oder noch weiter gen Süden aufmacht. Doch auch in den Gewässern um Sharm findet man praktisch jede hier heimische Korallenart und beinahe so viele Fischarten wie am australischen Great Barrier Reef.

Die meisten Tauchaktivitäten konzentrieren sich auf zwei Gebiete: die Straße von Tiran im Norden und den südlich gelegenen Ras-Mohammed-Nationalpark. Ras Mohammed ist den meisten Tauchern ein Begriff, aber die weniger bekannte Straße von Tiran ist mindestens ebenso lohnenswert und einfacher zu erreichen. Bei über 35 Tauchgründen kann man hier leicht eine ganze Woche verbringen, ohne zweimal am selben Platz zu tauchen.

Die Topografie der Riffe reicht von sanften Abhängen bis zu steilen Wänden. Immer aber liegen die Gipfel nur wenige Meter unter der Wasseroberfläche – so vergeuden Sie keine Sekunde Ihrer Tauchzeit, denn der Sicherheitsstopp ist genauso spannend wie der eigentliche Tauchgang. Daher eignen sich die Riffe auch hervorragend für Schnorchler, die sich den Tauchfahrten nach Ras Mohammed anschließen können. Schulen von Rotfeuerfischen und sogar der hier ansässige Krokodilfisch laden aber auch am Hotelstrand zum Schnorcheln ein; da hier keine nennenswerten Strömungen herrschen, ist dies auch der ideale Ort, um Tauchen zu lernen.

Die Zahl der Hart- wie der Weichkorallen ist Legion, und sie alle befinden sich in hervorragendem Zustand. Bewohnt werden sie von einer schier unglaublichen Vielfalt an Meerestieren, zu denen je nach

Auf einen Blick

Tauchplätze	12
Schwierigkeitsgrad	einfach bis fortgeschritten
Sichtweite	30 Meter und mehr
Beste Spots	Small Crack, Shark Reef, Yolanda Reef, Jackson Reef
Schnorcheln	sehr gut am Hausriff, hervorragend vom Tauchboot aus
Tauchanzüge	7 mm (Dezember bis April), 5 mm (Mai bis Juni, Oktober bis November), 3 mm (Juli bis September)
Korallen	hervorragend
Unterwasserwelt	Hammerhai-, Stachelmakrelen- und Barrakuda-Schulen, Seiden-, Grau-, Leoparden- und Walhaie, Napoleon-Lippfische, Krokodilfische, Große Tümmler, Manta- und Adlerrochen, Riesenmuränen
Sonstiges	Tagesausflüge, Nachttauchgänge, Wracktauchen, Meeresreservat, Dekompressionskammer in Sharm El-Sheikh

RECHTE SEITE

OBEN LINKS
Wimpelfische treten oft paarweise oder in größeren Schulen auf.

MITTE LINKS
Einen schlafenden Papageifisch trifft man nur an, wenn man nachts taucht. Dann kann man seine wunderschöne Färbung bewundern.

UNTEN LINKS
Die Pfeffermuräne ist eine der drei Muränenarten, die im Roten Meer häufig auftreten. Riesenmuränen können gut drei Meter lang werden.

RECHTS AUSSEN
Vor allem in der Straße von Tiran gehören entspannte Echte Karettschildkröten zum gewohnten Bild.

LINKS
An den meisten Riffen im Roten Meer wimmelt es nur so vor Lebewesen. Obwohl hier ein reger Tauchbetrieb herrscht, sind die Korallen ganz gesund.

Jahreszeit die unverwechselbaren farbenprächtigen Fahnenbarsche sowie Schulen von Hammerhaien, Stachelmakrelen und Barrakudas zählen. Grüne Riesenmuränen zeigen sich bei jedem Tauchgang und machen ihrem Namen alle Ehre: Nicht selten hört man von Drei-Meter-Exemplaren, die sich zwischen den Korallen zeigen. Noch häufiger trifft man auf Rotfeuerfische in allen Größen und Farben.

Einer der großartigsten Plätze zum Tauchen und Schnorcheln im Roten Meer ist Small Crack, unmittelbar vor der Südspitze der Sinaihalbinsel gelegen. Bei guten Bedingungen beginnen Sie am äußeren Rand des Riffs, wo Sie mit Leopardenhaien sowie Schulen von Barrakudas und Stachelmakrelen rechnen können. Innerhalb des Riffs existiert eine sensationelle Vielfalt verschiedener Spezies, und in dem relativ seichten Gewässer brauchen Sie nicht einmal eine Taschenlampe, um die unvorstellbar leuchtenden Farben zu erkennen. Man fühlt sich fast wie in einem unterseeischen Blumenladen.

Auch zu einer Reihe von Wracks können Sie im Roten Meer hinabtauchen. Das berühmteste ist die *Thistlegorm*. Da sie weit draußen liegt und ein sehr beliebtes Ausflugsziel ist, sollten Sie unbedingt früh aufbrechen. Flora und Fauna mögen hier enttäuschend sein, aber wenn Sie schon immer einmal rittlings auf einem versunkenen BSA-Motorrad von 1940 sitzen oder an einem gepanzerten Maschinengewehr vorbeischwimmen wollten, werden Sie Ihren Spaß haben.

Es gibt einfach zu viele Tauchplätze, um sie einzeln hier zu erwähnen, geschweige denn Empfehlungen auszusprechen. Sie alle haben ihren Reiz – was genau Sie dann sehen werden, hängt vom Zufall, der Jahreszeit und den Kenntnissen Ihres Tauchführers ab. Wenn Ihnen die Hitze nichts ausmacht, ist der Hochsommer die beste Zeit für einen Urlaub am Roten Meer, weil dann viele Fischschwärme und Haie unterwegs sind. Doch egal, wann Sie hier sind – stehen Sie früh auf, dann werden Sie reichlich belohnt werden.

LINKS
Die für das Rote Meer so typischen Fahnenbarsche tanzen in großer Zahl über den Riffen.

RECHTE SEITE
Bei einer Sichtweite bis zu 45 Metern kann man an den unversehrten Riffen des Roten Meeres mehr als 1000 Fisch- und 200 Korallenarten bestaunen. Aber nicht nur diese Vielfalt der Arten vom winzigen Glasfisch bis zum riesigen Walhai, sondern auch die enormen Mengen, in denen die einzelnen Spezies auftreten, machen diese Unterwasserwelt so reizvoll.

mares

Tansania entstand im Jahr 1964, a
beiden ostafrikanischen Republike
und Sansibar vereinigten. Nicht nu
Berg Afrikas, der Kilimandscharo,
Staatsgebiet, hier finden auch die
wanderungen der Welt mit Gnus, Z
Gazellen statt. Das heute wirtscha
kann auf eine reiche Vergangenhe
cken – besonders faszinierend ist
Sansibars.

Sansibar, einst Residenz der Sultane von
habendsten Nation Afrikas, war lange Ze
berühmt. Sklavenhändler und Kolonialhe
sie in der Vergangenheit, und noch heute
in unseren Ohren exotisch. Die Stadt Sto
jedem Fall einen Besuch; wenn Sie eine d
Nachbarschaft ansteuern, führt ohnehin
vorbei. Das beste Hotel ist das Serena Inn
gelegen – ein idealer Ausgangspunkt, um
und Märkte der Stadt zu streifen. Wenn S
Meeresblick bekommen, können Sie bei
beobachten, wie die *dhows*, traditionelle
schiffe, in den Hafen zurückkehren. Unbe
sollten Sie ein Abendessen auf dem Dach
Green, lassen Sie rechtzeitig einen Tisch

Gleich im Norden von Sansibar liegt die ü
Pemba, Heimat einer Vielzahl tropischer
sowie endloser Gewürznelkenplantagen,
ber Duft die Luft erfüllt. Hier versteckt sic
Küste, das Fundu Lagoon. Keine Straße f
das nur mit einem Privatboot zu erreiche
Fuß wieder auf trockenen Boden gesetzt
sich fast wie in eine andere Welt versetzt
die in feinsten, weißen Sand gebettet ist.

Das Hotel an der Westküste der Insel Pemba wurde von einer Gruppe um die britische Modedesignerin Ellis Flyte buchstäblich dem Dschungel abgerungen. 2001 waren die heutigen Eigentümer beinahe zufällig auf diesen Platz gestoßen und das Wagnis eingegangen, einen bis dahin völlig unbekannten südafrikanischen Architekten mit der Planung eines Hotels zu betrauen. Das Risiko hat sich gelohnt: Das Ergebnis ist ein wirklich einzigartiges Resort.

Insel **Pemba**

HOTEL Fundu Lagoon

Nur zwölf Monate dauerte es, um dieses Stück unberührten Dschungels in eine voll funktionsfähige Ferienanlage zu verwandeln. Dass die Eigentümer jeden einzelnen Handgriff überwachten, verkürzte die Bauzeit erheblich. Noch heute verbringen sie über die Hälfte des Jahres damit, ihr Werk am Laufen zu halten und weiter zu verbessern. Praktisch alles wird aus heimischen Materialien vor Ort gefertigt. Entstanden ist dabei nicht das perfektionierte Feinhandwerk, das etwa das Dach einer fidschianischen *bure* auszeichnet – sondern die für tansanische Dörfer typischen, fast noch unfertig wirkenden, archaischen Arbeiten.

Doch lassen Sie sich vom rustikalen Äußeren nicht täuschen: Für alle irdischen Genüsse ist hier gesorgt. Dass man dabei nie vergisst, wo man sich befindet, macht den besonderen Reiz dieses Ortes aus. Unglaublich entspannt und zwanglos geht es hier zu, und dank handgeschnitzter Holzfiguren, Masken und anderer Originalstücke, die die Eigentümer auf ihren Reisen zusammengetragen haben, schlägt hier immer und überall Afrikas Herz. Falls Sie dennoch vergessen sollten, wo Sie sind, werden die Horden freundlicher Affen und die nachtaktiven Buschbabys (eine Primatenart) Sie daran erinnern – lassen Sie niemals Ihre Sonnenbrille über Nacht draußen liegen, sie könnte morgens nicht mehr da sein …

Ein langer, roh gezimmerter Anlegesteg erstreckt sich weit in die Lagune und zweigt zu einer Bar ab, die über dem Ozean schwebt. Um in tieferes Wasser zu gelangen, müssen Sie bis an das Ende des Stegs hinauswandern. Dort schwimmt es sich viel besser als am Strand.

Auf einen Blick

Flughafen	Sansibar via Daressalam, Johannesburg oder Nairobi
Fluggesellschaften	KLM, Emirates, South African Airways, British Airways
Transfer	45 Min. mit dem Taxi, dann 20 Min. mit dem Boot
Zimmer	über 16 (zum Teil klimatisiert)
Angestellte pro Zimmer	3 oder mehr
Freizeitangebot	Naturspaziergänge, Waldausflüge, Charterkatamarane, Kanus, Ausflüge und Angeln mit dem *dhow*, Yoga-Pavillon, Spa (eingeschränkt), Billardtische
Service	Fernseher im Gemeinschaftsraum
Sonstiges	Mobiltelefone
Kinder	ab 12 Jahren
Stromstecker	südafrikanischer 3-Pol-Stecker
Währung	Tansania-Schillinge, US-Dollar
Zeitzone	MEZ +2
Telefon	00255/2 42 23 29 26
Internetseite	www.fundulagoon.com

Die direkt am Strand gelegenen Zimmer erreicht man auf feinsandigen Pfaden, jene in Hanglage über eine unregelmäßig verlaufende Treppe. Letztere liegen sehr abgeschieden, bieten einen herrlichen Ausblick und sind kühler, da die Passatwinde sie durchwehen – ein Vorzug, wenn Ihnen die Deckenventilatoren nicht ausreichen. Jedes Zimmer ist im Prinzip ein großes, luftiges afrikanisches Zelt, eingehüllt in ein Moskitonetz und auf ein hölzernes Podest gebaut. Nach oben hin wird es von einem traditionellen hohen Strohdach geschützt. Sie können auf dem Bett liegen und von dort aus die grandiose Aussicht genießen. Wenn Sie die Segeltuchvorhänge beiseite schieben, gelangen Sie auf die großzügige, nach Süden weisende Holzveranda.

Außer Tauchen gibt es hier nicht allzu viel zu tun – Entspannen ist das Gebot der Stunde. Wenn Sie genug vom Strandleben haben, bietet das Spa eine Reihe sehr guter Behandlungen mit nach einheimischer Tradition hergestellten pflegenden Duftölen an. Die Kanus, Wakeboards und Wasserski im Tauchshop lassen zwar Gedanken an mehr Aktivität aufkommen, doch die Nachfrage hält sich in Grenzen, da kein wirklich geeignetes Zugboot vorhanden ist.

Dennoch lohnt es sich, die Energie für einen Tagesausflug aufzubringen: Für Taucher und Schnorchler gleichermaßen lohnenswert ist eine Exkursion nach Mesali, einem nahe gelegenen Meeresschutzgebiet mit aufregenden Schnorchelgründen, einem Strand mit feinstem weißem Sand und klarem türkisfarbenem Wasser zum Schwimmen. Oder Sie holen den Zehn-Meter-Katamaran heraus und erkunden einen Tag lang die schönen Strände von Pemba.

Frühstück und Abendessen nimmt man im Hauptrestaurant mit Blick auf den Strand ein, ein besonderer Genuss ist der Lunch in der Bar über dem Wasser. Das Essen ist einfach, aber köstlich und aus hiesigen Produkten und fangfrischem Fisch bereitet. Der Service ist aufmerksam, wenn auch etwas langsam, aber schließlich kommt man nicht hierher, um das Alltagstempo beizubehalten.

Die meisten Angestellten stammen aus dem kleinen Nachbardorf und sind unglaublich freundlich. Wo immer man hinkommt, wird man mit *»Jambo«* (»Hallo« auf Suaheli) begrüßt. Dies ist einer der wenigen Fälle, in denen der Bau eines Hotels sich tatsächlich positiv auf das Gemeinwesen auswirkt. Es dauerte eine Weile, die Einheimischen davon zu überzeugen, ein Hotel hier sei eine gute Idee, doch inzwischen profitiert auch das Dorf davon, etwa durch die Versorgung mit besseren Baumaterialien oder die Gründung einer Schule.

Fundu ist ein außergewöhnliches Hotel – einfach und doch stilvoll, voller Charme, Herzlichkeit und Charakter. Daran gewöhnt man sich beängstigend schnell. Und da die Besitzer weiter an der Perfektionierung ihres Traums arbeiten, kann dieses verborgene, grob geschliffene Juwel nur noch an Reiz gewinnen.

PLEASE CHANGE BED LINEN

Ausgangspunkt sämtlicher Wassersportaktivitäten ist die mustergültig geführte Tauchbasis gleich neben dem Steg des Fundu Lagoon. Ob Sie nun schnorcheln, tauchen oder einen Tag an einem einsamen Strand verbringen möchten, das Team macht alle Träume wahr. Die Basis ist zwar groß – es gibt einen Schulungsraum und ein Süßwasserbecken zum Spülen der Ausrüstung –, doch die Gruppen sind klein, und Sie selbst bestimmen das Tempo.

TAUCHBASIS

Erstklassige Ausrüstung von Scubapro-Lungenautomaten bis zu Mares-Tarierwesten steht in allen Größen und Ausführungen zur Verfügung, speziell auf Kinder ist die Basis allerdings nicht eingerichtet. Flossen und Masken werden in namentlich gekennzeichneten Beuteln aufbewahrt, so dass Verwechslungen kaum möglich sind.

Die gelben Boote sind robuste, schnelle, über sechs Meter lange Rigid Raiders, angetrieben von zwei Außenbordmotoren. Da sie keinerlei Schutz vor Sonne, Wind und Regen bieten und eigentlich nur auf kürzere Fahrten ausgelegt sind, sollten Sie für Ganztagsausflüge unbedingt ein Handtuch als Sitzunterlage mitbringen. Dafür können die Boote direkt am Strand landen, so dass der Einstieg einfach ist.

Je nach Gezeitenstand gelangt man nach einem kürzeren oder längeren Marsch über den Steg auf das Boot. An Bord werden Sie mit Getränken versorgt, bei Tagesausflügen auch mit einem kompletten Mittagessen. Bei Mesali speisen Sie im Schatten eines einfachen Strohdachs, während Sie auf Safari in den Norden oder Süden an einem der einsamen weißen Strände verköstigt werden.

Das Tauchen hat hier eine sehr persönliche Note, und alles ist hervorragend organisiert. Sie selbst brauchen sich um kaum etwas zu kümmern, am Abend können Sie Ihre Ausrüstung einfach auf dem Boot liegen lassen und sofort die warme Dusche ansteuern. Das Team bringt alles zur Tauchbasis zurück, wo es gespült und getrocknet und für den nächsten Einsatz bereitgestellt wird.

Auf einen Blick

Boote	6-m-Rigid-Raiders (nass, offen)
Gruppengröße	6
Tauchlehrer	2
Sprachen	Englisch
Kurse	alle PADI-Kurse
Kinder	ab 14 Jahren
Sonstiges	Computerverleih, Essen und Getränke, Vorbereitung und Reinigung der Ausrüstung

Eine unversehrte und zugleich unglaublich artenreiche Korallenwelt zeichnet diesen Teil Sansibars aus. Im Pemba-Kanal, der als bestes Tauchrevier Ostafrikas gilt, und speziell im Gebiet um Mesali sind über 320 Korallenarten heimisch – mehr als doppelt so viele wie sonst in dieser Region. Ein weiterer Vorzug: Sie erforschen diese jungfräulichen Riffe so gut wie allein.

OBEN
In den Gewässern um die Insel Mesali sind viele Rochenarten heimisch, darunter auch der große Schwarzfleck-Stachelrochen.

TAUCHEN

Die Sichtweite variiert von 25 bis über 30 Meter und ist bei einsetzender Flut am besten. Dann haben Sie auch eine reelle Chance, die großen Meeresbewohner, die diese Gewässer bevölkern, anzutreffen. Wenn Sie Ihren Urlaub buchen, sollten Sie sich unbedingt vorher mit der Tauchbasis besprechen, damit Sie wenigstens einen Teil Ihrer Tauchgänge bei optimalen Bedingungen absolvieren können.

Ganztagssafaris führen Sie wahlweise in den Norden oder den Süden Pembas und umfassen ein Mittagessen an einem einsamen weißen Sandstrand. Wenn Sie sich zum Wrack im Süden hinauswagen, sollten Sie unbedingt unterwegs an der Emerald Lagoon Halt machen, wo Sie mit türkisblauem Wasser, flachen Sandbänken und vorbeiziehenden *dhows* belohnt werden. Die meisten Tauchgründe aber liegen bei Mesali, einer schönen Insel mit weißem Sand nahe dem Hotel – länger als fünf Minuten werden Sie nicht unterwegs sein. Der Einstieg ins Wasser erfolgt über eine Rolle rückwärts, und meistens hat die Tauchgruppe ausreichend Zeit, an der Wasseroberfläche zu warten, bis alle versammelt sind, ehe man in die Tiefe geht.

Häufig beginnt man am Apartment, einem bequemen, einfachen Tauchplatz um einen Korallenbommie von circa 12 Meter Höhe, dessen Gipfel gerade einmal sechs Meter unter der Wasseroberfläche liegt. Hier geht es zu wie in einem Bienenstock, es wimmelt nur so vor Muränen, von der Grünen Riesenmuräne bis zur seltenen Perlenmuräne. Auch ihr schwarzbackiger Bruder lässt sich blicken, das aggressivste Mitglied dieser ansonsten eher gutmütigen Familie.

Ein entspannter Tauchplatz ist Coral Gardens, ideal geeignet, um unter Felsvorsprüngen herumzustöbern und Nischen und Spalten zu

Auf einen Blick

Tauchplätze	12
Schwierigkeitsgrad	einfach bis fortgeschritten
Sichtweite	18 bis 25 m und mehr
Beste Spots	Mapanduzi
Schnorcheln	hervorragend vom Tauchboot aus
Tauchanzüge	3 mm
Korallen	ausgezeichnet
Unterwasserwelt	Große Netzmuränen, Grüne Muränen, Perlenmuränen, Hammerhaie, Teufelsrochen, Adlerrochen, Zitterrochen, Napoleon-Lippfische, Barrakuda- und Einhornfisch-Schulen, Riesenzackenbarsche, Büffelkopf-Papageifische, Porzellanschnecken
Sonstiges	Tagesausflüge, Nachttauchgänge, Wracktauchen

RECHTE SEITE
Eine Schule von Bannerfischen bildet einen reizvollen Kontrast zum kristallklaren Wasser.

RECHTS
Eine Schule von Querbänder-Barrakudas findet in der starken Strömung bei Mapanduzi reichlich Nahrung.

OBEN
Die weiten Felder unversehrter Gelappter Lederkorallen bieten allen möglichen Fischen Unterschlupf.

LINKE SEITE, IM UHRZEIGERSINN VON OBEN LINKS
Den Pfauen-Kaiserfisch, einen der anmutigsten Bewohner des Riffs, trifft man nie weit entfernt von einem schützenden Unterschlupf an; die Riffe sind übersät mit Plattwürmern, die mit verschiedenartigsten Mustern verziert sind; wunderschöne Plattwürmer erbringen den Beweis dafür, dass die Farben der Natur immer miteinander harmonieren; die Farbschattierungen an der Unterseite von Nahrung aufnehmenden Anemonen erkennt man erst bei künstlicher Beleuchtung.

untersuchen, in denen sich Unmengen von Rochen verbergen. Nehmen Sie sich in Acht vor den Zitterrochen, die Ihnen einen elektrischen Schlag versetzen können. Auch Rotfeuerfische, Nacktschnecken, Schulen von Tapaculos, Oktopusse und die üblichen tropischen Fische finden Sie hier. Seien Sie darauf gefasst, all Ihre Tarierkünste anwenden zu müssen, denn die Felsen sind mit wunderschönen blaugemusterten und gleichmäßig gefleckten Seeigeln verziert.

Wenn Sie bei einsetzender Flut tauchen können, sollte Mapanduzi ganz oben auf Ihrer Liste stehen. Hier fällt eine Wand zunächst sanft auf etwa 30 Meter ab, ehe sie in die Tiefsee hinabreicht (das heißt auf mehr als 300 Meter). Wichtig ist, dass Sie so schnell wie möglich abtauchen, denn hier erwacht alles nur dann richtig zum Leben, wenn starke Strömungen herrschen. Dann kann Ihnen von einer Schule Hammerhaie über einen riesigen Barrakuda bis zu einer Teufelsrochenfamilie oder einem neugierigen Napoleon-Lippfisch so ziemlich alles über den Weg schwimmen.

Pemba ist ein noch relativ unbekanntes Gebiet, hat aber eine Menge zu bieten: Lebewesen in allen Größen, riesige Korallenfelder, unversehrte Natur und perfekt organisierte Tauchgänge. Höchste Zeit, sich das alles anzusehen.

UNTEN
Vorsicht – Hochspannung! Der Zitterrochen betäubt seine Beute mit einem Stromschlag. Dasselbe macht er mit Tauchern, die ihm zu nahe kommen.

Mosambik blickt auf eine turbulente
zurück. An der Südostküste Afrikas a
Weg nach Indien und Fernost geleg
einst Umschlagplatz für Gold, Elfenb
ven. Im vorigen Jahrhundert wendet
Blatt: Zwar erlangte die ehemalige p
Kolonie 1975 die Unabhängigkeit, z
offiziell zu den ärmsten Nationen de
Phase sozialistischen Missmanagem
15 Jahre Bürgerkrieg taten ein Übrig
1992 herrscht Frieden im Land.

Eine der wenigen positiven Folgen davon is
Mosambik bisher seine Ursprünglichkeit be
und noch nicht unter den Auswirkungen de
leidet. Dabei hat das Land Besuchern einige
eine überwältigend schöne, völlig unberüh
volle Bauten im Kolonialstil und eine ausge
herzliche Bevölkerung.

Ausländische Investitionen nehmen zu, ein
spielen die luxuriösen Inselresorts Quilálea
Beide liegen direkt vor der Küste Mosambi
auf dem Quirimbas-Archipel im Norden un
auf dem Bazaruto-Archipel im Süden, 1000
einander getrennt. Die Eindrücke, die einem
Land vermittelt werden, könnten unterschi
sein, vom Tauchen ganz zu schweigen. Doc
sie gemeinsam: Beide Reiseziele sind so ab
dass man das Meer ganz für sich allein hat.

Wörtlich übersetzt, bedeutet Quilálea »Zufluchtsort«, und nirgendwo wäre diese Bezeichnung zutreffender. Versteckt im Quirimbas-Archipel am nördlichsten Zipfel Mosambiks, liegt dieser Vorposten des Luxus praktisch am Ende der Welt. Lange Zeit lebten hier nur Einheimische, angelockt vom Süßwassermangel. Das mag zunächst unlogisch klingen, bis man gewahr wird, dass es deshalb an diesem Ort keine Moskitos und folglich auch keine Malaria gibt.

Insel Quilálea

HOTEL Quilálea

Hierher zu gelangen ist gar nicht so einfach. Ausgangspunkt ist die Stadt Pemba (nicht zu verwechseln mit der gleichnamigen Insel in Tansania), die man über Johannesburg oder Daressalam erreicht. Von dort aus fährt man zweieinhalb Stunden mit dem Jeep und anschließend eine halbe Stunde mit dem Boot. Besser noch fliegt man gleich im Direktflug mit dem Hubschrauber nach Quilálea oder aber in 20 Minuten mit einer Privatmaschine auf die benachbarte Insel Quirimbas. Fünf Autominuten und ein paar Schritte durch das Wasser zu einem kleineren Katamaran später liegt Quilálea endlich in Sichtweite. Sollten Sie Ihrer Karte bisher nicht entnommen haben, dass Sie so etwas wie ein Abenteuer erwartet, dann wissen Sie es spätestens jetzt.

Nur die Nordspitze dieses 35 Hektar großen Eilands wurde bisher bebaut, der Rest befindet sich in jungfräulichem Zustand, und die umliegenden Gewässer sind zugleich Meeresschutzgebiet und Weltnaturerbe. Lediglich neun Zimmer hat das Hotel, verstreut in den farbenprächtigen, von Vogelstimmen widerhallenden Gärten. Typische Elemente der aus heimischen Materialien gebauten Häuser, die auf niedrigen Klippen liegen oder direkt auf den Strand hinausgehen, sind hohe, strohgedeckte Dächer und glatt verputzte Wände. Während der Innenbereich von einem King-Size-Bett, umhüllt von Moskitonetzen, dominiert wird, eröffnet sich von der schattigen Terrasse aus ein ungehinderter Blick auf die Lagune. Die Unterkünfte sind einfach, aber ausgesprochen gemütlich, nur sollten Sie Zimmer 3 meiden, das dann doch etwas zu nahe am Stromgenerator liegt.

Auf einen Blick

Flughafen	Pemba via Daressalam oder Johannesburg
Fluggesellschaften	KLM oder Emirates nach Daressalam oder South African Airways nach Johannesburg, dann Mozambique Airlines nach Pemba
Transfer	20 Min. mit dem Flugzeug, dann 10 Min. mit dem Boot oder 20 Min. direkt mit dem Hubschrauber (bei einwöchigen Aufenthalten inbegriffen)
Zimmer	9 (alle klimatisiert)
Angestellte pro Zimmer	5
Freizeitangebot	Pool, Kanus, Inseltouren, Hochseefischen, Massage
Service	Fernseher in der Bar
Kinder	ab 12 Jahren
Stromstecker	2-Pol-Rundstecker
Währung	Metical (US-Dollar und Südafrikanische Rand werden akzeptiert)
Zeitzone	MEZ +1
Telefon	00258/272/2 18 08
Internetseite	www.quilalea.com

Den Mittelpunkt des Resorts bildet eine geschützte Bucht, die von der offenen Bar auf der einen und vom Restaurant auf der anderen Seite flankiert wird. Anders als im Süden Mosambiks, wo weiße Bilderbuchsandstrände die Regel sind, säumen hier zersplitterte Korallen und Muschelschalen das Ufer. Dies besitzt durchaus seine eigene Schönheit, doch passen Sie beim Schwimmen auf, denn der Meeresboden ist mit kleinen Korallenspitzen gespickt.

Erwarten Sie nicht die Vorzüge eines normalen Fünfsternehotels – der eigentliche Reiz von Quilálea liegt darin, dass man von all dem weit weg ist. Die Insel, eine Oase des Friedens und der Natur, ist ein Vogelparadies, und Sie werden eine Vielzahl exotischer Vögel zu sehen – und zu hören – bekommen: Bienenfresser stürzen sich von Baum zu Baum, Schreiseeadler schweben majestätisch durch die Lüfte, und der aufsehenerregende, aber sehr scheue Eisvogel gewährt einen flüchtigen Blick auf sein prächtiges Gefieder. Ein weiteres Naturereignis ist Mahat, eine feuchtnasige Schirrantilope, die auf der Insel umherstreift und Ihnen, von den Blumenarrangements auf den Tischen angezogen, beim Abendessen am Strand Gesellschaft leisten wird.

Neben Fischen und Tauchen steht Entspannung ganz oben auf dem Programm. Ein geschnitztes Totem, heilende Hände darstellend, weist den Weg zum Behandlungsraum mit Blick auf den Strand. Dort können Sie dem Rauschen des Meeres lauschen, während Sie massiert werden – es lohnt sich, einen Termin bei Flut zu vereinbaren. Zur Abwechslung können Sie sich auch im kleinen Meerwasserpool abkühlen, und wenn Sie Bewegung brauchen, folgen Sie dem Wanderpfad – blühende Affenbrotbäume, brütende Seeadler und mit etwas Glück sogar Schildkröten lohnen den Weg. Unterwegs können Sie jederzeit an einem der einsamen Strände eine Pause einlegen. Wer vom Inselfieber befallen wird, kann einen Abstecher auf das Nachbareiland Ibo machen, um einen Eindruck vom ursprünglichen Afrika zu erhalten, oder bei einer Sonnenuntergangsfahrt auf der traditionellen *dhow* des Hotels oder einem Segelboot dem süßen Nichtstun frönen.

Frühstück und Mittagessen werden meist im Restaurant oder am Pool eingenommen, das Abendessen wird auf Wunsch auch unter freiem Sternenhimmel am Strand serviert. Das Essen ist frisch, einfach und köstlich. Grundlage der meisten Gerichte sind heimischer Fisch und Meerestiere, die der stets lächelnde Nathan meisterhaft zubereitet.

Quilálea ist ein umweltverträgliches Resort mit unverwechselbarem Charme. Alles wurde von Einheimischen erbaut, und Sie werden nie aus dem Bewusstsein verlieren, wo Sie sind. Hektik ist hier ein Fremdwort, und wie Sie sicherlich schon ahnen, ist der Dresscode unglaublich leger. Eigentlich gibt es überhaupt keinen, und da der Wäscheservice im Preis inbegriffen ist, können Sie dieses Fernreiseziel mit kleinem Gepäck ansteuern.

Wie alles im Resort ist die kleine Tauchbasis herzerfrischend rustikal: Harpunenbüchsen, die den einheimischen Fischern abgenommen wurden, Masken und Flossen zieren in großer Zahl die Wände – schließlich befindet man sich in einem Meeresschutzgebiet. Weit und breit gibt es keine anderen Taucher, und da die Tauchgruppen auf vier Personen beschränkt sind, wird Sie das Gefühl nicht loslassen, ein einsamer Abenteurer zu sein.

TAUCHBASIS

Da man die Boote vom Strand aus besteigt, sind Füßlinge sehr nützlich. Zur Verfügung stehen zwei kleine, schnelle Katamarane und ein größerer umgebauter Fischkutter namens *Sencar*. Auf den beiden Katamaranen gibt es keinen Schatten; da die Tauchplätze ganz in der Nähe liegen, dürfte das jedoch kein Problem darstellen. Die *Sencar* ist beschattet, dafür aber viel langsamer. Für die zurzeit angesteuerten Gebiete sind die vorhandenen Boote ausreichend, doch sollte die Tauchschule in Zukunft auch Tagestouren anbieten wollen, müsste sie ein zweckmäßigeres Schiff anschaffen.

Da für die Gewässer um Quilálea bisher kaum Karten existieren, gibt es hier noch eine Menge zu entdecken, und man kann vorerst nur erahnen, was sich alles unter Wasser verbirgt. Daher braucht man unbedingt einen erstklassigen Tauchlehrer, der die Unterwasserlandschaft gut kennt und schon einige Zeit in dem Gebiet verbracht hat. Vergewissern Sie sich also, dass Ihr Tauchführer schon ein paar Monate vor Ihnen angekommen ist, denn Sie sind auf ihn angewiesen, um die Highlights der Region zu entdecken.

Quilálea bietet Komplettpakete an, in denen jedoch Getränke und größere Unternehmungen nicht enthalten sind. Tauchen kann man gegen einen geringen Aufpreis von 30 US-Dollar pro Tag – mit Sicherheit das günstigste Tauchangebot, das mir je untergekommen ist.

Auf einen Blick

Boote	ab 5,20 m (nass und offen, trocken und überdacht)
Gruppengröße	4
Tauchlehrer	2
Sprachen	Englisch
Kurse	alle PADI-Kurse
Kinder	ab 12 Jahren
Sonstiges	Computerverleih, Getränke, Vorbereitung und Reinigung der Ausrüstung

Bei Quilálea erstreckt sich auf etwa 90 Kilometer Länge die St.-Lazarus-Bank, einer der besten unerforschten Tauchgründe der Welt. Das Tauchen hat hier etwas von einer Tombola mit Gewinngarantie: Zieht man ein Glückslos, begegnet man zweieinhalb Meter langen Schildkröten, doch auch wenn man nicht den Hauptgewinn einstreicht, locken Nacktschnecken von Weltklasseformat und einige ziemlich ungewöhnliche Lebensformen – was ja auch nicht zu verachten ist. Nur von Quilálea aus hat man Zugang zu diesem Paradies, Sie können also in einem Punkt ganz sicher sein: Sie werden keinen anderen Tauchern begegnen.

OBEN
Plattwürmer haben keine freiliegenden Kiemen wie die Nacktschnecken, sind aber ebenso schön anzusehen.

TAUCHEN

Ständig werden neue Tauchgründe erschlossen. Im Moment gibt es neun, die leicht zu erreichen sind – tatsächlich sind es wohl 90, die nur darauf warten, entdeckt zu werden. An drei Plätzen muss man unbedingt tauchen: Casino, Estadia Da Luz und, die große Überraschung, an dem Hausriff Lagosta Alley. Letzteres ist am einfachsten und auch für Anfänger geeignet, für die beiden Erstgenannten sollte man etwas Erfahrung mitbringen. Die Sichtverhältnisse waren während meines Aufenthalts enttäuschend. Selbst wenn man die Regenzeit meidet, ist schwer vorherzusagen, wie das Wasser beschaffen sein wird – doch aus Fotos kann man schließen, dass es im Normalfall viel klarer ist.

Lässt Casino bezüglich der Sicht auch zu wünschen übrig, macht die Meeresfauna dieses Manko mehr als wett. In etwa 27 Meter Tiefe besteht das Riffsystem aus einer Reihe von Bänken, die den Meeresbewohnern als Versammlungsort dienen. Schon bei einer Sichtweite von nur zwölf Metern bekommt man Bullenhaie, riesige Grüne Meeresschildkröten und Muränen, Napoleon-Lippfische und große Schwärme von Fledermausfischen zu Gesicht. Daneben gibt es die unterschiedlichsten Arten von Nacktschnecken und Plattwürmern, oft trifft man auf gänzlich unbekannte Spezies. Und auch Spinnerdelfine und Große Tümmler, Weißspitzenriffhaie, riesige Unechte Karettschildkröten, Königsmakrelen, Barrakudas und Geigenrochen gehören zu den regelmäßigen Besuchern.

Wagemutige können hier wirklich schnelles Strömungstauchen erproben. Sie werden rasant an Wänden voller Weichkorallen vorbeigetragen und haben keine Zeit zum Verweilen, aber mit etwas Glück

Auf einen Blick

Tauchplätze	9
Schwierigkeitsgrad	mittelschwer bis fortgeschritten
Sichtweite	15 m
Beste Spots	Casino, Estadia Da Luz, Lagosta Alley
Schnorcheln	mittelmäßig am Hausriff
Tauchanzüge	3 mm
Korallen	gut
Unterwasserwelt	Pfauenaugen-Zwergfeuerfische, Nacktschnecken, Spinnerdelfine und Große Tümmler, Seekühe (Dugong), Geistermuränen, riesige Grüne Meeresschildkröten und Kartoffelzackenbarsche, Bullenhaie, Napoleon-Lippfische, Weißspitzenriffhaie, Geigenrochen
Sonstiges	Meeresreservat, Nachttauchgänge, Dekompressionskammer in Johannesburg (2,5 Std. entfernt)

RECHTE SEITE

LINKS, VON OBEN NACH UNTEN
Schaukelfische gibt es in den unterschiedlichsten Farben; wenn die Blaue Geistermuräne ihr Geschlecht wechselt und vom Männchen zum Weibchen wird, wechselt ihre Farbe von schwarz nach blau und schließlich gelb; man kann es sich nur schwer vorstellen, aber Schaukelfische sind ohne starkes künstliches Licht nur schwer zu erkennen.

OBEN RECHTS
Um wunderschöne Nacktschnecken zu finden, brauchen Sie sich nur in den Gewässern um Quilálea umzusehen.

UNTEN RECHTS
Der seltene und eher unbekannte Pfauenaugen-Zwergfeuerfisch hat sich das Hausriff als Heimstatt auserkoren.

LINKS
Eine der für Quilálea typischen übergroßen Nacktschnecken legt in einem wellenförmigen Band ihre Eier.

UNTEN
Schaukelfische schützen sich durch Anpassung an ihre Umgebung vor Beutejägern. Offen bleibt jedoch, warum sich manche in leuchtendes Pink kleiden ...

können Sie mit Bullenhaien und einer aus drei gigantischen Mitgliedern bestehenden Zackenbarschfamilie Bekanntschaft machen. Zwei von ihnen sind schon riesig, doch der dritte ist ein wahrer Goliath – in etwa so groß wie ein VW-Käfer.

Diese Art zu tauchen birgt wahre Abenteuer, und auch wenn die meisten Plätze nur für erfahrene Taucher geeignet sind, gibt es durchaus einfachere Gebiete. Lagosta Alley ist vom Strand aus zugänglich und lockt mit Geistermuränen, den seltenen Pfauenaugen-Zwergfeuerfischen, einem Paar Rotgrüner Schaukelfische, fremdartig anmutenden großen Heuschreckenkrebsen, noch exotischeren Plattwürmern und Nacktschnecken (bis zu 15 Zentimeter lang), Schmucklangusten und Blaupunktrochen. Was auf den ersten Blick unspektakulär erscheint, erweist sich bei näherem Hinsehen als eines der wohl besten Hausriffe weit und breit.

Tauchen ist hier wirklich etwas Besonderes. Sie haben die Wahl zwischen schnellem Strömungstauchen und geschützten Plätzen. Man weiß nie, wen oder was man antreffen wird, und was Sie erleben, ist nahezu unbegreiflich. Zum Schnorcheln eignet sich Quilálea nicht – man muss wirklich zum Tauchen kommen –, aber ein Aufenthalt hier ist auf jeden Fall ein Abenteuer.

LINKS
Langnasen-Korallenwächter sind besonders hübsch anzusehen. Meist sind sie einzeln unterwegs, manchmal paarweise.

RECHTS
Die tagsüber eher unscheinbaren Tigerschnecken tragen nachts ein wunderschönes Kleid zur Schau.

UNTEN
Ist Ihr Blick erst einmal darauf geschult, werden Sie überall hinreißende Nacktschnecken sehen.

Nur zwei Hotels gibt es auf der 55 Quadratkilometer großen Insel Benguerra, und jenes, das die schönste Stelle an der gesamten Westküste einnimmt, ist die Marlin Lodge. Sie wurde 1995 erbaut und war zunächst nicht viel mehr als die Fischerhütte eines wohlhabenden Südafrikaners, den die hervorragenden Bedingungen für das Sportfischen in den umliegenden Gewässern begeisterten. Den Fischern folgen die Taucher häufig auf dem Fuße, und was hier ganz bescheiden begann, hat sich inzwischen zu einem vollwertigen Exklusivresort gemausert.

Insel Benguerra

HOTEL Marlin Lodge

In einem so entlegenen Gebiet ein Hotel zu bauen ist ein echtes Kunststück. Der Eigentümer hat dabei erstaunliche Weitsicht bewiesen – bei der wundervollen Küste und der neu erlangten politischen Stabilität Mosambiks werden weitere Resorts nicht lange auf sich warten lassen. Benguerra ist keine Privatinsel, und das ist auch gut so, denn anders als viele sterile, abgezäunte Resorts ist Marlin Lodge Teil des Insellebens. Fischer kommen vorbei, um ihren Fang zu verkaufen, Einheimische wandern mit einem Bündel auf dem Kopf am Strand entlang, und die traditionellen *dhows* gleiten im leichten Wind sanft auf dem Meer dahin.

Die 19 Zimmer der Lodge liegen verstreut auf einer Sandböschung direkt am Strand. Sie alle haben Blick auf das Meer und sind über einen Holzsteg zu erreichen, der auf Pfählen über der heimischen Flora und Fauna errichtet wurde – hier weht immer eine kühle Brise, und Sie haben das Inselpanorama stets vor Augen. Einige der Unterkünfte, die Classic Chalets, stammen noch aus den Anfangszeiten des Resorts und bieten ein sehr gutes Preis-Leistungs-Verhältnis. Wände und Dächer sind mit Schilfgras gedeckt, die Innenräume einfach, aber reizend ausgestattet – mit Himmelbett, stilvollen Leuchten und herrlicher Bettwäsche.

Neueren Baujahrs sind die Luxury Chalets und Executive Suites, die das gesamte Spektrum von sehr komfortabel bis höchst luxuriös abdecken. Unter den Suiten muss man sich eine gehobene Ausgabe der Chalets vorstellen, mit größeren Badezimmern und Duschen innen wie außen. Die Innenwände sind mit leichtem, hellbeigem Stoff bespannt, was die Räume noch größer erscheinen lässt. Das in Moskito-

Auf einen Blick

Flughafen	Vilanculos via Johannesburg
Fluggesellschaften	British Airways oder South African Airways nach Johannesburg, dann Pelican Air nach Vilanculos
Transfer	7 Min. mit dem Bus, dann 25 Min. mit dem Boot
Zimmer	19 (einige klimatisiert)
Angestellte pro Zimmer	3 oder mehr
Freizeitangebot	Pool, Angeln, Ausflüge ins Dorf, Inselpicknicke, Spaziergänge, Sonnenuntergangsfahrten, großes Wassersportangebot
Service	Wellness-Center
Kinder	jedes Alter
Stromstecker	3-Pol-Rundstecker
Währung	Metical (US-Dollar und Südafrikanische Rand werden akzeptiert)
Zeitzone	MEZ +1
Telefon	0027/12/5 43 21 34
Internetseite	www.marlinlodge.co.za

18+19 →

Do Not
DISTURB

netze gehüllte Himmelbett ist so positioniert, dass Sie im Liegen die schattige Veranda sowie das Meer überblicken können. Wenn sich die Aussicht auch noch verbessern ließe – etwa durch Zurückschneiden einiger Bäume und Sträucher –, hat man doch Sorge getragen, dass sich die Gebäude perfekt in ihre Umgebung einfügen und Sie hier absolut ungestört sind. Die Zimmer 1 und 2 liegen allerdings etwas zu nahe am Hauptgeschehen im Resort.

Rezeption, Bar und Restaurant sind in miteinander verbundenen Flügeln untergebracht, über allem schwebt ein schilfgedecktes Dach. Die Innenausstattung prägt eine unwiderstehliche Mischung aus modernen westlichen und traditionellen, für Mosambik typischen Elementen: glänzende Holzböden, honigfarbene Holzgeländer, eine mit Bambus verkleidete Bar und weiche, bequeme Sofas, in denen man herrlich entspannen und den Blick auf den Pool und das Meer genießen kann. Im Restaurant können Sie sowohl im Schatten als auch draußen im Freien sitzen, doch alle paar Tage werden Tische und Stühle an den Strand gebracht, wo über einem lodernden Lagerfeuer gegrillt wird. Natürlich steht in erster Linie Fisch auf dem Speiseplan (aber nicht nur). Das meist einheimische Servicepersonal ist freundlich und aufmerksam. Für die gesamte Dauer Ihres Aufenthalts wird Ihnen ein Kellner zugewiesen, eine helfende Hand ist also immer zur Stelle.

Die meisten Gäste scheinen ihre Zeit entweder am Pool oder an dem wundervollen weißen Sandstrand zu verbringen. Das Spa am Strand bietet vor allem Schönheitsbehandlungen, zuweilen aber auch Massagen an. Abenteuerlustige können die wirklich erstaunlichen Fischgründe ausloten oder alle möglichen Wassersportarten betreiben, zum Beispiel mit dem Hobie Cat. Wem der Sinn nach Müßiggang steht, wird eine Kreuzfahrt bei Sonnenuntergang vorziehen. Die Insel Pansy, gleich im Norden Benguerras gelegen und benannt nach den Pansy-Muscheln oder Sanddollars, die an den riesigen Sandbänken angeschwemmt werden, ist der ideale Ort für den Mittagsimbiss oder eine Pause beim Schnorcheln oder Tauchen. Unterwegs können Sie einen Schwarm Flamingos und mit etwas Glück sogar einige Wale oder Delfine bewundern.

In einem Land, das noch bis vor wenigen Jahren von Bürgerkriegen erschüttert wurde, ist Marlin Lodge so etwas wie ein Symbol des Triumphes über diese leidvolle Zeit. Zurzeit gibt es keinen komfortableren oder stilvolleren Ort, um sich an der Wunderwelt des schönen und abgeschiedenen Bazaruto-Archipels zu erfreuen.

Die Tauchbasis ist in einem Gebäude mit makellosem Strohdach gleich neben der Bar untergebracht und bietet eine riesige Auswahl an Ausrüstung und einen noch größeren Schatz an Wissen und Erfahrung. Von den Fähigkeiten Ihres Tauchlehrers hängen Ihre Taucherlebnisse ab – und einen besseren als Paul, Veteran des Archipels, kann man sich gar nicht vorstellen.

TAUCHBASIS

Da es nur diesen einen Führer gibt, können die Gruppen bis zu acht Teilnehmer umfassen. Selten werden es aber mehr als drei oder vier, denn die meisten Gäste kommen zum Hochseefischen hierher – die Region gilt als die beste im gesamten Indischen Ozean.

Wie an praktisch jedem der in diesem Buch beschriebenen Reiseziele brauchen Sie sich auch hier während Ihres gesamten Aufenthalts nicht selbst um die Ausrüstung zu kümmern. Bei Ebbe müssen Sie eventuell etwas weiter zum Boot hinauswandern, doch angesichts des weichen weißen Sandes und Ihres leichten Gepäcks, das nur aus Handtuch und allenfalls Ihrem Tauchcomputer besteht, werden Sie es kaum als unzumutbare Härte empfinden.

Für die Tauchfahrten steht eine ganze Flotte von Booten zur Verfügung, vom speziell angefertigten offenen High-Speed-Boot bis zu modernen, beschatteten Katamaranen. Je nachdem, ob man in der Nähe taucht oder einen Tagesausflug macht, kann man sich für die schnellere oder die bequemere Variante entscheiden.

Dass sich Schnorchler vielen Tauchfahrten anschließen können, ist einer der zahlreichen Vorzüge des Marlin. Taucher können das Two-Mile Reef von außen erkunden, während die Schnorchler innerhalb des Riffs bleiben. Gemeinsamer Treffpunkt ist die Insel Pansy, eine riesige Sandbank mit zahlreichen ruhigen Buchten, umgeben von türkisblauem Meer – ein wunderbarer Platz, um das Oberflächenintervall zu vertrödeln.

Auf einen Blick

Boote	6,40 m (nass, überdacht), 7,90 m (trocken, überdacht)
Gruppengröße	8
Tauchlehrer	1
Sprachen	Englisch
Kurse	alle PADI-Kurse
Kinder	ab 12 Jahren (kleinste Größe XS)
Sonstiges	Essen und Getränke, Vorbereitung und Reinigung der Ausrüstung, Charterboote

Hier findet man noch Tauchen vom Feinsten. Da der Bazaruto-Archipel ein Nationalpark ist, darf hier nicht kommerziell gefischt werden, und außerhalb der Grenzen des Schutzgebiets ist lediglich Sportfischen erlaubt. Infolgedessen erfreuen sich die Riffe bester Gesundheit, insbesondere die Weichkorallen, und die Meeresfauna ist hier nicht nur besonders artenreich, die Tiere sind auch erstaunlich zutraulich.

OBEN
Die entzückenden, farbenfrohen Kofferfische sind Einzelgänger.

TAUCHEN

Auf einen Blick

Tauchplätze	12
Schwierigkeitsgrad	einfach bis fortgeschritten
Sichtweite	15 m
Beste Spots	Cabo San Sebastian, Two-Mile Reef
Schnorcheln	sehr gut vom Tauchboot aus
Tauchanzüge	3 mm (5 mm von Mai bis August)
Korallen	gut, besonders die Weichkorallen
Unterwasserwelt	Walhaie, Teufelsrochen, Große Netzmuränen, Echte und Unechte Karettschildkröten, Grüne Meeresschildkröten, Perlenmuränen, große Ammenhaie und Kartoffelzackenbarsche, Königsmakrelen, Barrakudas, Hammerhaie, Porzellanschnecken, Doktorfisch- und Wimpelfisch-Schulen
Sonstiges	Meeresreservat, Nachttauchgänge, Tagesausflüge, Dekompressionskammer in Durban (2 Std. entfernt)

Etwa auf halbem Weg zwischen den beiden Hauptinseln Bazaruto und Benguerra liegt das Two-Mile Reef, der von der Marlin Lodge aus meistbesuchte Tauchplatz. Die geschützte Seite des Riffs eignet sich hervorragend zum Schnorcheln, die dem Ozean zugewandte Seite bietet Tauchern fantastische Einblicke. Das Wasser ist hier ziemlich seicht, höchstens 20 Meter tief, so dass man ausgedehnte Tauchgänge unternehmen kann. Dank Pauls fundierten Kenntnissen und der Länge des Riffs findet man immer eine Stelle, an der man tauchen kann, ohne auf die Strömungen Acht geben zu müssen – die hier allerdings ohnehin nicht besonders stark sind.

Als ich hier tauchte, betrug die Sichtweite nur etwa 15 Meter, aber was ich zu sehen bekam, war dennoch beeindruckend. Der sanft abfallende Meeresgrund ist von unzähligen Höhlen und Schluchten durchzogen, in denen sich drei Meter lange Ammenhaie (die einen ganzen Dokumentarfilm des Discovery Channel wert wären) und Weißspitzenriffhaie verbergen. Die Flut führt häufig klares Wasser und riesige Schwärme von Barrakudas, Makrelen, darunter gelegentlich auch eine Königsmakrele, mit sich, doch zu jeder Zeit werden Sie Zeuge nicht enden wollender Prozessionen tropischer Fische, die, vor dem Hintergrund des Weichkorallenriffs, an die Farbenpracht eines Blumenstandes erinnern.

Große Netzmuränen, die trägsten ihrer Gattung, sind in großer Zahl vertreten. Einige größere Exemplare scheinen Paul zu kennen und lassen sich von ihm berühren. Um die Korallenköpfe treiben sich auch Schulen von Kuhkopffischen herum, verschiedenste Nacktschnecken, unter ihnen der ausgefallene Seeapfel, außerdem Kroko-

RECHTE SEITE
Der Blaupunktrochen ist ein ständiger Bewohner der Gewässer um Benguerra.

LINKS
Große lebende Porzellanschnecken findet man nur an wenigen Orten auf der Welt, aber in Mosambik ist die Eischnecke mit ihrem auffallenden Schwarz-Weiß-Kontrast überall präsent.

OBEN
Der bizarr geformte Seeapfel aus der Familie der Nacktschnecken erinnert an einen Kardinalshut.

OBEN
Die zutrauliche Netzmuräne trifft man regelmäßig an.

dilfische, Ansammlungen von Eischnecken, Rotfeuerfische, Glasfischschwärme, Kofferfische, weiß gefleckte Igelfische, Blaupunktrochen, Perlenmuränen, Echte und Unechte Karettschildkröten, Grüne Meeresschildkröten, ganze Teppiche von Anemonen und ihre Nemos – die Liste ließe sich beliebig fortsetzen. Im Sommer, der hier von November bis März andauert, begegnet man mit großer Wahrscheinlichkeit dem scheuen Walhai, der zusammen mit Teufelsrochen in großen Scharen eintrifft.

Erfahrene Taucher finden neue Herausforderungen bei Cabo San Sebastian, einem Fischerparadies, das bei 30 Meter Tiefe beginnt und gut eine Stunde von der Lodge entfernt liegt (man findet nur mit GPS dorthin). Während Sie Ihre Ausrüstung klarmachen, wühlen Schwärme von Sportfischen das Wasser auf. Es gibt hier keine deutlich sichtbare Riffkante, eher ein sanft abfallendes, von Strömungen umspültes Plateau, das teilweise mit grünen Baumkorallen bewachsen ist. Vereinzelt wird es von seichten Schluchten unterbrochen, die so manchem Lebewesen Schutz vor der Strömung bieten. Es ist einfach wundervoll zu erleben, wie sich alle möglichen Arten von Meeresbewohnern nach und nach zu erkennen geben, von Rotfeuerfischen und einen Meter langen Kartoffelzackenbarschen über Grauhaie und Hammerhaie bis zu riesigen Schildkröten.

Auch das Oberflächenintervall hat es in sich. Ich verbrachte meines beim Schleppnetzfischen mit dem Fischer Jonathan, dessen fließende Bewegungen denen eines Balletttänzers ähneln. Im Handumdrehen hatte sich mein Kunststoffköder in einen ansehnlichen Gelbflossenthunfisch verwandelt – der an der Bar umgehend zu Sashimi verarbeitet wurde.

UNTEN
Um das Bazaruto-Atoll herrscht kein Mangel an Meerestieren.

UNTEN

Kleine Weichkorallen überziehen das Riff wie ein Polster.

RECHTS

In Schulen auftretende Kuhkopffische bevölkern die vielen Korallenformationen.

OBEN

Wimpelfische sind selten allein unterwegs, meist bewegen sie sich zu zweit oder in Schulen.

UNTEN

Seinem Reptilienblick verdankt der Krokodilfisch seinen Namen.

Seychellen

1500 Kilometer vor der Küste Ostafrikas, auf dem Weg nach nirgendwo, liegen die Seychellen, eine der ursprünglichsten und landschaftlich überwältigendsten Regionen der Erde. Die seltene Kombination aus schöner Natur, stilvollen Hotels und delikater Küche – und dazu noch großartigen Tauchmöglichkeiten – ergibt einen unwiderstehlichen Cocktail. Selbst die verlockendsten Hochglanzbroschüren werden diesem entlegenen Archipel mit seinen weißen Stränden, dem kristallklaren Wasser und den faszinierenden Felsformationen nicht gerecht. Und das alles ist auch noch eingebettet in eine üppige Vegetation.

Die Regierung der Seychellen ist sich durchaus bewusst, wie viel diese politisch stabile Republik zu bieten hat, aber auch wie wenig – denn alles lebt vom Tourismus, der die einzige nennenswerte Einnahmequelle darstellt. Die fragile Naturschönheit ist der wichtigste Trumpf der Seychellen, und so hat ihr Schutz Priorität. Für Hotelneubauten gelten strenge Auflagen, und beinahe 50 Prozent der gesamten Landmasse sind als Naturschutzgebiet oder Nationalpark ausgewiesen. Zum Glück für Taucher richtet sich die gleiche Aufmerksamkeit auch auf die Unterwasserwelt. Mit großer Weitsicht bemüht sich das Land, weiterhin die Besucher anzuziehen, die es braucht, und gleichzeitig dafür zu sorgen, dass der Tourismus nicht außer Kontrolle gerät.

Die Seychellen bestehen aus 115 weiß geränderten Atollen und Inseln, die sich auf eine Fläche von mehr als einer Million Quadratkilometern verteilen. Landen werden Sie auf Mahé, doch die atemberaubende Schönheit dieser Inselgruppe offenbart erst die Kette der umliegenden kleinen Eilande – und hier befindet sich auch das außergewöhnliche Frégate Island Private.

Die Insel Frégate ist ein winziger Flecken am äußersten Rand des Seychellen-Archipels. Das 300 Hektar umfassende Juwel beherbergt ein Designer-Hotel, das Frégate Island Private, das sich äußerst harmonisch in die Natur einfügt. An den paradiesischen Stränden legen Schildkröten ihre Eier ab, die vom Aussterben bedrohte Dajaldrossel leistet Ihnen beim Frühstück Gesellschaft, und Sie können sogar die Patenschaft für eine der Aldabra-Riesenschildkröten übernehmen, die auf der Insel aufgezogen und in die freie Wildbahn entlassen werden.

Insel Frégate

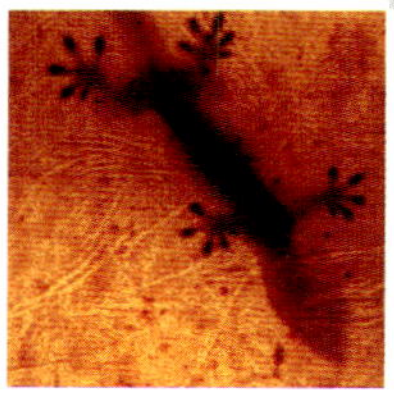

HOTEL

Frégate Island Private

Die 16 balinesisch anmutenden Villen des Frégate thronen auf Granitfelsen oberhalb eines Strandes, wie er weißer nicht sein könnte. Zu jeder gehört ein eigener, umzäunter Garten, so dass alles, wie der Name des Hotels schon andeutet, ganz privat ist. Der Übergang von innen nach außen ist fließend: Dank der bis zum Boden reichenden Fenster und der Terrasse auf der einen, dem Ozean auf der anderen Seite fühlt man sich fast wie auf einem Schiff mit großem Deck. Es steht Ihnen frei, die Annehmlichkeiten der leisen Klimaanlage zu genießen, doch unvergleichlich besser ist es, sich von der sanften tropischen Brise abkühlen und dem Rauschen der Wellen in den Schlaf wiegen zu lassen.

Direkten Zugang zum Strand hat man hier nicht, aber Sie können sich zu Fuß oder mit einem hoteleigenen Golfbuggy zu einem der sieben *anse* (kreolisch für »Strand«) der Insel aufmachen. Den Hauptstrand bildet eine große weiße Sandfläche mit Bar, Sonnenschirmen, Liegestühlen und exzellentem Service. Wenn Sie lieber auf Badehose und Bikini verzichten möchten, ist Anse Maquereau das Richtige für Sie: Drehen Sie einfach das Schild um, so dass es »Strand besetzt« anzeigt, und Sie sind für den Rest des Tages allein. Der beste Strand aber ist Anse Victorin, ein wirklich perfekter Streifen aus weißem Puder. Gesäumt von Palmen und flankiert von massiven Granitblöcken, ist er der Inbegriff all dessen, was man sich unter den Seychellen vorstellt.

Die Mahlzeiten werden serviert, wo immer Sie es wünschen – im Zimmer, am Strand, im Restaurant oder im Freien in der Pirates Bar, die aus dem Berg herausgemeißelt wurde. Die täglich wechselnde Speisekarte bietet alle Köstlichkeiten dieser Erde, Obst und Gemüse

Auf einen Blick

Flughafen	Mahé
Fluggesellschaften	Air France, Air Seychelles
Transfer	20 Min. mit dem Hubschrauber oder Leichtflugzeug
Zimmer	16 (alle klimatisiert)
Angestellte pro Zimmer	7 oder mehr
Freizeitangebot	Segeln, geführte Touren durch Flora und Fauna der Insel, Fahrräder, Golf auf der Insel Praslin, Hochseefischen, Kanus, Pool, Tennis, Spa, Fitnessraum
Service	Internet, Telefon, Fernseher, DVD-/CD-Player
Sonstiges	Mobiltelefone
Kinder	jedes Alter
Stromstecker	englischer 3-Pol-Stecker
Währung	Seychellen-Rupien (alle Rechnungen im Hotel müssen mit Kreditkarte bezahlt werden)
Zeitzone	MEZ +3
Telefon	00248/67 01 00
Internetseite	www.fregate.com

stammen aus biologischem Anbau von der Insel. Das Abendessen gibt es an manchen Tagen zur Abwechslung im alten Plantagengebäude am Jachthafen. Während der Fahrt mit dem Golfbuggy dorthin hat man das Gefühl, abends wirklich auszugehen. Doch wo Sie auch essen, überall geht es informell zu – einen Smoking werden Sie nirgends zu Gesicht bekommen.

Wenn Sie genug von Ihrem Zimmer und dem Strand haben, gibt es viel anderes zu tun: Sie können den Mount Signal besteigen, oder Sie besuchen die Aufzuchtstation für die Aldabra-Riesenschildkröte. Im kleinen Hafen können Sie sich Kanus, Windsurfboards und Boote ausleihen. Und sollte das alles in Ihren Ohren zu sehr nach Anstrengung klingen, flüchten Sie doch einfach in das wunderbare Rock Spa, eine von Seerosenteichen umgebene Oase hoch oben auf einem Hügel. Zu den vielen verschiedenen Anwendungen, die dort angeboten werden, gehört eine Behandlung, die auf *coco de mer*, der Seychellen-Nuss, basiert, die es nur im Vallée de Mai auf der nahe gelegenen Insel Praslin gibt. Man kann den Tag wohl kaum entspannter abschließen als mit einer Fußreflexzonenmassage auf einer Liege im Freien, während man den Sonnenuntergang beobachtet und den Seeschwalben dabei zusieht, wie sie am Himmel ihre Kreise ziehen – zumindest solange man die Augen offen halten kann …

Frégate ist ein außergewöhnlicher Ort. Nirgendwo kommt man dem Gefühl näher, eine eigene Insel zu besitzen – ohne mit den Sorgen des Eigentümers belastet zu sein. Der Mindestaufenthalt beträgt drei Tage, aber wenn es irgend möglich ist, sollten Sie eine ganze Woche einplanen.

all day dining menu
all day dining menu

PLEASE MIND YOUR HEAD
PORT VICTORI

Frégate besitzt als eine der wenigen Inseln der Seychellen einen eigenen Jachthafen – was angesichts des gewaltigen Ozeans, der diese ungeschützten Inseln umspült, sehr beruhigend ist. Das Tauchen läuft hier in einem so persönlichen Rahmen ab, dass nie mehr als zwei Gäste auf einmal betreut werden, es sei denn, Sie wünschen es anders. Es wird also nicht nur nicht voll sein bei Ihrem Tauchgang, Sie werden sogar garantiert keine anderen Taucher treffen.

TAUCHBASIS

Auf allen Booten gibt es einen Trockenbereich für Handtücher und Kameras. Zur Wahl stehen alle möglichen Gefährte, vom speziell angefertigten 9,5-Meter-Tauchboot, bestens geeignet bei ruhiger See, bis zur 13 Meter langen *Frégate Bird* mit V-Rumpf und einem sicheren, bequemen Unterdeck für rauere Witterung. Die entspannte, aber gründliche Einweisung findet an Land statt, an Bord erwartet Sie dann Ihre einsatzbereite Ausrüstung.

Die Gerätschaften der Tauchbasis werden alle zwei Jahre erneuert und befinden sich somit in erstklassigem Zustand. Da die Tauchgründe hier eher seicht sind und man mit kleinen Zehn-Liter-Flaschen taucht, kann man auf einen Computer verzichten. Wenn Sie allerdings vorhaben, einen der tieferen Tauchgründe aufzusuchen, wäre es ratsam, selbst einen mitzubringen.

Die Mitglieder des Tauchteams gehören zu den erfahrensten Tauchern auf den Seychellen und haben die meisten Tauchgründe selbst entdeckt. Diese konzentrieren sich zwar auf die nächste Umgebung, Sie können aber auch Tagestouren zu den herrlichen Inseln Praslin, La Digue oder Mahé unternehmen.

Alles in allem könnte Tauchen nicht müheloser und persönlicher sein als hier. Wenn Sie Grundkenntnisse erwerben wollen oder sich beim Tauchen unsicher fühlen, gibt es nichts, was Ihnen zu mehr Selbstvertrauen verhelfen könnte, als einen Tauchführer ganz für sich allein zu haben. Wie das Hotel ist auch das Tauchen hier eine fast familiäre Angelegenheit.

Auf einen Blick

Boote	ab 9,5 m (trocken, überdacht)
Gruppengröße	2
Tauchlehrer	2
Sprachen	Englisch
Kurse	alle PADI-Kurse
Kinder	ab 10 Jahren
Sonstiges	Essen und Getränke, Vorbereitung und Reinigung der Ausrüstung, Charterboote

Vor dem El Niño von 1998 standen die Riffsysteme der Seychellen in voller Blüte und waren mit leuchtend bunten Korallen überzogen. Auch wenn davon nur wenig übrig geblieben ist, zeigt sich die Tierwelt noch immer quicklebendig und artenreich. Das Gebiet um Frégate mit seinen außergewöhnlichen Unterwasserlandschaften und einigen bizarren und seltenen Spezies gilt als einer der besten Tauchplätze der Inseln.

OBEN
Granitblöcke formen eine spektakuläre Unterwasserlandschaft, in der es unendlich viele Spalten und Nischen zu erforschen gibt.

TAUCHEN

OBEN
Der Kaiserfisch ist als Baby am schönsten.

RECHTS
Zwei junge Pfeffermuränen

RECHTS
Die Jungtiere der Gestreiften Korallenwelse brauchen den Schutz der Gruppe.

Auf einen Blick

Tauchplätze	14
Schwierigkeitsgrad	einfach bis fortgeschritten
Sichtweite	15 bis 30 m
Beste Spots	Stingray Point, Lion Rock
Schnorcheln	gut (Beratung im Hotel)
Tauchanzüge	3 mm
Korallen	wenig
Unterwasserwelt	*Indian Ocean Walkman*, Adlerrochen, Einhornfisch-Schulen, Stachelmakrelen, Mantarochen (November bis Januar), Bogenmund-Gitarrenrochen, Große Gitarrenrochen, Blaupunkt- und Schwarzpunktrochen, Grüne Merresschildkröten, Echte Karettschildkröten, Netz- und Perlenmuränen, Riffhaie und Nacktschnecken
Sonstiges	Dekompressionskammer in Victoria auf Mahé (20 Min. entfernt), Tagesausflüge nach Mahé, Praslin, La Digue, Marianne und Shark Bank

Gleich vor der Haustür, in höchstens 15 Minuten Entfernung, liegen neun Tauchgründe. Was das Tauchen in diesem Teil der Welt so attraktiv macht, ist die Tatsache, dass Sie fast unter Garantie zu sehen bekommen, was Sie suchen – es ist ein bisschen wie Tauchen auf Bestellung.

Das beste Beispiel dafür liefert Stingray Point. Lassen Sie sich von der wüstenartigen Landschaft unter Ihnen nicht täuschen. Hier leben der seltene *Indian Ocean Walkman* und der befremdlich anmutende Große Gitarrenrochen, der mit seinem finsteren Blick sowie den Flossen und der Körperform eines Hais wahrlich furchterregend wirkt, aber in Wahrheit ein friedlicher Zeitgenosse ist, der sich von Muscheln und anderen Lebewesen auf dem Meeresboden ernährt. Sie dürfen sich auch auf den Anblick eines Bogenmund-Gitarrenrochens gefasst machen, eines der selteneren Mitglieder aus der Rochenfamilie, und Teufelsrochen sowie kleinere Tiere wie Anemonen-Einsiedler bestaunen.

Der Meeresgrund besteht zum größten Teil aus einem sanft abfallenden Sandboden, gelegentlich unterbrochen von Bommies, um die herum es sehr lebendig zugeht. Vielleicht begegnet Ihnen bei dem einen eine Familie Großer Netzmuränen oder Rußkopfmuränen, bei einem anderen Welse und Glasfische. Und während Sie sich auf die kleinen Fische konzentrieren, kann es passieren, dass Sie der Lärm – wirklich der Lärm – eines riesigen Makrelenschwarms aufschreckt, der urplötzlich aus der Dunkelheit auftaucht – wie in einer Szene aus *The Blue Planet.*

OBEN
Ein trächtiger gelber Kugelfisch. In Japan gilt er trotz seines gefährlichen Giftes als Delikatesse.

LINKS
Die schöne Netzmuräne ist die zutraulichste aller Muränen.

RECHTS
Der ulkige, zauberhafte, aber auch besonders scheue Einhornfisch durchstreift in Schulen die Gewässer der Seychellen.

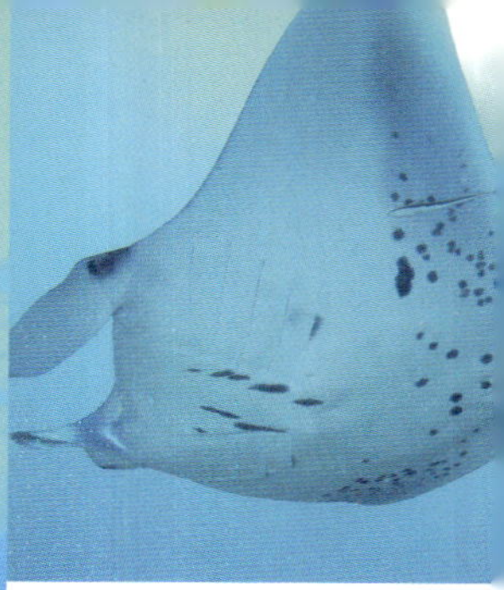

OBEN

Ein Mantarochen gleitet bei Stingray Point vorbei.

LINKS

Wie von Riesenhand aufgestellte riesige Granitblöcke bieten einer Vielfalt von Lebewesen Unterschlupf.

OBEN

Ein Rochen im Haifischgewand: der außergewöhnliche Große Gitarrenrochen

UNTEN

Neugierige und zutrauliche Spatenfische sind oft treue Begleiter beim Tauchen.

UNTEN

Um Frégate sind Fischschulen, zum Beispiel von Stachelmakrelen, ein gewohnter Anblick.

RECHTS

Der bizarre *Indian Ocean Walkman* ist eine seltene Spezies, doch an Stingray Point scheint er eine feste Heimat gefunden zu haben.

MITTE RECHTS

Große Ammenhaie lassen Taucher auf sich zukommen, beißen aber manchmal zu. Ihre Zähne funktionieren wie mächtige Mühlsteine.

UNTEN RECHTS

Igelfische sind eine ungenießbare Beute für Raubfische, schwellen sie doch bei Bedrohung auf das Doppelte ihrer Größe an und zeigen die Stacheln, denen sie ihren Namen verdanken.

Auch Lion Rocks, ein Feld abgestorbener Korallen, das ganz eindeutig von El Niño in Mitleidenschaft gezogen wurde, kann nicht über einen Mangel an Bewohnern klagen. Der am ehesten den üblichen Erwartungen entsprechende Tauchgrund ist Surprise Rocks, wo sich allmählich wieder Hart- und Weichkorallen ausbreiten. Riesige Granitblöcke, die sich auf dem Meeresboden auftürmen, dominieren die Unterwasserlandschaft – man fühlt sich hier fast wie ein Kind, das mit überdimensionierten Bauklötzen spielen darf. Beim Erkunden der Felsen trifft man auf riesige Ammenhaie, die sich hier ausruhen, Teufelsrochen, Kofferfische, Igelfische, Grüne Muränen, Rotfeuerfische, Adlerrochen, Grüne Meeresschildkröten und Echte Karettschildkröten sowie die übliche Vielzahl tropischer Fische. Zutrauliche Fledermausfische begleiten Sie während des gesamten Tauchgangs und knabbern an Ihren Flossen, während Sie die endlos vielen Nischen, Spalten und Überhänge auskundschaften.

Auch das Schnorcheln ist hier lohnenswert und begeistert selbst Taucher. Bei ruhiger See können Unerschrockene im Hafen ein Kanu ausleihen und damit zum Airport und Marina Beach hinauspaddeln, um dort zu schnorcheln. Auch in der Tauchbasis kann man Ihnen sagen, an welchen Stränden es sich am besten schnorcheln lässt.

Das Tauchen ist hier ziemlich einfach, die Tauchplätze sind für alle Leistungsstufen geeignet. Weder ist das Wasser sehr tief, noch sind die Strömungen nennenswert, daher sind Anfänger hier bestens aufgehoben. Und wenn dann beim Wiederauftauchen Ihr Blick auf die atemberaubende Insel fällt, regt sich in Ihnen gewiss schon die Vorfreude auf all den Luxus, der Sie dort bei Ihrer Rückkehr erwartet.

Malediven

Reisen Sie auf die Malediven, solange es sie noch gibt. Nur wenige Zentimeter ragen die vor der Westküste Sri Lankas gelegenen Inseln aus dem Wasser – wenn der Meeresspiegel infolge der globalen Erwärmung weiter ansteigt, werden sie zu den ersten Opfern gehören und im Ozean versinken. Der Verlust wird verheerend sein, nicht nur für die Einheimischen, sondern auch für die 300 000 Taucher und anderen Besucher, die jedes Jahr hierher kommen. Aufgereiht wie Perlen auf einer Schnur, erstrecken sich diese 1190 einzigartigen Kleinode auf einer Länge von 800 Kilometern von Nord nach Süd im Indischen Ozean. Sehen Sie beim Landeanflug aus dem Fenster – der Anblick dieser unversehrten Paradiese wird Ihnen die Sprache verschlagen.

Für Neubauten gelten strenge Auflagen, frei nach dem Grundsatz: »Nichts darf höher sein als eine Palme.« Und weil es hier keinen kommerziellen Fischfang gibt, erfreuen sich Meeresfauna und -flora desselben Schutzes. Nur 15 Prozent der Inseln sind bewohnt, und da ein Viertel der gesamten Bevölkerung auf Male lebt, müssen sich Einheimische und Besucher um die unzähligen übrigen Inseln wirklich nicht streiten. Wo immer Sie auch sind, Sie werden sich dem Alltag Millionen von Kilometern entrückt fühlen.

Im Hinblick auf das Tauchen gibt es deutliche Unterschiede zwischen den nördlichen und den südlichen Atollen, es empfiehlt sich daher, beide Regionen einzuplanen, wenn man schon vor Ort ist. Glücklicherweise muss man bei der Unterbringung keine Kompromisse eingehen: Ob man Soneva Fushi im Norden ansteuert, Dhoni Mighili im Süden oder auf einem luxuriösen Four-Seasons-Traumschiff irgendwo dazwischen herumschippert – es gibt kaum schönere Plätze auf Erden. Solch außergewöhnliche Hotels in einem wundervollen Land – genau das ist Tauchen de Luxe.

Nach etwa einem Drittel der Strecke zum südlichen Ari-Atoll erreicht man die winzige Insel Dhoni Mighili. Ihr Ufer ist von Palmen gesäumt, die Strände bestehen aus traumhaft feinem weißem Sand, und klareres aquamarinblaues Wasser kann man sich gar nicht vorstellen. Die *Sunday Times* wählte das Barfuß-Refugium auf dieser Insel 2004 zum romantischsten Hotel der Welt – und das völlig zu Recht. Wie Robinson Crusoe fühlt man sich hier, allerdings mit einem entscheidenden Unterschied (für den Crusoe seinen rechten Arm geopfert hätte): Man hat ein Boot.

Insel Dhoni Mighili

HOTEL Dhoni Mighili

Nach der Landung auf Male haben Sie verschiedene Möglichkeiten, nach Dhoni Mighili weiterzureisen. Entweder Sie fliegen mit einem Wasserflugzeug und bewundern auf dem kurzen Flug die vielfältigen Schattierungen des türkisfarbenen Wassers aus der Luft, oder Sie laufen die paar Meter vom Flugplatz zum Meer und gehen an Bord eines allein für Sie reservierten *dhoni* (der für die Malediven typische Zweimaster), auf dem ein mit Frette-Wäsche bezogenes Doppelbett und eine Flasche eisgekühlter Taittinger die vierstündige Überfahrt mehr als erträglich machen. Für welche Variante Sie sich auch entscheiden: Sobald Sie den Anlegesteg betreten, streifen Sie die Schuhe ab – und zugleich all Ihre Sorgen.

Das Dhoni Mighili verkörpert das, was man gemeinhin unter »einfach, aber schick« versteht. Ein Gebäude mit Sandboden und Strohdach beherbergt Bar, Bibliothek, Speisesaal und eine kleine Boutique. Hier schließen Sie Bekanntschaft mit Ihrem persönlichen *thakuru* oder Butler, der Ihnen bei der Auswahl aus den Myriaden von Möglichkeiten, die sich Ihnen während Ihres Aufenthalts bieten, hilfreich zur Seite steht. Die Atmosphäre ist wunderbar leger, es gibt kein festes Programm, und Sie brauchen auch nicht gleich bei der Ankunft Formulare auszufüllen – damit können Sie sich sogar bis zur Abreise Zeit lassen.

Das Hotel besteht aus nur sechs eleganten, puristisch gestalteten Zimmern – alle mit kühlenden Hartholzböden, Deckenventilatoren, Klimaanlage, Espressomaschine und eigener Bar ausgestattet. Anders als im angeschlossenen Hotel Huvafen Fushi hat man hier ganz bewusst auf Fernseher verzichtet. Den Bedarf an elektronischer Unter-

Auf einen Blick

Flughafen	Male
Fluggesellschaften	Lufthansa, Emirates
Transfer	20 Min. mit dem Wasserflugzeug, 4 Std. mit dem *dhoni*
Zimmer	6 private *dhonis*, jedes mit eigenem Strand-Bungalow (alle klimatisiert)
Angestellte pro dhoni	10
Freizeitangebot	*dhonis*, Wassersport, Insel-Hopping, Angeln, Spa
Service	Telefon, Fernseher, bespielte iPods, DVD-/CD-Player auf dem *dhoni*, DVD-/CD-Bibliothek zur freien Verfügung
Sonstiges	Mobiltelefone
Kinder	ab 16 Jahren
Stromstecker	englischer 3-Pol-Stecker
Währung	maledivische Rupien, US-Dollar
Zeitzone	MEZ +4
Telefon	00960/666/07 51
Internetseite	www.dhonimighili.com

haltung decken eine Bose-Hi-Fi-Anlage und bespielte iPods (Ihre Musikwünsche haben Sie vor der Anreise mittels eines Fragebogens kundgetan). Die separat stehenden, strohgedeckten Bungalows liegen direkt am Strand, sind aber vom Meer aus kaum zu sehen. Zwar könnte die Aussicht besser sein, doch dafür sind Sie hier wirklich ungestört. Zu jedem Bungalow gehört ein eigener kleiner Garten mit Außendusche, und vier der Häuser verfügen über einen Pool, den ein Wasserfall speist – einfach wunderbar, zumal das Wasser immer perfekt temperiert ist.

Die fast kreisrunde Insel wird umrandet von einem breiten Streifen aus feinem weißem Sand, der in das glasklare, türkisfarbene Wasser abfällt – schöner könnte Schwimmen nicht sein. Wenn Sie erst einmal genug von der Sonne haben, bieten sich die Liegestühle vor Ihrem Zimmer an. Wunderbar entspannen kann man aber auch auf einer Hollywoodschaukel oder einem Sofa in einem der kleinen, offenen *undholiges*, den in traditioneller Bauweise errichteten Unterständen.

Gäste des Dhoni Mighili haben stets die Wahl aus fast unendlich vielen Möglichkeiten. Das Abendessen zum Beispiel können Sie einnehmen, wo sie wollen: im ruhigen Restaurant, am Strand direkt am Wasser oder an Ihrem eigenen, von unzähligen schwimmenden Kerzen in romantisches Licht getauchten Pool. Und sollten Sie tatsächlich einmal Ihres Zimmers überdrüssig werden, können Sie sich jederzeit auf Ihr eigenes *dhoni* zurückziehen und die Nacht draußen in der Bucht verbringen.

Überhaupt dieses *dhoni*! Die Inneneinrichtung ist atemberaubend luxuriös und umfasst ein geräumiges Schlafzimmer, ausgestattet mit Plasmabildschirm und Bose-Soundsystem, eine Philippe-Starck-Dusche mit Toilettenartikeln von L'Occitane, ein Wohnzimmer und einen vor Köstlichkeiten schier berstenden Smeg-Kühlschrank in der Küche (eigentlich nicht Ihr Revier). Auf Deck können Sie, tief in die weichen Kissen gesunken, die winzigen Inseln an sich vorbeiziehen lassen. Außer Ihrem *thakuru* kümmert sich eine dreiköpfige Crew um Ihr Wohlbefinden, egal ob beim Mittagessen an einem einsamen Strand oder beim Ausflug auf eine der Inseln, die sich fern am Horizont abzeichnen.

Dhoni Mighili ist ein einzigartiges Juwel – etwas Vergleichbares gibt es wohl nirgendwo auf der Welt. Es mögen nur 20 Minuten mit dem Wasserflugzeug von der Hauptstadt der Malediven hierher sein, und doch fühlt man sich hier abgeschiedener als auf vielen der weiter entfernten Inseln. Und jederzeit mit einem Luxusboot in See stechen zu können, verleiht ein Gefühl unendlicher Freiheit. Aufgrund der geringen Größe der Insel wird es neuerdings immer beliebter, gleich das ganze Hotel zu buchen – warum auch nicht? Ein Aufenthalt hier ist ein wahrhaft unvergessliches Erlebnis – und das ohne überhaupt schon ans Tauchen gedacht zu haben.

Fantastischer als auf Dhoni Mighili kann Tauchen nicht sein. Ausgangsort ist immer das herrlich komfortable eigene *dhoni*. Alles ist auf Ihre persönlichen Bedürfnisse zugeschnitten, und Sie brauchen sich niemals Gedanken um Ihre Ausrüstung zu machen, es sei denn, Sie tragen sie gerade auf dem Rücken. Solche Bedingungen sind in jeder Umgebung traumhaft, aber wenn man sie auch noch mitten in einer der besten Tauchregionen der Welt genießen darf, fühlt man sich schlichtweg wie im Märchen.

TAUCHBASIS

Eine Tauchbasis gibt es hier eigentlich nicht, nur einen Tauchlehrer, der sich ganz den Gruppen mit höchstens zwei Teilnehmern widmet. Die Anmeldung verläuft zwanglos: Man füllt an der Hotelbar die üblichen Formulare aus und legt die Pläne für die nächsten Tage fest. Ihre Sicherheit ist hier höchstes Gebot, sollten Sie also gesundheitliche Probleme haben, ist es am einfachsten, Sie bringen ein Schreiben Ihres Hausarztes in englischer Sprache mit, in dem dieser bestätigt, dass Sie tauchen dürfen.

Als Erstes muss jeder Teilnehmer einen Probetauchgang am Hausriff (eine halbe Bootsstunde entfernt) absolvieren. Danach hängt es von Ihren Vorlieben und Ihrer Erfahrung ab, wo Sie tauchen. Wie ein Sommelier geht Ihr Tauchlehrer mit Ihnen die Liste der exzellenten Tauchgründe durch und steht Ihnen bei der Auswahl mit fachmännischem Rat zur Seite. Am südlich gelegenen Ari-Atoll werden sicherlich all ihre Wünsche wahr, und bei den weiter entfernten Tauchgründen können Sie sogar auf Ihrem *dhoni* übernachten.

Die Vorbereitung auf einen Tauchgang ist denkbar einfach. Nachdem Sie Ihre Ausrüstung zusammengestellt haben (Tauchcomputer sind vorgeschrieben), gehen Sie einfach an Bord Ihres *dhoni*. Bei Ankunft am anvisierten Ziel finden Sie alles einsatzbereit am Heck vor. Sollten Sie täglich tauchen wollen, geben Sie das am besten im Voraus an, damit bei Bedarf zusätzliche Betreuer und Ausrüstung im Partnerhotel Huvafen Fushi bestellt werden können. Dort gibt es eine gut ausgestattete Tauchbasis, die ebenfalls von Divers Haven geführt wird.

Auf einen Blick

Boote	private *dhonis* (trocken, überdacht)
Gruppengröße	2
Tauchlehrer	1
Sprachen	Englisch, Französisch, Deutsch, Italienisch, Japanisch
Kurse	alle PADI-Kurse
Kinder	ab 16 Jahren
Sonstiges	Computerverleih, Essen und Trinken, Vorbereitung und Reinigung der Ausrüstung
Internetseite	www.divershaven.com

Das südliche Ari-Atoll ist die Heimat einiger größerer Meeresbewohner der Malediven, und trotz der von El Niño verursachten Verwüstungen finden Sie hier überwältigend schöne Riffsysteme. Mit dem eigenen *dhoni* sind Sie völlig unabhängig und können nach Belieben die Tauchgründe durchstreifen, egal, ob Sie nun Walhaie und Mantarochen oder Muränen und Nacktschnecken suchen.

OBEN
Soldatenfische machen ihrem Namen alle Ehre. Sie treiben reglos in der Strömung, als ob sie Wache schieben müssen.

OBEN
Wenn es an der Küste ruhig ist, schwimmen die kleinen Fische in großen Schwärmen im Wasser herum. Sobald sie jedoch die geringste Bedrohung verspüren, ziehen sie sich in die undurchdringlichen Spalten der Korallenköpfe zurück.

TAUCHEN

Dhoni Mighili liegt in unmittelbarer Nähe eines der berühmtesten Tauchplätze der Malediven – Fish Head. Der Ort verdankt seinen Namen dem Umstand, dass einheimische Fischer an dieser Stelle immer nur Fischköpfe aus dem Wasser zogen. Ein neugieriger Taucher ging dem Phänomen auf den Grund und fand heraus, dass es hier eine unerwartete Fülle an Meerestieren gab – darunter auch jene Haie, die für die abgebissenen Köpfe verantwortlich waren. Heute ist Fish Head eines der wenigen Meeresschutzgebiete des Landes, und mit an Sicherheit grenzender Wahrscheinlichkeit werden Sie hier auf Grauhaie, Schulen von Füsilieren und Gelben Schnappern treffen.

Fish Head ist wundervoll zum Tauchen, aber da dieser Platz mitten im Herzen des Atolls liegt, dürfen Sie kein kristallklares Wasser erwarten. Aufgrund der permanenten Strömung übersteigt die Sichtweite nur selten 15 Meter. Diesen Wermutstropfen macht die hier herrschende Betriebsamkeit jedoch mehr als wett. Üblicherweise umrundet man, häufig in Begleitung eines großen, neugierigen Napoleon-Lippfischs, das kleine, ovale Riff, das nur so von Leben strotzt: Neben den üblichen Verdächtigen trifft man Muränen, Rotfeuerfische, Skorpionfische und gelegentlich auch einen Adlerrochen. Und dahinter, im tiefen blauen Ozean, erahnt man noch viel größere Wesen …

Zum westlichen Rand des Atolls, wo zwei weitere weltberühmte Tauchgründe auf Sie warten, können Sie eine Tagestour unternehmen – oder Sie bleiben gleich über Nacht da. Erste Station ist Thundufushi, ein herrlicher Platz zum Strömungstauchen, dessen Wände

OBEN
Das Innere großer Muscheln beeindruckt durch ein prächtiges Farbenspiel.

RECHTE SEITE
Muränen gehen eine Symbiose mit allen Arten von Garnelen und kleinen Fischen ein, die sich von den Parasiten und Resten ernähren, die an ihrem Maul hängen bleiben.

Auf einen Blick

Tauchplätze	6
Schwierigkeitsgrad	einfach bis fortgeschritten
Sichtweite	15 bis 20 m von Mai bis November (Regenzeit), 20 bis 30 m oder mehr von Dezember bis April (Trockenzeit)
Beste Spots	Fish Head, Kandholudhoo, Mayatila
Schnorcheln	hervorragend vom *dhoni* aus
Tauchanzüge	3 mm
Korallen	erholen sich, weiche besser als harte
Unterwasserwelt	Manta- und Adlerrochen, Wal-, Grau-, Hammer-, Weiß- und Schwarzspitzenriffhaie, Napoleon-Lippfische, Muränen (4 Arten), Grindwale, Anglerfische, Heuschreckenkrebse, Geisterpfeifenfische, große Doktorfisch-Schulen, Schnapper, Makrelen, Barrakudas, Fledermausfische, Einhornfische
Sonstiges	Tagesausflüge, Nachttauchgänge, Wracktauchen, Dekompressionskammer (10 Min. entfernt)

LINKE SEITE, IM UHRZEIGERSINN VON OBEN LINKS
Doktorfische verdanken ihren Namen den rasierklingenscharfen Skalpellen an ihrer Schwanzflosse; beim südlichen Ari-Atoll darf man das ganze Jahr über auf Begegnungen mit Mantarochen zählen; Maskenwimpelfische sind gefräßige Zeitgenossen; auf den Malediven zeigen sich Gefleckte Adlerrochen Tauchern gegenüber nicht so scheu wie in der Karibik.

RECHTS
Perlenmuränen kann man sogar tagsüber außerhalb ihrer Verstecke beim Jagen antreffen.

UNTEN RECHTS
Die Riffe der Malediven sind von einer Vielzahl leuchtend bunter Fische bevölkert. Dieser blaugesichtige Segelflosser ist besonders auffallend.

mit Weichkorallen überzogen sind, und wo sich Schulen von Wimpelfischen, Falterfischen und Indischen Weißkehldoktoren sowie Echte Karettschildkröten tummeln. Am Ende des Tauchgangs werden Sie über die Selbstheilungskräfte der Natur erstaunt sein, denn die hiesigen großen Felder von Tischkorallen sind erst in den letzten Jahren nachgewachsen – vielleicht ein Beleg für den Nährstoffreichtum des Wassers, das durch diesen Pass rauscht. Bei richtigem Gezeitenstand hat man hier gute Chancen, Mantarochen zu entdecken, und bei ruhiger See lässt es sich auch hervorragend schnorcheln.

Die zweite Station, Madivaru, liegt etwas weiter südlich. Halten Sie außerhalb des Riffs Ausschau nach Walhaien und Herden von Grindwalen. An diesem Ort (nicht zu verwechseln mit Rasdhoo Madivaru im nördlichen Ari-Atoll, das für seine hundert und mehr Exemplare umfassenden Schulen von Hammerhaien berühmt ist) befindet sich eine weithin bekannte Reinigungsstation für Mantarochen. Hören Sie auf Ihren Tauchlehrer, und verweilen Sie ganz unten am Riff – dann werden Sie Mantarochen mit einer Spannweite von bis zu fünf Metern über sich kreisen sehen.

Doch die Mantarochen sind nur ein kleiner Teil dessen, was den Reiz von Madivaru ausmacht. Eigentlich ist der Ort eine Hochburg der Muränen, und man sieht massenhaft Grüne Muränen, Netzmuränen und Perlenmuränen, von denen manche gerade unerbittlich ihr Mittagessen erjagen. Schwärme von Weißkehldoktoren, der unvermeidliche Skorpionfisch, Rotfeuerfische und andere Räuber sind in ebenso großer Zahl vertreten. Vergessen Sie nicht, den Blick auch einmal ins Blaue zu richten, denn es kann gut sein, dass Sie einen der scheuen Walhaie entdecken, die hier das ganze Jahr über patrouillieren.

Wohin auch immer Sie sich im südlichen Ari-Atoll wenden, es gibt Meerestiere im Überfluss: Schulen von jagenden Stachelmakrelen, Barrakudas, Füsiliere, Kofferfische, Nacktschnecken – die Liste ließe sich unendlich fortsetzen. Und der Clou daran ist, dass Sie all das vom eigenen *dhoni* aus genießen können.

Soneva Fushi liegt am Rande des Baa-Atolls, 30 Minuten mit dem Wasserflugzeug nordwestlich von Male. Das von perfektem weißem Sand und sich sanft im Wind wiegenden Palmen umsäumte Luxushotel ist mit seinen mehr als 60 Zimmern eher groß – was man jedoch nicht so empfindet, wenn man sich dort aufhält. Das Wasserflugzeug landet auf einer türkisfarbenen Lagune, und nach nur dreiminütiger Fahrt mit einem *dhoni* tauchen Sie Ihre Zehen in schneeweißen Sand.

Insel Kunfunadhoo

HOTEL Soneva Fushi

Sollten Sie gerade einen Koffer voller Manolos erstanden haben, um im Urlaub eine gute Figur zu machen, sind Sie hier am falschen Ort. Nach Ihrer Ankunft wird man Ihnen als Erstes einen Beutel mit der Aufschrift »No News, No Shoes« überreichen, in dem Sie Ihr Schuhwerk verstauen können. Und von diesem Moment an werden Sie nur noch Sand unter den Füßen haben.

Beim ersten Anblick einiger niedriger, weiß verputzter Gebäude unter Palmen dämmert einem langsam die Erkenntnis, dass wahrer Luxus viele Gesichter hat. Die äußerst beschaulich wirkende Anlage wurde gewissenhaft ihrer Umgebung angepasst, und die natürliche, beinahe roh wirkende Bauweise verleiht ihr einen besonderen Charme. Das Ehepaar Sonu und Eva (daher der Name Soneva) besitzt ein ganz besonderes Händchen, das auch dem Soneva Gili (auf der gegenüberliegenden Seite oben rechts und unten links abgebildet) zugute kommt, dem im östlichen Teil der Malediven gelegenen Schwesterresort, das seine Gäste in traumhaften, auf Pfählen über dem Wasser schwebenden Bungalows unterbringt. Auch wenn sich die dortigen Tauchgründe mit denen am Baa-Atoll nicht messen können, sollte man zu Beginn oder am Ende der Reise unbedingt ein paar Tage im Soneva Gili einplanen, zumal ein Rennboot Sie von Male aus in kürzester Zeit dorthin bringt.

Jedes Zimmer im Soneva Fushi hat seinen eigenen Stil – gerade das macht die Besonderheit des Resorts aus. Die kleinsten Zimmer haben 50 Quadratmeter, die größten fast fünfmal so viel, doch sie alle gleichen sich in Bezug auf Komfort, Flair und Liebe zum Detail: geölte Holzböden, weiß verputzte Wände, an denen Stoffe in warmen

Auf einen Blick

Flughafen	Male
Fluggesellschaften	Lufthansa, Emirates
Transfer	30 Min. mit dem Wasserflugzeug
Zimmer	65 (alle klimatisiert)
Angestellte pro Zimmer	4 oder mehr
Freizeitangebot	Angeln, Wassersport, Tischtennis, Badminton, Ausflüge zu Sehenswürdigkeiten, Tennis, Volleyball, eigene Pools, Spa, (zum Teil eigene) Fitnessräume
Service	Telefon, Fernseher in einigen Zimmern, Internet in Bibliothek, DVD-/CD-Player, Zimmerservice
Sonstiges	Mobiltelefone
Kinder	jedes Alter
Stromstecker	englischer 3-Pol-Stecker
Währung	maledivische Rupien, US-Dollar
Zeitzone	MEZ +4
Telefon	00960/660/03 04
Internetseite	www.sixsenses.com

NO NEWS
NO SHOES

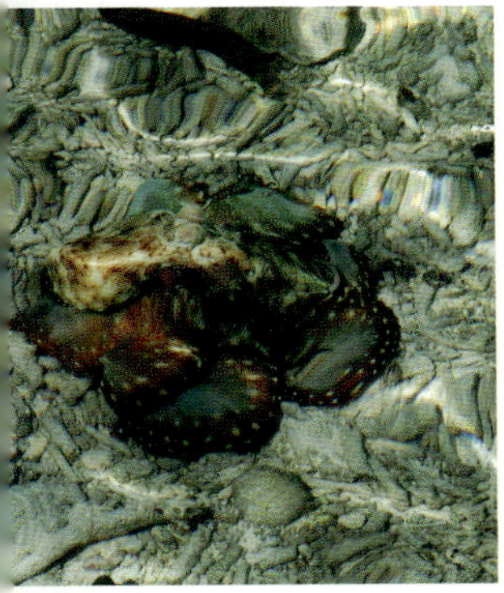

Orangetönen Akzente setzen, Sofas drinnen wie draußen, Nachttischlampen, deren Lichtschein sich tatsächlich zum Lesen eignet, Unmengen von Kissen, die weichsten Handtücher und Bademäntel, die man sich nur vorstellen kann, große Badezimmer (einige schweben sogar über dem Teich in Ihrem eigenen Garten, der von Wasserfällen begrenzt wird) ... Sollten Sie noch irgendetwas brauchen, steht ein Stab von über 300 Mitarbeitern bereit, um Ihnen jeden Wunsch zu erfüllen, allen voran Ihr persönlicher »Freitag«.

Ein Netz sonnengesprenkelter Sandpfade (die natürlich täglich von Blättern gereinigt werden) führt über die Insel, wahlweise zu Fuß oder mit dem Fahrrad zu erkunden. Entlang des Weges finden sich einige Lädchen, die dem Resort die Aura eines kleinen Dorfes verleihen.

Ihr Essen bekommen Sie serviert, wo immer Sie es wünschen – Sie müssen es nur sagen. Die Speisekarte ist erstaunlich vielfältig und bietet vom Hamburger bis zum scharfen Curry etwas für jeden Geschmack, alles tadellos zubereitet. Für Naschkatzen hält die Eisdiele – einzigartig unter allen Tropenresorts – 64 verschiedene Sorten Eiscreme bereit.

Das Soneva Fushi ist ein außergewöhnlicher Ort. Die Eigentümer bemühen sich unermüdlich, neue Glanzlichter zu setzen, indem sie die Bungalows noch komfortabler gestalten, weitere Pools bauen oder neue Designelemente einfließen lassen – alles ist einfach luxuriös beziehungsweise luxuriös einfach und strebt nach Vollkommenheit. Doch vergewissern Sie sich selbst.

SOLEN
DIVE CENTRE
SONEVA FUSHI

Das Soleni Dive Center wird vorbildlich geführt von Thomas und Alessandra, die seit über zehn Jahren im Soneva Fushi leben. Alles funktioniert wie ein Schweizer Uhrwerk – kein Wunder, denn Thomas ist gebürtiger Schweizer. Hier findet man das vermutlich erfahrenste Tauchteam der gesamten Malediven; seine Mitglieder sind eher so eine Art Unterwasser-Buschführer als Tauchlehrer. Sie kennen die Riffe wie ihre Westentasche, was Ihnen als Gast natürlich zugute kommt.

TAUCHBASIS

Normalerweise finden pro Tag zwei Tauchgänge statt, jeweils um 9.30 Uhr und um 14.30 Uhr. Der Steg liegt nur 30 Meter vom Hauptrestaurant des Resorts entfernt, Sie können also frisch gestärkt vom Frühstück oder Mittagessen zum Boot hinüberschlendern. Nehmen Sie am besten Kamera, Tauchcomputer oder was Sie sonst noch brauchen, gleich mit, wenn Sie am Morgen das Zimmer verlassen.

Der Rest Ihrer Tauchausrüstung wartet, vom stets behilflichen Team gespült und getrocknet, an Bord auf Sie. Das Ordnungssystem ist einfach: Ihre Ausrüstung lagert in einem Korb auf dem Schiff, und dorthin legen Sie nach dem Tauchgang alles wieder zurück. Wenn Sie die Tarierweste, die Flasche und den Lungenautomaten zusammengebaut haben, wird alles für Sie verwahrt, bis Sie am Tauchplatz angekommen sind.

Das speziell angefertigte Tauchboot ist die moderne Variante eines *dhoni*. Es bietet jede Menge Platz, ein WC und ein riesiges Sonnendeck, das mit weichen Kissen ausgelegt ist. Das verlockt zu Tagesausflügen zu den weiter entfernten Riffen, vor allem auch weil es doppelt so schnell fährt wie ein traditionelles *dhoni*.

Die Basis beschäftigt zahlreiche Tauchlehrer, die alle möglichen Sprachen sprechen. Dass nur in kleinen Gruppen getaucht wird, ist hier selbstverständlich. Man ist bemüht, Ihnen wirklich alles zu zeigen, so dass Sie auf keinen Fall enttäuscht sein werden. Eine interessante Anmerkung am Rande: Wir haben dasselbe Riff auch noch mit einem anderen Tauchteam erkundet – und dabei nur halb so viel gesehen wie mit Soleni. Mehr muss ich wohl nicht sagen ...

Auf einen Blick

Boote	10,70-m-Luxus-*dhoni* (trocken, überdacht)
Gruppengröße	6
Tauchlehrer	5
Sprachen	Englisch, Französisch, Deutsch, Italienisch, Spanisch, Japanisch
Kurse	alle PADI-Kurse
Kinder	ab 10 Jahren
Sonstiges	Computer- und Unterwasserkameraverleih, Tauchshop, Nitrox, Essen und Getränke, Charterboote, Vorbereitung und Reinigung der Ausrüstung
Internetseite	www.soleni.com

Wer das Glück hatte, schon vor zehn Jahren auf den Malediven getaucht zu haben, wird bestätigen, dass die Unterwasserwelt damals schlichtweg spektakulär war. 1998 richtete El Niño immense Schäden an – es heißt, dass damals 95 Prozent des gesamten Korallenbestandes zerstört wurden. Doch fast wie durch ein Wunder erholt sich die Natur zusehends, was größtenteils den nährstoffreichen Strömungen zu verdanken ist, die das Gebiet durchfließen. Weichkorallen gibt es schon wieder in Hülle und Fülle, und auch die Hartkorallen, darunter Gelappte Lederkorallen und Geweihkorallen, wachsen langsam, aber stetig nach.

OBEN
Die Malediven wurden von El Niño schwer in Mitleidenschaft gezogen, doch einige Gebiete blieben verschont. Hier ragt eine seltene rosafarbene Koralle aus einer Steilwand.

TAUCHEN

Auf einen Blick

Tauchplätze	12
Schwierigkeitsgrad	einfach bis fortgeschritten
Sichtweite	15 bis 20 m von Mai bis November (Regenzeit), 20 bis 30 m und mehr von Dezember bis April (Trockenzeit)
Beste Spots	Nelivaru Thila, Daravandu Thila
Schnorcheln	sehr gut am Hausriff
Tauchanzüge	3 mm
Korallen	erholen sich, weiche besser als harte
Unterwasserwelt	Manta- und Adlerrochen, Wal- und Grauhaie, Schwarzspitzenriffhaie, Napoleon-Lippfische, Muränen (4 Arten), Grindwale, Anglerfische, Heuschreckenkrebse, Geisterpfeifenfische, große Schulen von Doktorfischen, Schnapper, Makrelen, Barrakudas, Fledermausfische und Einhornfische
Sonstiges	Tagesausflüge, Nachttauchgänge, Meeresreservat, Dekompressionskammer (20 Min. entfernt)

Nichts geändert hat sich an Menge und Vielfalt der Meeresbewohner. Tauchen auf den Malediven war einst ein Erlebnis wie im Märchen, aber auch heute noch bekommt man Fantastisches zu sehen. Von Nacktschnecken über Mantarochen bis zu Anglerfischen und Steinfischen werden Sie hier am nördlichen Baa-Atoll alles antreffen.

Die einzige Spezies, deren Bestände zurückgehen, sind die Haie, die wegen ihrer Flossen unerbittlich gejagt werden. Jahr für Jahr wird weltweit die schockierende Zahl von hundert Millionen Exemplaren getötet, um die kulinarischen Bedürfnissen geschuldete Nachfrage im Fernen Osten zu befriedigen. Obwohl die Regierung der Malediven den Fang noch immer erlaubt, scheint dies kaum Einfluss auf die hiesige Walhaipopulation zu haben. An einigen wenigen Stellen sind Haie in begrenztem Umfang geschützt, so dass man dort Weißspitzenriffhaie, Grauhaie, Seidenhaie und mit sehr viel Glück Bogenstirn-Hammerhaie finden kann. Im Großen und Ganzen aber müssen sich Taucher mit Arten wie Heuschreckenkrebsen, Steinfischen und Napoleon-Lippfischen zufrieden geben. Bedauerlicherweise gelten die Lippen der Letztgenannten im Fernen Osten ebenfalls als Delikatesse.

Dank der ungewöhnlich breiten Rinnen, in denen schwächere Strömungen herrschen als andernorts, befinden sich um das Baa-Atoll herum einige der einfacheren Tauchplätze der Malediven. Dennoch sollten Sie daran denken, dass die Strömungen im Januar am stärksten sind. Sofern Sie keinen Tagesausflug unternehmen, werden Sie die meisten Tauchgänge an den nahe gelegenen *thilas* absolvieren, das sind Korallenstöcke innerhalb einer Lagune, die weitgehend vor Strömungen geschützt sind. Obwohl es dort kaum Orientierungspunkte

RECHTE SEITE

OBEN LINKS
Die Riffe quellen über vor ungewöhnlichen Fischen wie diesem winzigen roten Anglerfisch.

MITTE LINKS
Anemonenkrebse fühlen sich zwischen den nesselnden Tentakeln der Anemonen sicher. Sie benutzen ihre feinen Kieferfüße, um den Meeresboden nach Nahrung zu durchkämmen.

UNTEN LINKS
Der scheue Mantis-Heuschreckenkrebs ist mit einer starken Schere ausgestattet und hat damit schon Masken, Kameraobjektive und sogar Aquarienwände zerbrochen.

RECHTS AUSSEN
El Niño hat die Korallen schwer beschädigt, doch den Meerestieren konnte er offensichtlich nichts anhaben. Hier versammeln sich um einen einzigen Korallenkopf eine Rußkopfmuräne, eine Grüne Riesenmuräne, ein Rotfeuerfisch und eine Marmorgarnele.

LINKS
Nicht alle Riffe wurden durch El Niño zerstört, einige sind praktisch unversehrt.

UNTEN LINKS
Schulen von Süßlippen sind ein gewohnter Anblick auf den Malediven.

RECHTE SEITE, IM UHRZEIGERSINN VON OBEN LINKS
Steinfische sind kaum zu erkennen, doch die Tauchlehrer von Soleni wissen genau, wo sie sich aufhalten; der Harlekin-Geisterpfeifenfisch ist eines der zarteren und exotischeren Mitglieder der Lebensgemeinschaft am Riff; eine weitere Steinfisch-Spezies mit fast menschlichen Zügen; eine zutrauliche Netzmuräne.

gibt, benötigen Thomas und seine Crew kein GPS. Mit traumwandlerischer Sicherheit finden sie diese *thilas*, die bis auf fünf bis zehn Meter unter der Wasseroberfläche aufragen. Sie haben gute Aussichten, keinen einzigen enttäuschenden Tauchgang zu erleben, denn das Tauchteam von Soleni weiß genau, wann es wo am besten ist.

Ein bevorzugtes Ziel ist Nelivaru, vielleicht wegen der Nähe zum Soneva Fushi. Zu bestimmten Jahreszeiten ist dies eine Reinigungsstation für Mantarochen, doch auch außerhalb dieser Saison wird hier viel geboten. Muränen-Freunde werden gewiss nicht enttäuscht werden: Auf einem einzigen Korallenbommie, einem winzigen Unterwassereiland mit einem Umfang von höchstens sechs Metern, umgeben von Sand, kann man zuweilen drei verschiedene Spezies gleichzeitig antreffen, die dem Bommie das Aussehen einer unterseeischen Hydra verleihen. Mithilfe des Soleni-Teams können Sie sich auch auf die Suche nach der schönen Harlekingarnele machen. Sie ist ein bisschen wie ein verführerisches Supermodel – sie zeigt gerade so viel, um den Betrachter in Versuchung zu führen, hält sich ansonsten aber bedeckt.

Wo immer Sie auch tauchen, Sie werden einer überwältigenden Vielfalt an Lebewesen begegnen: Schildkröten, Anglerfischen, Igelfischen, Gefleckten, Grünen und Breedens-Muränen, Korallenwächtern, Rotfeuerfischen, Anemonenfischen, unendlich vielen Anemonen, Harlekin-Geisterpfeifenfischen, Skorpionfischen, Steinfischen, Kugelfischen, Schulen von Schnappern und Füsilieren, Kofferfischen, Stachelmakrelen, Kaiserfischen, Heuschreckenkrebsen, Stachelrochen – sie und noch viele andere sind in diesen Gewässern heimisch. Und im Blau können Sie vielleicht auch noch Thunfische, Makrelen, Mantarochen und Adlerrochen ausmachen.

Die Besucherzahlen sagen alles. Trotz der durch El Niño und den Tsunami im Dezember 2004 verursachten Schäden sind die Malediven nach wie vor ein Anziehungspunkt für Taucher und andere Reisende. Die Naturkatastrophen konnten der Schönheit dieser Inseln bisher keinen Abbruch tun, weder über noch unter Wasser. Sie können sich nichts Besseres gönnen, als sich, geführt von der Soleni-Crew, selbst davon zu überzeugen.

Die *Four Seasons Explorer* gibt sich nicht sofort als Liveaboard zu erkennen. Im Grunde ist sie ein schwimmendes Four-Seasons-Hotel mit allem, was dazugehört. Der 42 Meter lange Katamaran kreuzt seit 2002 in den türkisblauen Gewässern der Malediven, und wer eine solche Reise schon einmal mitgemacht hat, gerät ins Schwärmen. Die Kreuzfahrten beginnen und enden beim Four Seasons Kuda Huraa, die nördlichen und südlichen Atolle werden im wöchentlichen Wechsel angesteuert. Eines ist gewiss: Man muss kein Taucher sein, um dieses Seefahrer-Abenteuer zu genießen.

Four Seasons Explorer

SCHIFF

Four Seasons Explorer

Die *Explorer* bietet auf drei Decks zahlreiche offene und geschützte Plätze. Von der voll ausgerüsteten Tauchsektion bis zu der gut bestückten Bibliothek, Freiluftbar, Whirlpool, Spa, Sonnendeck und Speisesaal mit Plasmabildschirm für Filmvorführungen – etwa der Videobänder, auf denen Ihre Abenteuer festgehalten wurden, oder von Vorträgen, in denen meeresbiologische Zusammenhänge erklärt werden – ist praktisch alles vorhanden.

Bis zu 22 Gäste können in den hellen, einfach, aber elegant eingerichteten Kabinen untergebracht werden. Diese zeichnen sich durch extrem bequeme Betten sowie breite Panoramafenster aus, die Ihnen während der Reise traumhafte Ausblicke auf die vorbeiziehende Inselwelt ermöglichen. Bis ins kleinste Detail stimmt hier alles, seien es die weichen Bettbezüge und Handtücher, der große Stauraum oder der eigene Fernseher mit CD-/DVD-Player. Besonders glücklich schätzen können sich die beiden Passagiere, die im besten Bett des ganzen Schiffes schlafen dürfen: in der vordersten Kabine, die die ganze Breite des Schiffs einnimmt und neben der überwältigenden Aussicht auch noch eine eigene Terrasse besitzt.

Zwar stehen Unternehmungen wie Inselbesichtigungen, Mittagessen auf einer Sandbank oder ein abendliches Barbecue an einem einsamen Strand auf dem Programm (das Essen ist köstlich!), daneben werden Sie aber noch genügend Zeit finden, um zu schwimmen, sich eine Massage zu gönnen oder einfach nur zu faulenzen. Dass Entspannung hier groß geschrieben ist, wird von der Tatsache unterstrichen, dass nur etwa die Hälfte der Gäste Taucher sind. Kein anderes Liveaboard auf der Welt kann der *Explorer* das Wasser reichen.

Auf einen Blick

Flughafen	Male
Fluglinien	Lufthansa, Emirates
Transfer	15 Min. mit dem Schnellboot (bei Kreuzfahrten mit 3 oder 7 Übernachtungen), 30 Min. mit dem Wasserflugzeug (bei 4 Übernachtungen)
Zimmer	10, außerdem 1 Suite (alle klimatisiert)
Angestellte pro Kabine	2 oder mehr
Freizeitangebot	Ausflüge aufs Festland, Wassersport, Inselpicknicke, Angeln, Spa-Anwendungen, Meeresbiologe
Service	Telefon, Fernseher, Internet, DVD-/CD-Player
Sonstiges	Mobiltelefone (teilweise)
Kinder	ab 10 Jahren
Stromstecker	englischer 3-Pol-Stecker
Währung	maledivische Rupien, US-Dollar
Zeitzone	MEZ +4
Telefon	00960/6644/8 88
Internetseite	www.fourseasons.com/maldives

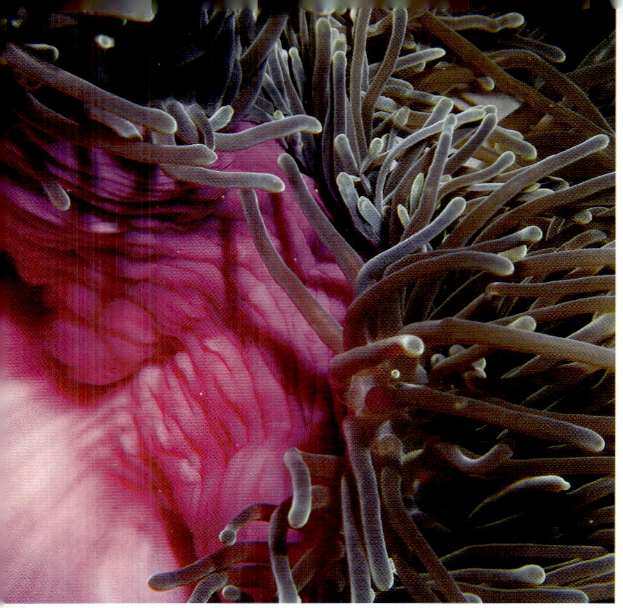

Wenn Sie nun aber glauben, besser als an Bord der *Four Seasons Explorer* könne es nicht mehr werden, dann ist es höchste Zeit, ins Wasser zu gehen. Was Sie dort zu sehen bekommen, hängt davon ab, welche Route Sie gewählt haben. Wenn Sie schon einmal im Norden gewesen sind, sollten Sie die Fahrt zu den südlichen Atollen buchen und umgekehrt. Doch egal, welches Reiseziel Sie auch ansteuern, Sie werden alles erleben, was die Malediven zu bieten haben – und darüber hinaus eine größere Vielfalt an Riffen erkunden, als es Ihnen an einem einzigen Ort je möglich wäre.

OBEN
Die Unterseite einer Anemone erstrahlt in schillernden Farben.

TAUCHEN

Auf einen Blick

Schwierigkeitsgrad	einfach bis fortgeschritten
Sichtweite	15 bis 20 m von Mai bis November (Regenzeit), 20 bis 30 m und mehr von Dezember bis April (Trockenzeit)
Schnorcheln	gut
Tauchanzüge	3 mm
Korallen	erholen sich
Unterwasserwelt	Manta- und Adlerrochen, Wal-, Hammer-, Weiß- und Schwarzspitzenriffhaie, Grauhaie, Napoleon-Lippfische, Muränen (4 Arten), Grindwale, Anglerfische, Heuschreckenkrebse, Geisterpfeifenfische, große Doktorfisch-Schulen, Schnapper, Makrelen, Stachelmakrelen, Barrakudas, Fledermausfische, Einhornfische
Sonstiges	Nachttauchgänge, Wracktauchen, Meeresreservate in einigen Gebieten, Dekompressionskammer

Das geräumige Tauchdeck befindet sich am Heck der *Explorer*, wo Ihr sorgfältig gefalteter Nassanzug bereits auf Sie wartet. Eine riesige Palette an Ausrüstung steht Ihnen zur Verfügung, einschließlich Lampen und Tauchcomputer. Ob Sie mit Nitrox oder Druckluft tauchen, bleibt Ihnen überlassen. Die Tauchgründe liegen bis zu 20 Minuten vom Ankerplatz der *Explorer* entfernt, was jedoch keine unzumutbare Härte bedeutet, da Sie von einem zehn Meter langen *dhoni* aus tauchen, das speziell für diesen Zweck gebaut wurde. Hier finden Sie sowohl Schatten als auch geschützte Bereiche, falls sich das Wetter einmal eintrüben sollte, und Sie können die Flasche hier nachfüllen lassen, ohne zum Mutterschiff zurückkehren zu müssen.

Die meisten Tauchgänge erfolgen in kleinen Gruppen, nur gelegentlich wird es etwas eng. Falls Ihnen das nicht zusagt, sollten Sie um eine kleinere Gruppe bitten. Gegen einen geringen Aufpreis können Sie sogar einen Tauchlehrer für sich allein buchen. Im Normalfall gibt es jeweils vormittags und nachmittags einen Tauchgang sowie zusätzlich einen bei Dämmerung oder nachts.

Die Tauchmöglichkeiten reichen von einfachen, auch zum Schnorcheln geeigneten Plätzen bis zu recht anspruchsvollen Strömungsgebieten. Ihre Chancen, Mantarochen und andere Meeresbewohner zu treffen, steigen, wenn Sie einige der Hauptrinnen erkunden, welche die Malediven mit dem offenen Meer verbinden. Doch das Besondere an dieser Kreuzfahrt ist, dass Sie ein breites Spektrum an Tauchplätzen kennen lernen. Abends in das luxuriöse Four-Seasons-Bett zu steigen und morgens darin aufzuwachen, mit völlig neuen Tauchgründen direkt vor der Haustür – das ist schon ein besonderes Erlebnis.

RECHTE SEITE, IM UHRZEIGERSINN VON OBEN LINKS
Skorpionfische sind wie Steinfische Meister der Tarnung, manche können sogar die Farbe wechseln, um sich ihrer Umgebung anzupassen; Shipyard ist ein berühmter Wracktauchplatz; die Gebänderte Seenadel – klein, aber von eleganter Gestalt; Zweischaler, die aussehen wie die Kreuzung aus einem Hamburger und einer Gestalt aus der *Muppet Show*, gehören zu den Muscheln und können, obgleich sie sich meist zwischen den Korallen niederlassen, sogar schwimmen.

Thailand

Phuket, unmittelbar vor der Westküste Thailands gelegen und etwas mehr als eine Flugstunde von Bangkok entfernt, geht nur knapp als Insel durch, trennt sie doch lediglich ein schmaler Meeresarm vom Festland. Zum Tauchen könnte seine Lage nicht günstiger sein – im Westen umspült vom warmen Wasser der Andamansee und im Osten gesegnet mit dem geschützten Golf von Phuket und der bestechend schönen Phang Nga Bay.

Phuket war einst für seine schönen Strände bekannt sowie als Zentrum des Sextourismus. Seit Weihnachten 2004 jedoch denkt man beim Namen Phuket vor allem an den Tsunami. Während Inseln wie Koh Phi Phi völlig zerstört wurden, muss man sich auf Phuket aber schon abseits der Touristenpfade bewegen, um noch Spuren der Verwüstungen zu entdecken. Schon nach kurzer Zeit nahmen die meisten Hotels den gewohnten Betrieb wieder auf, denn sie sind auf Touristen angewiesen, um überleben zu können. Phuket ist also bereit, und Sie sollten keine Scheu haben, dorthin zu reisen.

Auf Phuket liegt auch das Amanpuri. Ihr Urlaub beginnt in dem Moment, wenn Sie am Flughafen abgeholt werden. Jeglichen durch die lange Anreise bedingten Stress streifen Sie bereits während der Fahrt ab wie eine alte Haut. Sie besteigen eine Art Kokon mit weiß bezogenen Sitzen, leicht parfümierten Gesichtstüchern und gekühltem Evian – und bekommen eine Ahnung davon, was Sie erwartet. 25 Minuten später erreichen Sie, bereits herrlich entspannt, eine fast private Landzunge, die lediglich mit zwei Hotels bebaut ist, dem Chedi und dem unvergleichlichen Amanpuri.

Das Amanpuri war der erste Geniestreich der Aman-Gruppe, die seither immer weiter expandiert. 1988 gelang es Adrian Zecha mit diesem Hotel, die ausgetretenen Pfade zu verlassen. Allen Unkenrufen zum Trotz verlieh er dem Wort Luxus eine ganz neue Bedeutung, und was einst als bahnbrechend galt, erscheint heute selbstverständlich. Wären da nicht die ausgewachsenen Pflanzen, könnte man meinen, das Amanpuri hätte gerade erst seine Pforten geöffnet – ein Beleg für das zeitlose Design und die perfekte Instandhaltung.

HOTEL Amanpuri

Den Mittelpunkt des Resorts bildet der 30 Meter lange Infinity-Pool, heute eine Art Markenzeichen der Aman-Hotels. Das Becken mit seiner fast meditativ wirkenden mitternachtsblauen Wasserfläche kommt ohne jedes Beiwerk aus und bewahrt sich seine architektonische Reinheit. Auf dem Zeichenbrett des Architekten Ed Tuttle kam es in den 1980er Jahren einer Revolution gleich, und auch heute noch fasziniert es. Auf der Wasseroberfläche spiegeln sich die seitlich offenen Hauptgebäude wider: die beiden Restaurants, Bar, Rezeption und der Musikpavillon, überragt von hohen Palmen – eine Reminiszenz an den Kokospalmenhain, der hier einst stand.

40 Zimmer liegen auf dem Hügel, während 30 größere Bungalows mit eigenem Pool sich dem Blick entziehen. Diese auf Pfählen thronenden Häuser erreichen Sie über erhöhte Stege und steile Treppen – eine moderne Interpretation eines traditionellen einheimischen Dorfes und alles andere als ein thailändisches Disneyland. Das Resort ist einfach unglaublich stilvoll. Die mit Holz verkleideten Gebäude bieten hervorragenden Schutz vor der Hitze, und die Klimaanlagen arbeiten so geräuschlos, dass die Vogelstimmen nicht übertönt werden. Die thailändisch inspirierte Architektur mit ihren hohen Dächern strahlt simplen Luxus aus. Ein weitläufiges Schlafzimmer mit riesigem Doppelbett geht in ein ebenso geräumiges Bad über, während eine Terrasse mit schattiger »Chill-Zone« oder *sala* zum Faulenzen einlädt. Die Aussicht ist nicht überall gleich, und wie nicht anders zu erwarten, ist der Preis umso höher, je mehr Sie vom Ozean zu sehen bekommen: Die Zimmer 103 und 105 mit freiem Blick auf das Meer kosten doppelt so viel wie ein Gartenzimmer.

Auf einen Blick

Flughafen	Phuket
Fluggesellschaften	Lufthansa, Thai Airways, auch Charterflüge
Transfer	25 Min. mit dem Auto
Zimmer	40 Suiten, 30 Villen (alle klimatisiert)
Angestellte pro Zimmer	4 oder mehr
Freizeitangebot	Golf, Regenwald, Besichtigung von Tempelanlagen, Wassersport, Tennis, Fitnessraum, Spa, Pool
Service	Internet, Telefon, Zimmerservice
Sonstiges	Mobiltelefone
Kinder	jedes Alter
Stromstecker	2-Pol-Flach- oder Rundstecker
Währung	thailändische Bhat, US-Dollar
Zeitzone	MEZ +6
Telefon	0066/76 32 43 33
Internetseite	www.amanresorts.com

Das Resort liegt auf gut 80 breiten Stufen, einem Amphitheater ähnlich, über dem Wasser. Den makellos weißen, halbmondförmigen Strand trennen massige Granitblöcke von der Nachbaranlage, so dass Sie absolut ungestört sind. Schwimmen ist hier herrlich, man hat weichen Sand unter den Füßen, der sacht zum Meer abfällt. Da sich weiße Strände in diesen Breitengraden stark aufheizen können, wird allmorgendlich kühlendes Wasser in ein Netz aus kreuz und quer durch den Sand verlaufenden Rinnen gegossen – das nur am Rande, um Ihnen einen Eindruck zu vermitteln, dass man hier wirklich keine Mühen scheut. Auf diese Weise bleibt es Ihnen erspart, hektisch von einem Schattenflecken zum nächsten zu huschen.

Zum Mittagessen trifft man sich meist in dem legeren Restaurant am Strand, zu dem man nur ein paar Stufen hinaufzusteigen braucht. Das Angebot reicht von Hamburgern bis zu köstlichen lokalen Spezialitäten. Abendessen gibt es entweder im italienischen Restaurant mit Blick auf den Strand oder im Hauptrestaurant am Pool, wo himmlische Ruhe herrscht. Auf der glatten schwarzen Wasserfläche spiegeln sich die hohen Palmen und der sternenübersäte Himmel, und thailändische Melodien wehen vom Musikpavillon herüber, während Spezialitäten der Thai-Küche oder ausgezeichnetes Wagyu-Rind Ihre Geschmacksnerven umschmeicheln. Wie scharf gewürzt wird, richtet sich ganz nach Ihrem Geschmack. Amanpuri heißt in Sanskrit »Ort des Friedens«, und nirgendwo passt das hier besser als beim Abendessen.

Die Aman-Gruppe betrachtet das Amanpuri nicht nur als die Mutter all ihrer Resorts, sondern auch als ihr Flaggschiff. So wurde hier das erste große Spa eingerichtet, das von einem der besten Teams in dieser Branche geführt wird. Doch davon abgesehen, unterscheidet es sich nicht wesentlich von den anderen Resorts dieser exklusiven Hotelkette – jedes Aman ist herausragend. Wie seine Schwesterresorts bietet auch das Amanpuri zurückhaltenden Luxus in ausgesprochen ruhiger Umgebung und greift im Design typische Merkmale des Gastlandes auf. Darüber hinaus dürfte das Zahlenverhältnis von Mitarbeitern zu Gästen jedem kostenbewussten Buchhalter einen Herzinfarkt bescheren. Jedes Aman ist einzigartig, überall fließen Elemente der einheimischen Kultur ein, und man wird verwöhnt wie nirgends sonst auf Erden. Doch das Amanpuri ist der Ort, an dem alles begann.

NO DIVING

Wenn Sie im Amanpuri nicht gerade Tauchen lernen, würden Sie wahrscheinlich gar nicht bemerken, dass es hier eine Tauchbasis gibt. Nachdem Sie Ihre Tauchgänge gebucht haben, brauchen Sie an der Rezeption lediglich Ihre Kleidergröße anzugeben. Ohne weiteres Zutun Ihrerseits steht dann eine ganze Auswahl an Ausrüstung für Sie bereit, wenn Sie an Bord gehen. Geleitet wird die Tauchbasis von dem gut organisierten H2O-Sportz-Team. Dass das Amanpuri gegenüber den anderen Fünfsternehotels, die in der Kundenkartei verzeichnet sind, bevorzugt behandelt wird, ist auch für Sie von Vorteil.

TAUCHBASIS

H2O Sportz verfügt über eine ganze Flotte an Booten, die je nach Tauchziel und Größe der Gruppe – die nie mehr als sechs Teilnehmer umfasst – eingesetzt werden. Ein kleines, beschattetes Rennboot bringt Sie zu den nahegelegenen Riffen, ein größeres, schnelleres übernimmt die Tagesfahrten und mehrtägigen Ausflüge mit Übernachtung.

Wo das Schiff ablegt, hängt vom Wetter ab: Entweder man trifft sich am Hotelstrand oder in einem der beiden Häfen, die in wenigen Autominuten zu erreichen sind. Für einen Tagesausflug zu weiter entfernten Tauchplätzen oder auch nur eine kurze Ausfahrt kann man ein eigenes Boot chartern. Getränke werden stets für Sie bereitgehalten, bei Tagestouren auch ein komplettes Mittagessen.

Wenn Sie auf ein Abenteuer aus sind, sollten Sie ein Boot der Aman-Flotte mieten und entweder im Norden bei den Similan-Inseln oder im Osten im Golf von Phuket übernachten. Eine wahre Armada von Booten steht zur Auswahl – von der sieben Meter langen *Sea Ray* bis zur 36 Meter langen Luxus-Fantail-Jacht. Außerdem gibt es eine 13 Meter lange Dschunke sowie – wenn Sie es exotisch mögen – die 30 Meter lange *Maha Bhetra*.

Ob für eine, zwei oder mehr Nächte – selbst ein Boot zu chartern gibt Ihnen die Freiheit, abgelegenere Ziele anzusteuern und, das Beste daran, vor allen anderen dort zu sein. Am schönsten und stilvollsten geht das mit der *Maha Bhetra*.

Auf einen Blick

Boote	ab 6,10 m (trocken, überdacht)
Gruppengröße	6
Tauchlehrer	3
Sprachen	Englisch, Deutsch, Russisch; Französisch, Japanisch und Mandarin auf Nachfrage
Kurse	alle PADI-Kurse
Kinder	ab 12 Jahren
Sonstiges	Computer- und Unterwasserkameraverleih, Nitrox und Kreislauftauchgeräte auf Anfrage, Essen und Trinken, Reinigung der Ausrüstung, Charterboote
Internetseite	www.diveh2osportz.com

Die *Maha Bhetra* ist ein 30 Meter langer Thai-Kreuzer, der nach den strengen Vorgaben von Ed Tuttle, dem außergewöhnlich talentierten Architekten der Aman-Gruppe, gebaut wurde. Jedes Aman-Resort soll die Atmosphäre seines Gastlandes einfangen, und nicht anders verhält es sich mit diesem Luxusschiff. Es ist einfach unvergleichlich und dennoch typisch Thai. Während das Schiff mit stattlichen acht Knoten das Wasser durchpflügt, lassen Sie, ausgestreckt auf einer überdimensionalen Liege, das traumhafte Inselpanorama an sich vorüberziehen.

Maha Bhetra

SCHIFF

Maha Bhetra

Über das Schiff erschien sogar schon eine Reportage in der Zeitschrift *Architectural Digest* (die sich sonst eher mit Bauten an Land beschäftigt), und das kommt nicht von ungefähr. Hier wurden keine Kompromisse eingegangen. Da die *Maha Bhetra* niemals den Atlantik überqueren wird oder in sturmgepeitschten Gewässern bestehen muss, ist ihre Form perfekt auf beschauliche Kreuzfahrten über ruhige See in einem Klima mit konstanten, kühlenden Winden ausgerichtet – nichts für das Mittelmeer oder die Karibik, aber ideal für die Andamansee und den Golf von Phuket. In der ganzen Region gibt es kein Schiff, das in puncto Design dem Vergleich mit ihr standhalten würde.

Den Passagieren stehen zwei Decks zur Verfügung: das hochaufragende Oberdeck, wo Sie den größten Teil Ihrer Zeit an Bord verbringen werden, und das Unterdeck, von dem aus man die Kabinen erreicht. Es gibt nur drei klimatisierte Doppelzimmer, für deren Innenausbau heimische Harthölzer verwendet wurden, alle mit einem riesigen Bett, einem großen Duschbereich, Waschtisch und jeder Menge Stauraum in den Schränken ausgestattet. Von jeweils zwei Seiten haben Sie Zugang zum Deck, von der Mastersuite aus sogar von drei Seiten. Gänge gibt es auf diesem Schiff nicht, alle Räume bieten freien Blick aufs Meer.

Das Oberdeck ist ein überdachter, an den Seiten offener Aufenthaltsbereich mit einer großen Liege, einem Esstisch und reichlich Platz zum Sonnenbaden. Dort befindet sich auch das Ruderhaus, bei dessen Anblick man sich an Jules Vernes *20 000 Meilen unter dem Meer* erinnert fühlt. Wie es sich gehört, gibt es hier ein Messingsteuerrad, rechteckige Glasscheiben und einen wuchtigen GPS-Bildschirm.

Auf einen Blick

Flughafen	Phuket
Fluglinien	Lufthansa, Thai Airways
Transfer	25 Min. mit dem Auto
Kabinen	3 (alle klimatisiert)
Angestellte pro Kabine	2
Service	thailändischer Koch, Angeln, Kanus, auf Anfrage thailändischer Masseur
Kinder	jedes Alter
Stromstecker	2-Pol-Flach- oder Rundstecker
Währung	thailändische Bhat, US-Dollar
Zeitzone	MEZ +6
Telefon	0066/76 32 43 33
Internetseite	www.amanresorts.com

Wenn die Sonne tiefer steht, kann man die Jalousien herunterziehen. Für angenehme Temperaturen sorgt ein milder Wind, der, je nach Jahreszeit, aus Ost oder West weht – eine Klimaanlage braucht man hier nicht. So hoch über dem Meer fühlt man sich fast wie in einem Geländewagen – von dem komfortablen, erhöhten Sitz aus hat man perfekte Sicht auf das Geschehen um sich herum.

Bis zu sieben Tage können Sie auf der *Maha Bhetra* verweilen und sich aussuchen, ob Sie nach Norden zu den Similians oder nach Koh Phi Phi im Südosten fahren möchten. Auf beiden Routen erwarten Sie exzellente Tauchgründe, doch auch wenn Koh Phi Phi landschaftlich überwältigend ist, liegen die Tauchhighlights bei den Similians. Selbst wenn Sie nur einen Tagesausflug machen, kommen Sie in den Genuss des entscheidenden Vorteils, vor allen anderen das Ziel zu erreichen: Sie tauchen ganz allein. An Bord gibt es zwar keine ausgewiesenen Bereiche für Taucher, aber es ist für alles gesorgt. Wenn Sie nicht tauchen oder zwischendurch eine Pause brauchen, bietet die Liege eine verlockende Alternative.

Auf der *Maha Bhetra* trennt sie nicht einmal eine Glasscheibe von der berauschenden Landschaft. Die Übergänge von drinnen nach draußen sind fließend, man ist vor der Sonne geschützt, die Winde sorgen für Abkühlung, und man wird von früh bis spät umsorgt – wohl nirgendwo auf See können Sie derart in stilvollem Luxus schwelgen wie hier.

Tauchen in Phuket ist unendlich vielseitig, und das Amanpuri sorgt dafür, dass Sie von allem etwas mitbekommen. Sie können zwar auch direkt vor der Haustür tauchen, aber lohnenswerter ist es, wenn Sie auf einem der resorteigenen Schnellboote zu den Similan-Inseln hinüberfahren, wo Thailands beste Tauchplätze liegen. Eine atemberaubende Unterwasserszenerie, klares Meer und Sichtweiten von mehr als 30 Metern erwarten Sie dort – wenn Sie beim Hotel bleiben, werden Sie nur etwa halb so weit sehen.

OBEN
Bei Gefahr kann sich der giftige Kugelfisch auf das Doppelte seiner Größe aufblasen, um Beutejäger abzuschrecken.

TAUCHEN

Auf einen Blick

Tauchplätze	6 (für Hotelgäste)
Schwierigkeitsgrad	einfach bis fortgeschritten
Sichtweite	15 bis 25 m in der Bucht, 25 m und mehr an der Westküste und bei Koh Phi Phi
Beste Spots	Anemone Reef, Shark Rock, Similan-Inseln
Schnorcheln	gut am Hausriff und von der *Maha Bhetra* aus
Tauchanzüge	3 mm
Korallen	hervorragend
Unterwasserwelt	Leopardenhaie, Seepferdchen, Harlekingarnelen, Sternflecken-Weißaugen-, Gelbe und andere Muränenarten, Anemonenfische (5 Arten), Walhaie, Grüne Meeresschildkröten, Echte Karettschildkröten, Mantarochen, Große Gitarrenrochen, Seehecht- und Hochrückenfüsilier-Schulen
Sonstiges	Tagesausflüge, Nachttauchgänge, Wracktauchen, 2 Dekompressionskammern in Patong Beach und Deep Sea Port

Für Tagesausflüge können Sie entweder selbst ein Boot chartern oder sich einer kleinen Gruppe anschließen. Nach etwa zwei Stunden Fahrt erreicht man die Similans, die aufgrund der Wetterverhältnisse normalerweise nur von November bis April zugänglich sind. Die Überfahrt kann etwas ungemütlich werden, aber wenn man erst einmal vor Ort ist, bietet die Leeseite der Inseln ausreichend Schutz. Auch wenn Sie nicht tauchen, lohnt sich der Ausflug – vielleicht entdecken Sie ja einen Leopardenhai an der Wasseroberfläche. Sofern das Wetter mitspielt, müssen Sie diese Inseln auf jeden Fall besuchen.

Bei den Similians liegen einige weltberühmte Tauchgründe, die mit sanft abfallenden Wänden im Osten und spektakulären Felsblöcken wie Elephant Rock im Westen viel Abwechslung bieten. Früher wurde in der Region mit Dynamit gefischt, doch 1982 wurde sie zum Meeresschutzgebiet erklärt, und heute ist sie von einer immensen Vielfalt an Lebewesen bevölkert. In den dick mit Hart- und Weichkorallen bewachsenen unberührten Riffen suchen Grüne Meeresschildkröten, Grüne Riesenmuränen, Sternfleckenmuränen, Gelbgefleckte Muränen, Oktopusse, Leopardenhaie, Tintenfische, Schulen von Fahnenbarschen, Hornfischen, Falterfischen, Rotfeuerfischen und Juwelen-Zackenbarschen Unterschlupf, während Stachelmakrelen in der Tiefe auf den richtigen Moment zum Zubeißen warten. Zur entsprechenden Jahreszeit kann es sogar sein, dass Sie Walhaie und Mantarochen zu sehen bekommen.

Näher am Resort liegen weitere Tauchplätze, die sich als Ziel für einen Tagesausflug eignen. Anemone Reef und Shark Rock dürfen Sie auf gar keinen Fall auslassen. Die Sicht ist dort vielleicht nicht

RECHTE SEITE

OBEN LINKS
Der reich verzierte Harlekin-Geisterpfeifenfisch ist eines der zartesten und schönsten, aber auch flüchtigsten unter den kleinen Meerestieren.

OBEN RECHTS
Skorpionfische sind so gut getarnt, dass man ihre Farben nur bei künstlichem Licht erkennt – seien Sie vorsichtig, wenn Sie in der Strömung nach Halt suchen.

UNTEN
Anemonen rollen sich zum Schlafen zu einer Kugel zusammen. Dabei werden ihr Mund und die farbige Unterseite sichtbar. Bestrahlt man sie so mit einer Taschenlampe, leuchten sie in den intensivsten Tönen.

LINKE SEITE,
IM UHRZEIGERSINN
VON OBEN LINKS
Oktopusse verharren gewöhnlich in ihren Verstecken, sehen aber gelegentlich nach, was sich draußen tut; Igelfische stellen bei Gefahr die Stacheln auf, um Beutejäger abzuschrecken; gesunde Grüne Meeresschildkröten sieht man um die Similians häufig; nesselnde Quallen sind für viele kleinere Meeresbewohner ein sicheres Wohnmobil.

RECHTS
Rotfeuerfische führen zwar in ihrem Stachelfächer ein hochwirksames Gift mit sich, trotzdem kann man sich ihnen gefahrlos nähern.

UNTEN RECHTS
Die Sternfleckenmuräne, eine der zahmsten und schönsten Angehörigen der 120 Arten umfassenden Muränenfamilie, sieht man um Phuket häufig, allerdings ist sie etwas scheu.

ausgezeichnet, aber das stört nicht weiter. Beide Tauchspots liegen auf der Ostseite von Phuket, etwa eine Stunde vom Jachthafen entfernt, und es lohnt sich, so früh wie möglich aufzubrechen, denn dort herrscht häufig viel Betrieb.

Shark Rock steuern Sie an, wenn Sie die schönen Leopardenhaie sehen wollen, die in dieser geschützten Zone vom barbarischen Abschneiden der Flossen verschont bleiben. Mit etwas Glück treffen Sie auch Seepferdchen an. Das benachbarte Anemone Reef hat vielleicht sogar noch mehr zu bieten: Das Riff an sich ist eher klein und ragt bis zu fünf Meter unter die Wasseroberfläche auf, doch hier wimmelt es so von Lebewesen, dass ein einziger Tauchgang auf keinen Fall ausreicht, um alles zu sehen. Der Name sagt schon, was Sie dort erwarten dürfen: Anemonen bilden einen alles umhüllenden Mantel und heften sich an jede Oberfläche. Während sie sich in der Brandung wiegen, gewähren sie Einblick in das üppige Leben, das zwischen ihnen nistet: Harlekin-Geisterpfeifenfische, unzählige Muränenarten, ungewöhnlich gefärbte Skorpionfische, Rotfeuerfische, riesige Mappa-Kugelfische, Kofferfische, Nackt- und Porzellanschnecken – selbst wenn man Tage bei dem Riff verbrächte, bekäme man nur einen Bruchteil dessen zu sehen, was sich dort alles verbirgt.

Spektakulär im Golf von Phuket ist auch das, was man über Wasser sieht. Fast bleibt einem die Luft weg, wenn man auftaucht. Ob Sie nun Taucher sind oder nicht, Sie sollten unbedingt einen Tag *auf* dem Wasser verbringen, um die Schönheit von Orten wie Koh Phi Phi, wo der Film *The Beach* gedreht wurde, oder James Bond Island auf sich wirken zu lassen.

Am besten erreicht man diese Tauchgründe mit einem privaten Charterboot aus der Aman-Luxusflotte. Damit hat man die Gewähr, dass man schon in der Morgendämmerung tauchen kann und ganz für sich allein ist. Aber auch ein Tagesausflug lohnt sich – wenn man sich früh genug auf den Weg macht. Die Riffe sind selbst nach dem verheerenden Tsunami erstaunlich gesund und von vielerlei Meerestieren bewohnt. Hier lässt es sich wunderbar tauchen.

Philippinen

Die Philippinen – etwa 7100 Vulkaninseln und -inselchen, von denen viele nicht einmal einen Namen tragen – scheinen völlig losgelöst vom Rest der Welt im Pazifik zu treiben. Anders als viele Nachbarländer blickt dieser meilenweit von Indonesien und dem vormaligen Indochina entfernte Inselstaat auf keine dramatische Geschichte zurück, kein blutiger Aufstieg und Fall von Dynastien fand hier statt. Grund dafür mag die sprachliche, kulturelle und ethnische Vielfalt des Archipels sein – mehr als 111 Dialekte werden in den zahlreichen Provinzen gesprochen.

Dass die überwiegende Mehrheit der Filipinos dem katholischen Glauben anhängt (einzigartig in ganz Asien), geht auf den starken Einfluss der Spanier zurück. 1521 war Ferdinand Magellan hier zum ersten Mal vor Anker gegangen. Zwar sorgen auf Mindanao islamische Separatistengruppen immer wieder für internationale Schlagzeilen, doch der Großteil des Landes lebt in Frieden. Mit allergrößter Wahrscheinlichkeit werden Sie, wenn Sie im Amanpulo unterkommen, von den Unruhen überhaupt nichts mitbekommen.

Dieses Resort versteckt sich auf der inmitten der Sulusee gelegenen Privatinsel Pamalican, nur eine Flugstunde südlich von Manila – doch scheinbar Welten entfernt. Sie können Ihren Aufenthalt in der Hauptstadt auf einen kurzen Zwischenstopp in der makellosen Aman-Airport-Lounge beschränken, sollte Ihr Reiseplan jedoch eine Übernachtung in Manila vorsehen, empfiehlt sich dafür das Peninsula. Am besten buchen Sie für die zeitraubende Fahrt vom Flughafen in die Stadt einen Chauffeurservice. Geraten Sie aber nicht in Versuchung, sich länger als unbedingt notwendig in diesem Moloch aufzuhalten, denn der wahre Luxus erwartet Sie auf Pamalican.

Das Amanpulo *ist* Pamalican. Der Name bedeutet »Friedliche Insel«, und kein anderer wäre passender. Auf den 100 Hektar unberührter Natur, mit nichts als einem luxuriösen 40-Zimmer-Refugium bebaut, herrscht himmlische Ruhe. Man ist umgeben von üppiger Vegetation, exotischen Vögeln und einem der herrlichsten Strände auf diesem Planeten – einem scheinbar endlosen Streifen feinsten weißen Sandes, der sanft in das glasklare türkisblaue Wasser abfällt.

Insel Pamalican

HOTEL Amanpulo

Die geräumigen *casitas*, von einem philippinischen Stararchitekten entworfen, sind von den *bahay kubo* inspiriert, den traditionellen, strohgedeckten Häusern der Einheimischen. 29 *casitas* verstecken sich, vollkommen abgeschirmt von der Außenwelt, hinter dem Strand, elf weitere liegen, etwas nach hinten versetzt, über den Hügel verstreut. Einige haben Blick auf die Nachbarinsel Manamoc, besonders Zimmer 39 und 40 bieten ein überwältigendes Panorama. Alle Zimmer sind mit einem riesigen Doppelbett, zwei Liegen, einem Schreibtisch und zwei Fensterfronten ausgestattet, die auf die eigene Terrasse gehen, wo zwei weitere Liegen auf ihre Benutzer warten. Grober, mit Kieselsteinen versetzter Putz an den Wänden, Tische aus Kokosschalen, Holzböden und Weidenrollos runden die Innenausstattung ab.

Mittelpunkt aller Aktivitäten sind die Strandbar und das Hauptgebäude. In der Strandbar geht es herrlich leger zu, hier gibt es traumhafte Drinks und eine ausgezeichnete Mittagskarte mit täglich wechselnden Spezialitäten. Einmal pro Woche verwandelt sie sich in einen märchenhaften Grillplatz – an einem traditionellen Tisch oder auf einer prächtigen Matratze arabischen Stils können Sie dann den Sonnenuntergang und das flackernde Lagerfeuer genießen. Das sollten Sie sich auf keinen Fall entgehen lassen.

Etwas später am Tag kommt auch das Hauptgebäude richtig zur Geltung. Der etwas höher gelegene, einstöckige Bau beherbergt Bibliothek, Bar und Speisesaal sowie eine Boutique mit großem Angebot – und einen wirklich riesigen Infinity-Pool, um den in großen Abständen Sonnenschirme und exklusive *salas* gruppiert sind. Wie in allen Aman-Hotels gewährt man auch im Amanpulo jedem einzelnen

Auf einen Blick

Flughafen	Pamalican via Manila
Fluggesellschaften	Lufthansa, Emirates
Transfer	1 Std. mit dem Flugzeug
Zimmer	40, außerdem 2 Villen (alle klimatisiert)
Angestellte pro Zimmer	6
Freizeitangebot	Wassersport, Tennis, Spa, Pool
Service	Telefon, Fernseher, Zimmerservice, Internet im Gemeinschaftsraum
Sonstiges	Mobiltelefone
Kinder	jedes Alter
Stromstecker	2-Pol-Flachstecker
Währung	philippinische Pesos, US-Dollar
Zeitzone	MEZ +6
Telefon	00632/759/40 40
Internetseite	www.amanresorts.com

Gast so viel Raum, dass Sie sich meist ganz allein wähnen werden. Unter den separierten, seitlich offenen *salas* kann man tagsüber herrlich ausspannen (jede beherbergt eine große, einladende Liege), aber kommen Sie doch auch einmal am Abend: Die Pool-*sala*, deren Boden mit Orchideenblättern bestreut wird, bildet eine traumhafte Kulisse für ein romantisches Abendessen. Wo immer Sie dinieren, der Service ist tadellos, und die exzellente Speisekarte reicht von Köstlichkeiten des Landes bis zur klassischen Küche des Westens.

Wie der unglaubliche Sandstreifen schon vermuten lässt, können Sie im Amanpulo einen Strandurlaub wie aus dem Bilderbuch verbringen: Wassersport in allen Variationen, private Bootstouren zu Nachbarinseln und Ausfahrten im Mondschein oder bei Sonnenaufgang stehen zur Wahl. Wer lieber festen Boden unter den Füßen hat, kann im eigenen Golfcart, mit dem Sie schon vom kleinen Flugplatz abgeholt wurden, mühelos die Insel erkunden. Achten Sie nur darauf, immer Insektenschutzmittel zur Hand zu haben, damit Ihnen die *nik niks* oder Sandflöhe nichts anhaben können.

Kinder werden von einem eigenen Team wunderbar betreut, aber keine Sorge, wenn Sie selbst keine mitbringen – das Resort ist so weitläufig, dass man sich nie gestört fühlt. Im Hintergrund sorgt ein freundlicher Stab von 250 Mitarbeitern dafür, dass es Ihnen an nichts mangelt.

Hier zeigen sich die Philippinen von ihrer allerbesten Seite – der Gegensatz zu Manila ist so gewaltig, dass man kaum glauben kann, nur eine Stunde von dort entfernt zu sein. Sollten Sie irgendwelche Vorurteile in Bezug auf das Land mitbringen, Pamalican und besonders das Amanpulo werden diese widerlegen. Das Hotel ist noch immer ein Geheimtipp, vor allem bei Besuchern aus dem Westen, verdient es aber, in die Liste der Traumziele aufgenommen zu werden.

The Dive Shop
PADI

Die einfache Tauchbasis bildet einen charmanten Kontrast zur Perfektion des Amanpulo. Sie ist in einem Holzhaus am Nordende des Hauptstrands untergebracht und kann von jeder *casita* aus in fünf Minuten mit dem Golfcart erreicht werden. Wenn Sie Ihre eigene Ausrüstung mitgebracht haben, wird sie selbstverständlich abgeholt, falls nicht, steht eine große Auswahl an Anzügen und Zubehör der Marken Sea Quest und Mares zur Verfügung, auch in Kindergrößen.

TAUCHBASIS

Die Tauchgänge sind zu zivilen Zeiten angesetzt, wahlweise um neun, zehn oder elf Uhr vormittags oder um drei Uhr nachmittags. Die Gruppen können aus bis zu vier Teilnehmern bestehen, doch die meiste Zeit hat man seinen Tauchlehrer für sich allein. Die Mitglieder des Tauchteams stammen zwar aus Manila, kennen die Riffe aber sehr gut. Vor allem sind sie immer bester Laune und scheinen vom Tauchen hier stets aufs Neue begeistert zu sein, egal, wie oft sie unter Wasser gehen.

Das Boot besteigt man am einzigen Teil des Strandes, an dem der Sand nicht ganz den Traumvorstellungen entspricht, daher schadet es nicht, Füßlinge mitzunehmen. An Bord gibt es schattige Plätze, aber rechnen Sie damit, nass zu werden, was jedoch nicht weiter stört, da man schon nach wenigen Minuten die Tauchgründe erreicht. Falls Sie Ihre Sachen trockenhalten möchten, treffen Sie aber besser Vorsorge mit einer wasserdichten Tasche.

Auch Schnorchler kommen auf ihre Kosten und werden zu den Riffen gefahren, wo man dank der regelmäßigen Fütterungen Fische in großen Mengen antrifft. Wer etwas abenteuerlustiger ist, kann auf eigene Faust mit dem Kajak hinauspaddeln und es an einer der dafür vorgesehenen Bojen festmachen.

Die Betreuung ist mustergültig. Man zieht sich im Schatten der Tauchbasis um, die Ausrüstung nimmt man an Bord in Empfang, wo man sie nach dem Tauchen auch wieder ablegt. Der Ausspülservice ist ebenfalls beispielhaft. Tauchanfänger sind hier in den allerbesten Händen.

Auf einen Blick

Boote	ab 6,70 m (nass, überdacht)
Gruppengröße	4
Tauchlehrer	2
Sprachen	Englisch, Tagalog
Kurse	alle PADI-Kurse
Kinder	Bubblemaker-Kurse ab 8 Jahren
Sonstiges	Computerverleih, Getränke, Reinigung der Ausrüstung, Charterboote

Pamalican ist ein Meeresschutzgebiet, eine Seltenheit in einem Land, das dafür berüchtigt ist, an den Riffen das Fischen mit Dynamit und Zyanid zu erlauben. Zum Tauchen bieten sich zwei Küstenbereiche an, die geschütztere Westküste, an der auch der Hauptstrand des Amanpulo liegt, und die zum Meer hin offene Ostküste. Egal, wann Sie anreisen, wenigstens an einer Seite besteht immer die Möglichkeit zu tauchen.

OBEN
Pamalican ist eines der wenigen Riffe auf den Philippinen, die unter Naturschutz stehen und damit vom Dynamitfischen verschont sind.

TAUCHEN

Sämtliche Tauchplätze sind nicht weiter als 15 Minuten von der Tauchbasis entfernt. Nur an wenigen darf man Anker werfen, doch dem Amanpulo-Team gelingt es immer, dass der Bootsführer Sie genau dort erwartet, wo Sie an die Oberfläche kommen, und das unabhängig vom Wetter. Die Sichtweiten variieren zwischen nur zehn Metern am geschützten Hausriff und bis zu beinahe 30 Metern bei Casita 40, wo das offene Meer für bessere Sicht zu sorgen scheint.

Auf Pamalican nisten Schildkröten, die man beim Tauchen in diesen Gewässern so gut wie sicher zu sehen bekommt. Die Tiere sind an Begegnungen mit Menschen gewöhnt, denn das Amanpulo passt auf die Eier auf und achtet darauf, dass die Jungtiere in die freie Natur zurückkehren – wenn Sie zur richtigen Jahreszeit kommen, können Sie all das hautnah miterleben. Selbst das Hausriff, ein einfacher Tauchgrund gleich am Hauptstrand, darf sich einer Anzahl riesiger Grüner Meeresschildkröten und Echter Karettschildkröten rühmen. Vielleicht paddelt ja eine an Ihnen vorbei, ein Koloss von bis zu zwei Meter Länge, auf dessen Panzer es sich ein paar knapp einen Meter lange Küstensauger bequem gemacht haben. Auch Fische gibt es am Hausriff in großer Fülle, darunter Blaupunktrochen und Rußkopfmuränen, Paddelbarsche und ihre wunderschönen, im Wasser tanzenden Nachkommen.

Bei Fan Coral findet Tauchen in einer ganz anderen Liga statt. Die noch völlig unversehrten Riffe bieten einer ganzen Palette tropischer Arten einen Lebensraum: Hummern, Anemonenfischen, Kaiserfischen, Halterfischen, Napoleon-Lippfischen, unendlich vielen Blaupunktrochen und sogar dem ausgefallenen riesigen Stechrochen –

Auf einen Blick

Tauchplätze	8
Schwierigkeitsgrad	einfach
Sichtweite	10 m bis über 25 m
Beste Spots	Casita 40, Fan Coral, The Tip
Schnorcheln	sehr gut am Hausriff
Tauchanzüge	3 mm
Korallen	sehr gut
Unterwasserwelt	Cobia, Teufels-, Adler- und Große Gitarrenrochen, Mantarochen (im Dezember), große Grüne Meeresschildkröten und Echte Karettschildkröten, Riffhaie, große Anglerfische, Stachelrochen, Thunfische, Knurrhähne, Geistermuränen, Nacktschnecken
Sonstiges	Nachttauchgänge, Meeresreservat, Dekompressionskammer in Manila (2 Std. entfernt)

RECHTE SEITE, IM UHRZEIGERSINN VON OBEN LINKS
Große Muscheln aus der Nähe zu untersuchen ist immer lohnenswert; Königsbarsche, bei Anglern sehr beliebt, haben wie die Haie keine Schwimmblasen, die sie im Wasser tragen, und müssen daher auf dem sandigen Meeresboden verharren; Muscheln reagieren äußerst empfindlich auf Bewegungen und schließen sich sofort, wenn man sich ihnen zu schnell nähert; wie der Skorpionfisch und der Steinfisch setzt auch der Anglerfisch auf Tarnung und ist, selbst wenn jemand auf ihn hinweist, fast nicht zu erkennen.

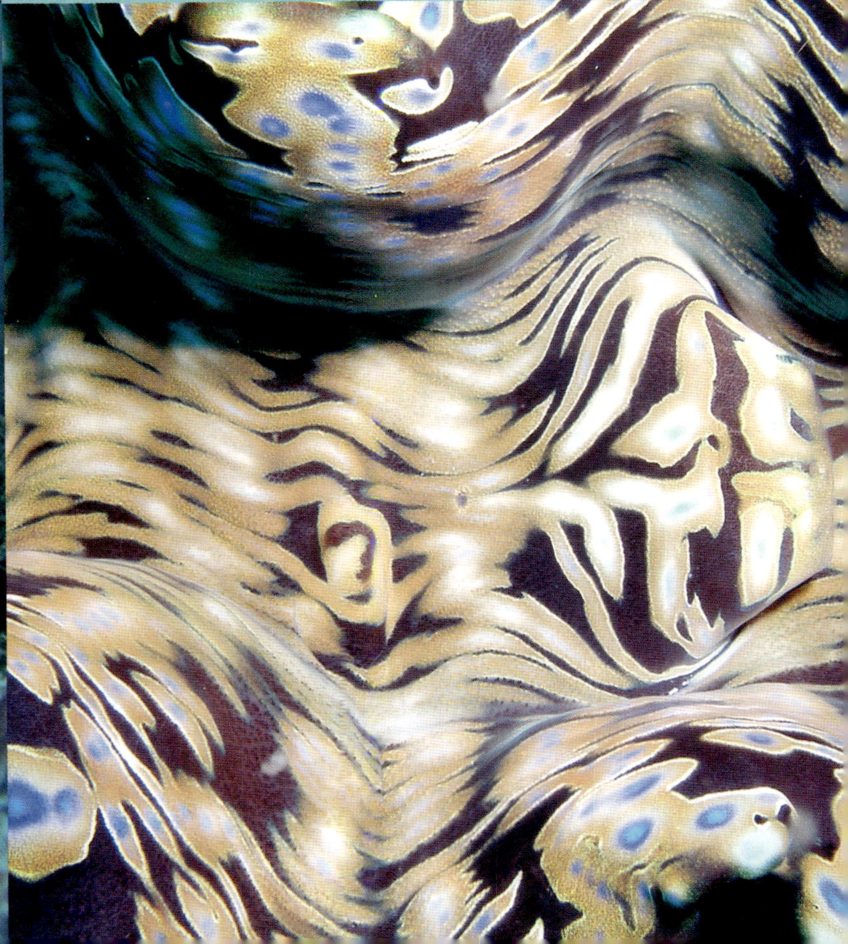

LINKS

Die schönen jungen Paddelbarsche gehören zu den selteneren Bewohnern des Riffs.

MITTE LINKS

Der Knurrhahn fliegt bei Gefahr regelrecht über den Meeresboden. Am besten ist er nachts zu sehen.

UNTEN LINKS

Eine Gebänderte Seenadel mit ihrer charakteristischen Schwanzflosse.

RECHTE SEITE

LINKS, VON OBEN NACH UNTEN

Muscheln gehen eine symbiotische Beziehung mit Algen ein, die ihnen zusätzliche Farbe verleihen; Tintenfische sind die klassischen Lieferanten der Sepia-Tinte, die sie auf der Flucht ausstoßen; die intensiven Farben der scheuen Kofferfische sind immer wieder ein faszinierender Anblick für Taucher.

RECHTS AUSSEN

Einsiedlerkrebse kommen ohne Panzer auf die Welt. Als Behausung verwenden sie unbewohnte Muschelgehäuse. Wird die Schale zu eng, weil der Krebs gewachsen ist, sucht er sich eine neue, größere Muschel.

mit Sicherheit einer der spannendsten Tauchplätze auf der ganzen Insel.

Casita 40, etwa 500 Meter vor der Amanpulo-*casita* mit ebendieser Nummer gelegen, ist wohl Tauchplatz Nummer eins auf Pamalican – Sie sollten sich unbedingt mehrmals dort umsehen. An dem belebten Riff mit einer von 10 bis auf 43 Meter abfallenden Steilwand werden Ihnen riesige neugierige Tintenfische, Schildkröten und Große Gitarrenrochen begegnen. Fast jeder Flecken ist von Weichkorallen bewachsen, und die gewaltigen Gorgonien und Tischkorallen scheinen sich nach den Verwüstungen durch El Niño und einen außergewöhnlich starken Taifun erstaunlich gut zu erholen.

The Tip stellt eine Art Wundertüte für Taucher dar, gefüllt mit herrlichen Überraschungen: Hier können Sie auf Armlänge an Mantarochen heranschwimmen; Adlerrochen, Weiß- und Schwarzspitzenriffhaie, Thunfische, die allgegenwärtige Riesenschildkröte und sogar ein eineinhalb Meter langer Cobia ziehen vorbei. Ein weiterer interessanter Platz ist Windmill, im Nordosten von Pamalican vor der Insel Concepcion gelegen. Dieser fällt zwar bis auf 40 Meter ab, aber seine Naturschönheiten offenbaren sich dem Taucher auch schon in geringerer Tiefe.

Der Gipfel des Tauchgenusses auf den Philippinen liegt weiter südlich, bei den faszinierenden Tubbataha-Riffen, einem Meeresschutzgebiet, das nur mit Liveaboards zugänglich ist. Doch Pamalican kommt dem schon sehr nahe. Wenn Sie noch den Traumstrand, das herrliche Hotel, den hervorragenden Service und die völlige Abgeschiedenheit hinzurechnen, wird Ihnen sehr schnell bewusst, dass eine Steigerung kaum möglich ist.

Palau

Wenn Sie nicht schon jahrelang tauchen oder sich für die Geschichte des Zweiten Weltkriegs interessieren, kann es gut sein, dass die winzige Republik Palau einen weißen Fleck auf Ihrer persönlichen Weltkarte darstellt. Die Gruppe pazifischer Vulkaninseln liegt im westlichen Teil der Karolinen (einer zu Mikronesien gehörenden Inselgruppe) auf halbem Weg zwischen den Philippinen und Guam, zwei Stunden östlich von Manila und drei Stunden von Hongkong entfernt. Von 1914 bis zum Ende des Zweiten Weltkriegs stand Palau unter japanischer Besatzung. Heute schätzt man die Inseln für ihre erstklassigen Tauchgebiete und die atemberaubende Landschaft.

Die Anreise nach Palau ist nicht ganz einfach. Man kann mit Continental Airlines zweimal wöchentlich über Manila fliegen oder täglich über Guam; eine weitere Verbindung geht über Taiwan. Vielleicht ist es gerade diese Abgeschiedenheit, die dem Land seine besondere Aura verleiht. Die 19 000 Bewohner verteilen sich auf etwa 300 Inseln, von denen allerdings viele gänzlich unbewohnt sind. Beim Anflug auf den winzigen Flughafen von Koror, der Hauptstadt Palaus, sieht man herab auf die Rock Islands, ein unberührtes Paradies aus üppig bewachsenen, smaragdgrünen Inselchen vulkanischen Ursprungs, die wie große Pilze aus dem Wasser ragen.

Palaus Wirtschaft hängt sehr stark vom Tourismus ab und ganz besonders von den Tauchern, umso mehr erstaunt es, dass es kaum Hotels der gehobenen Klasse gibt. Will man jedoch die großartigen Tauchreviere der Welt alle einmal gesehen haben, darf Palau auf keinen Fall fehlen. Am besten steuert man direkt das Palau Pacific auf der Insel Arakabesang an, das schönste Resort der Inselgruppe.

Falls für Sie nur ein Fünfsternehotel mit dem damit verbundenen Standard in Frage kommt, werden Sie auf Palau nicht fündig. Suchen Sie aber ein Weltklasse-Tauchrevier, das von einem komfortablen, landestypisch ausgestatteten Hotel aus zugänglich ist, könnten Sie Glück haben. Das Palau Pacific ist vielleicht nicht unbedingt das mondänste Resort, aber sicher die mit Abstand beste Adresse auf Palau. Und dass es über eine eigene Tauchbasis verfügt, vereinfacht die Dinge erheblich.

Insel Arakabesang

HOTEL

Palau Pacific

Eine entspannte halbstündige Taxifahrt, im Voraus vom Resort organisiert, macht Sie mit dem friedlichen Palau bekannt. Als Erstes werden Sie feststellen, dass es, abgesehen von überbordendem Pflanzenwachstum und einer Hängebrücke, welche die Hauptinseln miteinander verbindet, nicht viel zu sehen gibt. Man befindet sich praktisch im »Hinterhof« des Pazifiks, aber natürlich macht das auch den Reiz der Inseln aus.

Das Palau Pacific liegt inmitten von 25 Hektar üppiger tropischer Gartenlandschaft, zu der auch eine wunderschöne Orchideenfarm gehört. Herzstück ist die im fidschianischen Stil gehaltene Rezeption mit hoher Decke. Von ihr zweigen mehrere zweistöckige Seitengebäude ab, in denen sich die Zimmer befinden, zum größten Teil mit Blick auf das Meer und den schönen Sandstrand.

Entscheidend für den Aufenthalt ist, wo man schläft. Die meisten der 160 Zimmer liegen in den betagteren Flügeln, die ihre besten Zeiten hinter sich haben – sie gilt es zu meiden. Bestehen Sie bei der Buchung darauf, in einem der neueren Flügel zu wohnen. Die Zimmer dort sind weitaus komfortabler und kosten nicht einmal mehr. Beste Wahl sind die Häuser 10, 11 oder 12, in denen man sich fast wie in einem anderen Hotel fühlt. Die Unterkünfte in den oberen Stockwerken sind besonders geräumig, haben hohe, bis in den Dachstuhl offene Decken und eigene kleine Terrassen, die Zimmer im Erdgeschoss dagegen haben den Vorteil, auf die Gärten hinauszugehen. Natürlich können Sie gegen einen Aufpreis auch eine der acht Suiten beziehen, doch man ist tatsächlich besser aufgehoben, wenn man sich für einen der neueren Trakte des Hotels entscheidet.

Auf einen Blick

Flughafen	Koror via Manila oder Guam
Fluggesellschaften	Lufthansa, Cathay Pacific
Transfer	30 Min. mit dem Taxi
Zimmer	160, davon 8 Suiten (alle klimatisiert)
Angestellte pro Zimmer	1 oder mehr
Freizeitangebot	Wassersport, Wandern, Touren zum Thema 2. Weltkrieg, Pool, Spa, Tennis, Fitnessraum
Service	Telefon, Fernseher, Zimmerservice
Kinder	jedes Alter
Stromstecker	2-Pol-Flachstecker
Währung	US-Dollar
Zeitzone	MEZ +7
Telefon	00680/4 88 26 00
Internetseite	www.palau.panpacific.com

Die Mahlzeiten nimmt man in einem der beiden Restaurants ein, dem legeren Coconut Terrace, wo man im Freien sitzt, oder dem etwas förmlicheren, klimatisierten Meduu Ribtal. Beide Speisekarten zeigen deutlich japanischen Einfluss, täglich gibt es köstlich frisches Sushi und Sashimi. Die Erklärung dafür liegt auf der Hand: Zum einen war Palau über drei Jahrzehnte lang von Japan besetzt, zum anderen sind aufgrund der geografischen Lage auch heute noch viele Gäste Japaner.

An den meisten Abenden wird im Coconut Terrace ein Themenbüfett angerichtet, man kann aber auch à la carte bestellen. Im intimeren Meduu Ribtal bestimmen die pazifischen Randgebiete das Menü, heimische Meerestiere und amerikanisches Rind stehen im Mittelpunkt. An der Strandbar können Sie sich den ganzen Tag über mit Snacks verpflegen oder bei einem romantischen Abendessen, die nackten Füße in den Sand gesteckt, den wunderbaren Sonnenuntergang verfolgen.

Das Palau Pacific ist auf der ganzen Inselgruppe das einzige Resort mit eigenem Strand – einem traumhaften Streifen aus feinstem weißem Puder. Das Hausriff liegt unmittelbar davor und bietet hervorragende Möglichkeiten zum Schnorcheln; und Sie können hier sogar ohne Führer tauchen. Die Hauptattraktion auf Palau ist ohnehin das Geschehen unter Wasser. Buchen Sie also das richtige Zimmer, und Sie bekommen alles, was zu einem unvergesslichen Urlaub gehört. Das Palau Pacific mag mit den anderen Hotels in diesem Buch nicht mithalten können, aber auf diesen wunderschönen abgelegenen Inseln ist es die erste Wahl.

Ganz am Ende des zum Palau Pacific gehörenden Strandes liegt die Tauchbasis Splash mit eigenem, hervorragend bestücktem Laden. Nur einen Katzensprung entfernt ist Photo Palau, wo Sie Ihre Filme entwickeln lassen und Unterwasserkameras zum Fotografieren oder Filmen ausleihen können. Sie können sich auch für die Tauchbasis Neco Marine entscheiden, die sehr gute Beziehungen zum Hotel unterhält und über hochmoderne Räumlichkeiten verfügt. Die Basis liegt 15 Autominuten entfernt, man holt Sie jedoch auch vom Hotelsteg ab.

TAUCHBASIS

Die Mitarbeiter von Splash sind zum größten Teil Einheimische, aber die Eigentümer und Geschäftsführer sind Japaner – auf Tagesausflügen werden Sie daher mit einer hervorragenden Auswahl an *bento*-Boxen, den japanischen Lunchpaketen, versorgt. Ganz offensichtlich ist das Team daran gewöhnt, mit erfahrenen Tauchern zu tun zu haben. Da keine Riffhaken zur Verfügung stehen, leihen oder kaufen Sie am besten einen im Laden – wegen der starken Strömungen, die an manchen der Tauchgründe herrschen, sind sie von unschätzbarem Wert.

Zu den meisten Tauchplätzen werden Tagesfahrten unternommen, und normalerweise verbringen Sie das Oberflächenintervall nach dem ersten Tauchgang an einem der Sandstrände auf den wunderschönen Rock Islands. Die Großraumboote mit geringem Tiefgang sind einfach, erfüllen aber ihren Zweck.

Ihre Ausrüstung wird morgens auf das Boot gebracht, nach dem Tauchen allerdings nicht gespült. Sie müssen also selbst Hand anlegen, alles zur Basis zurücktragen und eigenhändig sauber machen. Wenn Sie diese Aufgabe lieber delegieren möchten, ist die benachbarte Tauchbasis Neco Marine zu empfehlen. Dort ist man auf eine westliche Klientel eingestellt. Das Team von Neco Marine holt Sie nach vorheriger Verabredung am Hoteldock ab und bringt Sie auch dorthin zurück. In Anbetracht des Spülservices, der Schnorchelausflüge nach Jellyfish Lake (auf keinen Fall verpassen!), der Bereitstellung von Nitrox und der wunderbaren Nautilus-Tauchgänge ist Neco Marine vermutlich die bessere Wahl.

Auf einen Blick

Boote	10 m (nass, überdacht)
Gruppengröße	6
Tauchlehrer	6
Sprachen	Englisch, Japanisch
Kurse	alle PADI-Kurse
Kinder	ab 12 Jahren
Sonstiges	Computerverleih, Nitrox, Essen und Getränke, Charterboote, Tauchshop, Verleih von Unterwasserkameras, Reinigung der Ausrüstung (nur bei Neco Marine)
Internetseite	www.splash-palau.com www.necomarine.com

Palau bietet Tauchern wie auch Schnorchlern aller Erfahrungsstufen erstklassige Unterwassererlebnisse. Mit über 1500 Fischarten und 700 Korallenarten ist die Tier- und Pflanzenvielfalt hier wahrhaft spektakulär. Die Gewässer werden von den Koror State Rangers gewissenhaft überwacht. Palaus berühmtester Tauchplatz ist Blue Corner, man findet aber auch reichlich flache Tauchgründe und Wracks, die sich sehr gut zum Schnorcheln eignen.

OBEN
Blue Corner ist ein wirklich aufregender Tauchplatz, der Besucher aus aller Welt anzieht.

TAUCHEN

Blue Corner wird unter Tauchern als einer der besten Tauchplätze der ganzen Welt gehandelt. Da gerade viele erfahrene Taucher Jahr um Jahr wieder hierher kommen, muss an dem Ort wirklich etwas dran sein. Um die Tauchmöglichkeiten voll ausschöpfen zu können, sollten Sie möglichst früh am Tag vor Ort sein, wenn es noch relativ ruhig zugeht. Ideal sind die Monate Dezember bis April; auch der Juli bietet gute Bedingungen, allerdings spielt dann das Wetter nicht immer mit.

Blue Corner ist ein ehemaliger Fanggrund der einheimischen Fischer, bei dem kräftige Strömungen herrschen. Diese Strömungen sind der Grund für das rege Treiben unter Wasser – wenn sich das Gebiet von seiner besten und lebendigsten Seite zeigt, brauchen Sie einen Riffhaken, um nicht abgetrieben zu werden. Das mag sich gefährlich anhören, ist es aber nicht: Das Plateau, an dem Sie sich festmachen, liegt nur 15 Meter unter der Wasseroberfläche, und sobald Sie, die Tarierweste leicht aufgepumpt, gesichert sind, können Sie entspannen.

Die Sichtweite beträgt meist um die 30 Meter, kann aber auch einmal bei 50 Metern liegen, daher sollten Sie sich einen guten Platz suchen, um in aller Ruhe die Dutzende von Grauhaien und Weißspitzenriffhaien, Schulen von Barrakudas, Königsmakrelen, Thunfischen, Dickkopf-Stachelmakrelen und Blauflossenmakrelen im Blauen beobachten zu können. Dicht beim Plateau verstellt Ihnen vielleicht auch der seltsame Napoleon-Lippfisch oder ein Gefleckter Adlerrochen den Blick. Mit etwas Glück treffen Sie hier bei einem einzigen Tauchgang mehr große Meeresbewohner und Fischschwärme an als irgendwo sonst auf der Welt.

Auf einen Blick

Tauchplätze	viele, die besten liegen allerdings eine Stunde entfernt
Schwierigkeitsgrad	einfach bis fortgeschritten (für die besten Tauchplätze ist Erfahrung notwendig)
Sichtweite	25 Meter und mehr
Beste Spots	Blue Corner, Peleliu, Jellyfish Lake, Nautilus-Tauchgänge
Schnorcheln	gut am Hausriff, sehr gut vom Tauchboot aus
Tauchanzüge	3 mm
Korallen	hervorragend
Unterwasserwelt	Napoleon-Lippfische, Grüne Meeresschildkröten und Echte Karettschildkröten, Mandarinfische, Hammer-, Bullen-, Grau-, Weißspitzenriff- und Tigerhaie, Manta- und Adlerrochen, Büffelkopf-Papageifische, große Barrakuda-, Stachelmakrelen- und Schnapper-Schulen
Sonstiges	Tagesausflüge, Nachttauchgänge, Wracktauchen, Meeresreservat

RECHTE SEITE

OBEN LINKS
Die Randall-Grundel, einer der kleineren und selteneren Bewohner der Riffe um Palau.

MITTE LINKS
Nacktschnecken und Plattwürmer zeigen sich in Palaus blühenden Riffen in allen nur denkbaren Farben, Formen und Größen.

UNTEN LINKS
Eine Nacktschnecke lässt ihre freistehenden Kiemen sehen.

RECHTS AUSSEN
Ein Schnorchelausflug nach Jellyfish Lake ist ein märchenhaftes Erlebnis. Man schwimmt unter Tausenden von Quallen, die ihre Fähigkeit zu brennen verloren haben.

LINKE SEITE

OBEN, VON LINKS NACH RECHTS
Die Farben der Peitschenkoralle erkennt man nur bei künstlicher Beleuchtung; eine Nacktschneckenart; während die Riffe um Blue Corner so gut wie tot sind, gedeihen andernorts Hart- und Weichkorallen im Überfluss.

UNTEN
Zwei bunte Mandarinfische, ein Männchen und ein Weibchen

RECHTS
Bei Einsetzen der Strömung wimmelt es bei Blue Corner nur so vor Meerestieren.

UNTEN RECHTS
Peleliu war Schauplatz einiger der erbittertsten Schlachten des Zweiten Weltkriegs. Heute ist der Ort ruhig und verlassen, so dass Sie die Tauchgründe praktisch allein erforschen können.

Das ist aber längst noch nicht alles, was Palau zu bieten hat. Sie können die Ngemelis-Wand ansteuern (auch bekannt als Big Drop-Off), den German Channel, wo man fast das ganze Jahr über Mantarochen antrifft, oder eines der mehr als 60 Wracks erforschen, die seit dem Krieg hier liegen, darunter auch ein japanisches Jagdflugzeug. Außerdem gibt es einzigartige Höhlentauchplätze: Chandelier Cave in der Nähe der Rock Islands besteht aus einem System von fünf Höhlen, deren innerste den furchterregenden Namen »Tempel des Schicksals« trägt. Wer echten Nervenkitzel sucht, wagt sich gen Süden nach Peleliu hinaus, einst Schauplatz einer der mörderischsten Schlachten des Zweiten Weltkriegs. Hier wird für das Tauchen zwar eine kleine Gebühr erhoben, aber das hält im Gegenzug die Besucherzahlen niedrig. Insgesamt gibt es etwa sechs Tauchplätze, darunter Peleliu Express: ein Strömungstauchplatz nur für Erfahrene, der den Adrenalinspiegel in die Höhe treibt und bei dem man vom großen Bullen- oder Tigerhai bis zum Schwertfisch oder Schulen von Thunfischen auf alles gefasst sein darf.

Mandarinfish Lake ist die Heimat des – was würde man anderes erwarten – Mandarinfisches, des vielleicht faszinierendsten und vollkommensten unter den kleinen Fischen. Er ist sehr scheu, kommen Sie daher am besten am späten Nachmittag, denn bei Einbruch der Dämmerung verlässt er seine Korallenverstecke. Nicht verpassen sollten Sie auch Jellyfish Lake: Suchen Sie sich eine sonnige Stelle zum Schnorcheln, und Sie werden Tausende von Quallen, die irgendwie ihre Fähigkeit zu brennen eingebüßt haben, bei der Nahrungsaufnahme beobachten können. Wenn man sich erst einmal an das Gefühl gewöhnt hat, beim Schwimmen von ihren weichen, gallertartigen Körpern umgeben zu sein – man ist buchstäblich von ihnen eingehüllt –, ist es ein unvergleichliches Erlebnis.

Und dann wäre da noch der sensationelle Nautilus-Tauchgang: Die Nautilusmuscheln, eigentlich Tiefseebewohner, werden vom Team der Neco-Marine-Tauchbasis eingefangen und in Wassertiefen ausgesetzt, die Freizeittaucher erreichen können, so dass Sie mit diesen wunderschönen Lebewesen, die Sie sonst nie zu Gesicht bekämen, schwimmen können. Wie so viele andere Tauchgänge in Palau werden Sie auch diesen niemals vergessen.

Indonesien

Mit seinen rund 18 000 Inseln, die über ein riesiges Gebiet verstreut sind, ist Indonesien der größte Archipel der Welt. Ein Drittel dieser Eilande ist unbewohnt, auf vielen gibt es gerade einmal ein Fischerdorf. Wenn Sie sich in einer der einsameren Regionen des Landes aufhalten, werden Sie sich kaum vorstellen können, dass nur 14 Nationen der Erde über mehr Einwohner verfügen. Selbst die Bevölkerung der USA ist nur um ein Fünftel kleiner.

Das seit 1949 unabhängige Indonesien ist ein Zusammenschluss zahlreicher Inselprovinzen und hat erst seit wenigen Jahren eine demokratisch gewählte Regierung. Bali stellt so etwas wie einen Staat im Staat dar, eine Hindu-Insel inmitten eines überwiegend islamischen Landes und Heimat einer der faszinierendsten Kulturen der Welt. Ob Sie nun an der Küste bleiben oder in die Hügel von Ubud reisen, überall tauchen Sie ein in die Traditionen dieses geradezu mystischen Landesteils. Wenn eines der zahlreichen alljährlichen religiösen Feste gefeiert wird, ist die ganze Insel übersät mit Blütenblättern und eingehüllt in den Duft unzähliger Räucherstäbchen. Dem Reisenden steht außerdem eine ganze Reihe eleganter Luxushotels zur Auswahl. Sollten Sie Indonesien besuchen, ist ein Abstecher nach Bali ein Muss.

Dehnen Sie Ihre Route noch etwas weiter aus, so stoßen Sie nicht nur auf herrliche Plätze zum Verweilen, sondern auch auf die größte maritime Artenvielfalt der Welt. Balis Hauptstadt Denpasar ist eine der Metropolen der Region und über Singapur und Bangkok einfach zu erreichen. Von dort aus reisen Sie weiter auf die Insel Moyo, wo sich das Amanwana versteckt, und zu den atemberaubenden Gewässern des Komodo-Nationalparks, auf denen die unvergleichliche *Silolona* kreuzt.

Nur eine Hand voll kleiner Dörfer mit insgesamt 2000 Einwohnern gibt es auf der 1000 Hektar großen, abgeschiedenen Insel Moyo. An einer geschützten Bucht im Westen liegt das Amanwana, ein beschauliches Refugium, dessen Gäste in 20 »Zelten« untergebracht werden – natürlich keinen Zelten im landläufigen Sinne. Mit seiner modernen und unendlich luxuriösen Interpretation der Campingbehausung umging der belgische Architekt die örtlichen Bauvorschriften, die jegliche auf Dauer angelegten Hotelgebäude verbieten.

Insel Moyo

HOTEL Amanwana

Manikürte Gärten dürfen Sie nicht erwarten – das Amanwana liegt mitten im ausgewachsenen tropischen Regenwald auf einer beschaulichen Lichtung. Der Bewuchs wurde zurückgestutzt, um einer ebenmäßigen Rasenfläche Platz zu machen – das ist schon alles. Unsichtbare Vögel rufen sich ohne Unterlass Botschaften zu, verspielte Affen tollen über das Gelände und springen gelegentlich auch einmal auf dem Dach Ihres Zeltes herum. Hier hat man Safari und Strandurlaub in einem – eine Art Strandsafari mit einer ausgiebigen Portion Lifestyle.

Welche Vision die Aman-Gruppe dazu verleitet hat, auf einer so entlegenen Insel eine Bucht zu kaufen und ein Hotel zu bauen, entzieht sich unserer Kenntnis – aber das Ergebnis ist einfach bezaubernd. Ein Wasserflugzeug bringt Sie von Bali aus direkt zum Hoteldock, oder aber Sie chartern einen Helikopter. Sobald Sie den Fuß auf die Insel gesetzt haben, werden die Zauberkräfte freigesetzt, die jedem Aman-Hotel innewohnen.

Wenn Sie die letzte Nacht, die Sie in einem Zelt verbracht haben, am liebsten für immer aus Ihrem Gedächtnis löschen würden, wird ein Aufenthalt im Amanwana Sie von all ihren Vorurteilen befreien. Die elegante, stabile Konstruktion mit hochaufragendem Segeltuchdach weist genügend Merkmale eines Zeltes auf, um die Behörden zufrieden zu stellen, hat mit den Unterkünften auf einem Campingplatz aber wenig gemeinsam. Sie können zwischen Oceanfront- und Jungle-Zelten wählen. Beide besitzen ihren Reiz, aber es lohnt sich doch, etwas mehr zu bezahlen und eines der Oceanfront-Zelte zu buchen – sie liegen ruhiger und bieten den schöneren Ausblick.

Auf einen Blick

Flughafen	Denpasar
Fluggesellschaften	Garuda, Malaysian Airlines, Qantas, Singapore Airlines
Transfer	1 Std. mit dem Flugzeug
Zimmer	20 (alle klimatisiert)
Angestellte pro Zimmer	8
Freizeitangebot	Trekking, Schnorcheln, Kajaks, Windsurfen, Segeln, Hochseefischen, kleiner Pool, Spa
Service	Telefon, Fernseher, DVD-Lounge, CD-Player im Musikpavillon, Zimmerservice
Sonstiges	Mobiltelefon
Kinder	jedes Alter
Stromstecker	2-Pol-Rundstecker
Währung	indonesische Rupien, US-Dollar
Zeitzone	MEZ +7
Telefon	0062/371/2 22 33
Internetseite	www.amanresorts.com

In allen Zelten findet man ein riesiges, in Moskitonetze gehülltes Bett, einen Schreibtisch, ein in den Wohnraum übergehendes Luxusbad mit zwei Waschbecken und jeder Menge Abstellflächen sowie zwei L-förmige Sofas, die zum Nickerchen am Nachmittag einladen, aber ebenso als Schlafplatz für kleinere Kinder geeignet sind. Die für Aman-Hotels typischen Details sind auch hier allgegenwärtig: eine Inselkarte aus Baumwollstoff, Gratis-Sarongs, Schalen mit exotischen Früchten, Strohhüte und Strandtaschen zur freien Verfügung.

Essen können Sie, wo es Ihnen beliebt. Mittags geht es eher leger zu, man trifft sich entweder am Pool oder im offenen, strohgedeckten Speisepavillon. Das Menü wechselt täglich und lässt Ihnen die Wahl zwischen köstlichen indonesischen und westlichen Vorspeisen, Hauptspeisen und Desserts (wenn Sie nicht gerne scharf essen, wird auf Wunsch weniger Chili verwendet). Zum Abendessen gehen Sie in den Hauptpavillon oder lassen sich das Essen gegen einen kleinen Aufpreis an Ihrem Zelt servieren: Sie sitzen barfuß am eigenen Lagerfeuer und genießen das Dinner im Schein von Sturmlaternen und den letzten Strahlen der untergehenden Sonne.

Auf den ersten Blick könnte man meinen, es gäbe außer Tauchen, Schnorcheln und Faulenzen nicht viel zu tun, doch das Amanwana sorgt dafür, dass keine Langeweile aufkommt.

So bietet das Resort Hobie-Cat-Törns, geführte Dschungelwanderungen oder, besonders empfehlenswert im Frühjahr, einen unvergesslichen Ausflug zu den Wasserfällen auf der Insel an: Sie fahren mit dem Boot in ein Fischerdorf, weiter – wie auf einer afrikanischen Safari – im offenen Jeep (Kopfbedeckung und Sonnenschutz nicht vergessen!) und wandern dann zu den kühlen, glasklaren Kalksteinbecken am Fuß des Wasserfalls, die von Regenwald umwuchert sind und in denen Sie vor dem Mittagsimbiss noch ein erfrischendes Bad nehmen können. Eine Massage in einem der aus Stein gebauten Behandlungsräume mit freiem Blick auf Sternenhimmel und Meer am Ende des Tages lässt Sie dann richtig zur Ruhe kommen.

Im Amanwana verbringen Sie keinen klassischen Strandurlaub. Der Sand besteht aus grobkörnig zermahlenen Korallen, bei Ebbe tritt felsiger Meeresgrund zutage. Ein Aufenthalt hier bedeutet vielmehr, eine Auszeit von der modernen Welt zu nehmen; auf einem so einsamen Vorposten fühlt man sich wie ein Abenteurer, allerdings mit mehr Komfort, als man sich vorstellen kann. Die größten Freuden hält jedoch der Ozean bereit. Das Wasser ist glasklar und immer perfekt temperiert, so dass man traumhaft schnorcheln kann (oder Sie warten auf die Fütterung am Steg um drei Uhr nachmittags – dann kommen die Fische zu Ihnen). Und das Beste von allem: Sie können sogar noch mehr von Indonesien erkunden – an Bord der einzigartigen *Silolona*, eines schwimmenden Aman-Hotels.

Die Tauchbasis des Amanwana liegt zwischen dem Hauptrestaurant und dem Steg, an dem alle Tauchgänge beginnen und enden. Die Räumlichkeiten sind sehr einfach, aber es gibt ein ausgezeichnetes Schulungszimmer sowie zwei stilvolle Außenduschen. Sofern Sie nicht Anfänger sind, brauchen Sie allerdings gar nicht mehr hierher zu kommen, nachdem Sie sich Ihre Ausrüstung aus dem großen Oceanic- und Seaquest-Sortiment zusammengestellt haben.

TAUCHBASIS

Eine wahre Armada an Aman-Booten steht zur Verfügung, doch meist fällt die Wahl auf einen schnellen, rund acht Meter langen Boston-Walfänger oder ein deutlich langsameres, 15 Meter langes Auslegerboot traditioneller Bauweise. Der Walfänger eignet sich hervorragend für die weiter entfernten Tauchgründe, der Ausleger, der viel Schatten, aber auch Platz zum Sonnenbaden bietet, für gemächliche Fahrten zu den nahegelegenen Riffen. Der Rest der Aman-Flotte stellt sicher, dass Sie nie ohne Boot dastehen.

Das Tauchteam ist hervorragend, und wenn Sie Glück haben, dürfen Sie mit Kaz die Riffe erkunden. Er ist ein wahrer Unterwasser-Buschführer, der auf große Entfernung Dinge entdeckt, die Sie selbst aus der Nähe kaum erkennen. Sein Unterwasserhorn ertönt jedes Mal, wenn er meint, etwas Neues gesehen zu haben – und das ist ziemlich häufig der Fall –, sei es ein gut getarnter Anglerfisch oder eine winzige Nacktschnecke. Wenn Sie mit Kaz tauchen, wird Ihnen unter Wasser absolut nichts entgehen.

Selbst wenn das Amanwana voll belegt ist, werden Ihnen beim Tauchen kaum andere Gäste begegnen. Oft werden Sie zu zweit unterwegs sein, begleitet von einem oder sogar zwei Tauchlehrern. Wie lange dieser Ort noch von Tauchern unentdeckt bleibt, ist schwer abzuschätzen. Bislang scheint die Tauchbasis ein wohlbehüteter Geheimtipp zu sein, und das sollte man ausnutzen, solange dem noch so ist.

Auf einen Blick

Boote	ab 7,90 m (trocken, offen/überdacht)
Gruppengröße	4
Tauchlehrer	4
Sprachen	Englisch
Kurse	alle PADI-Kurse
Kinder	ab 12 Jahren
Sonstiges	Computer- und Unterwasserkameraverleih, Essen und Getränke, Vorbereitung und Reinigung der Ausrüstung, Charterboote

Schlicht und ergreifend großartig sind die Tauchgründe um Moyo, die Korallen hier können es jederzeit mit Australiens Great Barrier Reef aufnehmen. Die Artenvielfalt unter Wasser findet wohl nirgendwo auf der Welt ihresgleichen. Sie können nahebei oder weit weg tauchen, an den spektakulären Hausriffen oder an Stellen, die man nur auf einem Tagesausflug erreicht – überall finden Sie unberührte Unterwasserwelten, und nirgendwo treffen Sie andere Taucher.

OBEN
Die Riffe um Moyo bersten schier vor Fischen und anderen Lebewesen.

TAUCHEN

Auf einen Blick

Tauchplätze	15
Schwierigkeitsgrad	einfach bis fortgeschritten
Sichtweite	30 Meter und mehr
Beste Spots	Panjang Reef
Schnorcheln	sehr gut am Hausriff, hervorragend vom Tauchboot aus; Nachtschnorcheln möglich
Tauchanzüge	3 mm
Korallen	ausgezeichnet
Unterwasserwelt	Blaue Geistermuränen, Anglerfische, Große Schaukelfische, Nacktschnecken, Mantarochen, Walhaie, Mondfische, Weißspitzenriffhaie und Grauhaie, Makrelen-Schulen, Geisterpfeifenfische, Zwergseepferdchen, Zwergtintenfische, Krokodilfische
Sonstiges	Nachttauchgänge, Wracktauchen, Meeresreservat, Dekompressionskammer auf Bali (2 Std. entfernt)

Einer der besten Tauchplätze auf Moyo liegt erfreulicherweise nur wenige Minuten vom Amanwana entfernt. Selbst wenn Sie die Wunder des Great Barrier Reef kennen, werden Sie das Panjang Reef als etwas Besonderes empfinden. Haben Sie eine Kamera dabei, wird Ihnen die Entscheidung, wohin Sie das Objektiv richten sollen, schwer fallen, so überwältigend ist das Geschehen rundum. Die faszinierenden Riffe quellen über von dichten Hartkorallenfeldern – Gelappten Lederkorallen, Geweihkorallen, Großen Vasenschwämmen, Gorgonien, Elefantenohrenschwämmen –, und nichts weist darauf hin, dass eine Bleiche droht.

Um all das wogt ein buntes Durcheinander von Meeresbewohnern. Allein an dieser Stelle können Sie Anglerfische, Nacktschnecken, Blaue Geistermuränen, Rotfeuerfische in allen Größen, Skorpionfische, Große Schaukelfische, gewaltige Braune Muränen und Weißspitzenriffhaie sowie eine Unmenge anderer Arten antreffen. Ein weiterer Vorteil dieses Tauchplatzes besteht darin, dass das Riff zwar gut 50 Meter vom Meeresboden aufragt, die Spitze aber nur fünf Meter unter der Wasseroberfläche liegt – so müssen Sie bei seiner Erkundung also kein bisschen Luft vergeuden.

Auch Schnorcheln ist einfach traumhaft, entweder direkt vom Strand aus oder, nach einer Fahrt mit dem Tauchboot, an einem der vielen Riffe, deren Spitzen fast aus dem Wasser ragen. Für die Wagemutigeren bietet das Amanwana sogar – ungewöhnlich für ein Resort – Schnorcheln bei Nacht an. Und wenn Sie noch nie nachts getaucht sind, sollten Sie es hier einmal versuchen. Nach fünfminütiger Bootsfahrt erreicht man die alte Mole und das Wrack eines Holzbootes,

RECHTE SEITE

OBEN LINKS
Bei Moyo ist Nachttauchen besonders spannend, denn nach Einbruch der Dunkelheit kommen vielerlei ungewöhnliche Tiere zum Fressen aus ihren Verstecken hervor.

MITTE LINKS
Der Fransendrachenkopf ist ein Meister der Tarnung. Er ist mit giftigen Stacheln ausgerüstet, die aber nur gefährlich sind, wenn man auf ihn tritt.

UNTEN LINKS
Zwei gefräßige Eidechsenfische warten darauf, dass ihr Abendessen vorbeischwimmt.

RECHTS AUSSEN
Es gibt hier so viel zu sehen, dass man die kleineren Lebewesen leicht außer Acht lässt. Doch es lohnt sich immer, auch nach den Winzlingen Ausschau zu halten, vor allem zwischen den Anemonen.

LINKS
Was wie Rüschen an einem Hemd aussieht, ist in Wirklichkeit ein Nest mit Nacktschneckeneiern. Die Eltern halten sich meistens ganz in der Nähe auf.

UNTEN LINKS
Man kann sich kaum vorstellen, dass Nacktschnecken die Größe eines Tellers haben können – hier der Beweis.

RECHTE SEITE, IM UHRZEIGERSINN VON OBEN LINKS
Auffallend gefärbte Nacktschnecken ernähren sich von Schwämmen ähnlicher Farbe – so schützen sie sich vor Beutejägern; der so gut wie unsichtbare Schaukelfisch passt sich seinem Hintergrund an, indem er Seegras imitiert, das sich in der Strömung wiegt; die prachtvolle Blaue Geistermuräne wechselt mit dem Geschlecht auch die Farbe; in größerer Tiefe hebt sich der schön gemusterte Anglerfisch kaum mehr von der Umgebung ab.

das unmittelbar vor dem Strand liegt. Hier machen Sie mit großer Wahrscheinlichkeit Bekanntschaft mit winzigen Harlekin-Geisterpfeifenfischen, riesigen Drückerfischen, die, in ihrer Höhle verkeilt, schlafen, Papageifischen, Skorpionfischen, verbissen jagenden Fransenmuränen oder sogar einer Gruppe von Babymuränen – und das alles in wenigen Kubikmetern ruhigen Wassers. Bemerkenswerterweise haben hier einige Nacktschnecken die Größe eines Suppentellers. Diese beinahe tiefschwarzen Exemplare – manchmal mit weißen Mustern verziert –, die normalerweise nur wenige Zentimeter lang werden, erreichen hier einen Durchmesser von 30 Zentimetern und mehr.

Es gibt aber noch eine ganze Reihe weiterer Tauchgründe um Moyo, die aus unterschiedlichen Gründen einen Besuch wert sind: Tanjung Menagis wegen seines überwältigenden Weichkorallengartens, der Einhornfische, Silber- und Weißspitzenriffhaie, Angel Reef aufgrund der riesigen Makrelen, Halterfische und Roten Schnapper und das Wrack, ein ehemaliges Fischerboot – berüchtigt, weil es so schwer zu finden ist –, wegen der riesigen Skorpionfische, Rotfeuerfische, Krokodilfische, Kofferfische, Nacktschnecken und Heuschreckenkrebse, die es nun bevölkern.

Während eines kurzen Aufenthalts auf Moyo kann man unmöglich alles sehen, was hier geboten wird. Es passiert nur allzu leicht, dass Sie so hingerissen sind vom Riff, dass Sie keine Augen mehr haben für all die größeren Tiere, das sich vielleicht gleich hinter Ihnen tummeln. Mantarochen, Grüne Meeresschildkröten und Echte Karettschildkröten, Mondfische, Segelfische, Walhaie, sie alle sind hier vertreten, und mit dem richtigen Quäntchen Glück bekommt man sie auch zu Gesicht. In jedem Fall erwartet Sie unbeschwertes Tauchen in herrlich klarem Wasser, und außer faszinierenden Meereslebewesen treffen Sie niemanden an. Und draußen erwartet Sie der Luxus des Amanwana, an den Sie sich schnell gewöhnen werden.

Die *Silolona* wurde nach dem Zauberschiff in einer alten indonesischen Sage benannt und ist die geistige Schöpfung von Patricia Seery, einer Amerikanerin, die sich nach 20 Jahren in Indonesien mit der einheimischen Kultur tief verbunden fühlt. Mit größter Beharrlichkeit verfolgte sie, wie ihr Traum allmählich Gestalt annahm, indem sich traditionelle Schiffsbaukunst mit modernster Technologie zu einem 50 Meter langen schwimmenden Wunderwerk vereinte. Bessere Voraussetzungen, um zu tauchen, zu schnorcheln oder einfach nur den Komodo-Archipel zu erkunden, kann man sich kaum ausmalen.

Silolona

SCHIFF Silolona

Die *Silolona* ist ein *phinisi*, ein Bootstyp, der nur von einem einzigen, in den Mangrovensümpfen von Kalimantan im Norden Borneos lebenden Stamm gebaut wird. Drei Jahre dauerte es, die Hartholzbäume aus den heimischen Wäldern nur mithilfe einer Kettensäge, einer kleinen elektrischen Schleifmaschine und unglaublichem handwerklichem Geschick in ein elegantes Holzschiff zu verwandeln, das den strengsten deutschen Konstruktionsvorgaben entspricht, die selbst die Auflagen von Lloyd's Register in London übersteigen. Die Holzbalken liegen frei, so dass der Charakter des »Alten« gewahrt bleibt, doch für alle Annehmlichkeiten der modernen Welt ist gesorgt, von der Klimaanlage bis zum unbegrenzten Warmwasservorrat – alles verpackt in traditionellem Design.

Vom Salon aus haben Sie beinahe einen Rundumblick aufs Meer sowie auf das großzügige Teakholzdeck, das man regelmäßig abspritzt, um für Kühlung (auch Ihrer Füße) zu sorgen. Ausgestattet mit gepolsterten Bänken, einem gemütlichen Essbereich und einem Plasmabildschirm, auf dem Sie Ihre Abenteuer noch einmal erleben können, ist er der ideale Aufenthaltsort, falls Ihnen das Wetter einmal einen Streich spielen sollte. Einen großen Teil der Zeit werden Sie auf dem Vorderdeck beim Essen verbringen – oder Sie liegen auf dem mit Kissen ausgelegten Podest am Heck und lassen von diesem erhöhten Aussichtspunkt aus die Silhouette des Komodo-Archipels an sich vorbeiziehen.

Zum Schlafen ziehen Sie sich in eine der fünf Kabinen unter Deck zurück, die nach Inseln des indonesischen Archipels benannt sind: Borneo, Bali, Java, Asmat und Sumba. Jede ist geräumig und bietet

Auf einen Blick

Flughafen	Denpasar
Fluglinien	Garuda, Malaysian Airlines, Qantas, Singapore Airlines
Transfer	3 Min. vom Amanwana mit dem Boot
Kabinen	5 (alle klimatisiert)
Angestellte pro Kabine	2
Freizeitangebot	Wandern, Inselbesuche
Service	Massage
Sonstiges	keine Mobiltelefone
Kinder	jedes Alter
Stromstecker	2-Pol-Rundstecker
Währung	indonesische Rupien
Zeitzone	MEZ +7
Telefon	0062/371/2 22 33
Internetseite	www.amanresorts.com

viel Komfort – eine elegante Innenausstattung, Doppelbetten, schön gestaltete Duschbäder und gute Leselampen. Die auf den ersten Blick attraktivste Kabine, Bali, ist allerdings etwas lauter als die anderen.

Service und Essen sind die Krönung des Ganzen. Der aus 16 Einheimischen bestehenden Besatzung werden Sie kaum gewahr, doch es bereitet ihr offensichtlich ehrliche Freude, Ihnen Ihren Aufenthalt so angenehm wie nur möglich zu gestalten. Bei den Mahlzeiten können Sie wie im Amanwana aus täglich wechselnden Vor- und Hauptspeisen der heimischen oder westlichen Küche auswählen, den Abschluss bildet ein himmlisches Dessert.

Den Auftakt der Kreuzfahrt stellt eine Nachtfahrt dar, die Sie vom Amanwana direkt ins Herz des Komodo-Nationalparks bringt, der ein wenig an *Jurassic Park* erinnert. Tagsüber können Sie nach Belieben tauchen, schnorcheln oder die Umgebung erkunden. Nicht verpassen dürfen Sie einen Besuch der Insel Komodo, denn dies ist einer von nur zwei Orten auf der ganzen Welt, wo Sie die exotischen Komodo-Warane zu sehen bekommen, Raubtiere von vier Meter Länge und mehr, deren mit Bakterien versetzter Speichel zu hundert Prozent tödlich wirkt. Es ist schon ein besonderer Nervenkitzel, wenn man diesen Tieren in ihrem natürlichen Lebensraum begegnet und nur ein Ranger und ein zwei Meter langer Stock zu Ihrem Schutz bereitstehen. Ein deutscher Tourist soll hier einst verschwunden sein und nur seine Kamera zurückgelassen haben.

Die *Silolona* ist ein schwimmendes Aman, praktisch die nahtlose Erweiterung des Amanwana. Ablegestelle ist Moyo, die Standardkreuzfahrt umfasst fünf Nächte. Sie können ein Paket buchen, das zwei Übernachtungen im Resort einschließt. Es ist aber auch möglich, sie privat zu chartern. Doch eigentlich reicht selbst eine ganze Woche auf einem solchen Schiff in einer derartigen Umgebung nicht aus. Eine Welt wie im Märchen, noch bevor Sie überhaupt unter Wasser waren – und da erwartet Sie erst das Sahnehäubchen.

Mit seinen 1200 verschiedenen Fischarten und 250 Korallenarten – und ständig werden noch neue entdeckt – bietet der Komodo-Nationalpark einige der besten Tauchplätze der Welt. Die Vielfalt ist überwältigend und reicht vom seltenen Mimikry-Oktopus bis zu Schwertwalen, aber auch die Quantität der erstaunlicherweise häufig sehr zutraulichen Tiere ist umwerfend.

OBEN
Mantarochen sind regelmäßige Besucher der Tauchgründe um Komodo. Selbst Schwertwale wurden hier schon gesichtet.

TAUCHEN

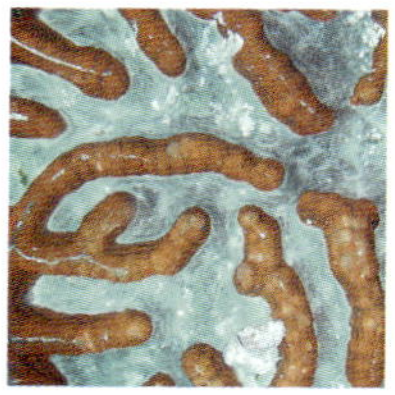

Auf einen Blick

Schwierigkeitsgrad	einfach bis fortgeschritten (für einige der besten Tauchplätze ist Erfahrung notwendig)
Sichtweite	30 Meter und mehr
Beste Spots	Tatawa Besar, Tatawa Kecil, Gili Lawa Laut, Cannibal Rock, Ikelite Reef, Highway to Heaven, Castle Rock
Schnorcheln	ausgezeichnet
Tauchanzüge	3 mm im Norden, 5 mm im Süden
Korallen	hervorragend
Unterwasserwelt	Anglerfische, Große Schaukelfische, Nacktschnecken, Mantarochen, Walhaie, Grauhaie, Makrelen-Schulen, Geisterpfeifenfische, Zwergseepferdchen, Killerwale, Büffelkopf-Papageifische, Zwergtintenfische, Mimikry-Oktopusse
Sonstiges	Nachttauchgänge, Meeresreservat, Dekompressionskammer auf Bali (2 Std. entfernt)

Dass Komodo sowohl Nationalpark als auch Meeresschutzgebiet ist, wurde trotz der Vorliebe der Einheimischen für das Fischen mit Dynamit durchgesetzt. Die Riffe bilden blühende Landschaften, einige sind mit riesigen Flächen unversehrter Geweihkorallen überzogen. Überreiche Fischschwärme steigen und sinken mit den von Ihnen ausgestoßenen Luftblasen, während neugierige Schildkröten Sie beäugen.

Das Meeresreservat ist in zwei Regionen unterteilt, die nördliche und die südliche, die je nach Jahreszeit von der *Silolona* angesteuert werden. Im Norden können Sie bei Badewannentemperatur und schier unendlicher Sicht im kristallklaren türkisfarbenen Wasser tauchen. Weiter im Süden fällt die Wassertemperatur innerhalb nur weniger Seemeilen von angenehmen 30 Grad Celsius auf fröstelnde 19 Grad, und Planktonwolken schränken die Sicht ein. Im Gebiet des Komodo-Nationalparks treffen der Indische und der Pazifische Ozean aufeinander, und die Vielfalt an Lebensformen verdankt sich den dadurch verursachten konstanten Auftrieben kühlen, nährstoffreichen Wassers, insbesondere aus der Antarktis. Da die hier herrschenden Strömungen nicht ungefährlich sind, sollten Sie nur in Begleitung eines sehr erfahrenen Führers tauchen. Doch auf die Tauchlehrer der *Silolona* ist Verlass.

Zwei Tauchexkursionen verdienen besondere Erwähnung – wenn Sie zur richtigen Zeit kommen, sind sie ein Muss. Die eine führt Sie nach Tatawa Besar, einem jungfräulichen, endlos scheinenden Riff mit dichtem Hart- und Weichkorallenbewuchs, an das ein kleiner weißer Sandstrand anschließt, der zum Mittagessen einlädt. Nehmen Sie

RECHTE SEITE, IM UHRZEIGERSINN VON OBEN LINKS
Anemonen gibt es in einer Vielzahl leuchtender Farben; Muschelsammler aufgepasst – lebende Porzellanschnecken, bei denen der schöne Mantel die Schale umschließt, sind viel hübscher als tote; ein schleimiger Überzug schützt die zarte Porzellankrabbe vor den giftigen Tentakeln der Anemone; Anemonenfische leben in einer Symbiose mit Anemonen – sie ziehen für ihren Wirt Nahrung an und ernähren sich von den Resten.

LINKE SEITE,
IM UHRZEIGERSINN
VON OBEN LINKS
Einen Schaukelfisch erkennt man nur mit Hilfe einer Taschenlampe; Rotfeuerfische schweben sanft über der Riffkante, können aber blitzschnell reagieren, wenn sie ein Beutetier erblicken oder sich bedroht fühlen; um Komodos Riffe sind Haie, Delfine, Wale, Seekühe und Schildkröten heimisch; der Komodo-Nationalpark ist nur per Boot zugänglich, daher hält sich der Tauchbetrieb hier in Grenzen.

RECHTS
Komodo ist Weltnaturerbe und wird daher von Überfischung und dem Einsatz von Dynamit verschont. Die Riffe zählen zu den gesündesten in ganz Indonesien.

UNTEN RECHTS
Sehen Sie genau hin – auf dem Bild sind zwei Anglerfische zu erkennen …

unbedingt eine Taschenlampe mit, damit die bestechenden Farben vor allem der Weichkorallen auch wirklich gut zur Geltung kommen. Dort gibt es so viel zu entdecken, dass man auf diesen Seiten unmöglich alles aufzählen könnte.

Das zweite Ziel ist Tatawa Kecil. Dort gibt es keine farbenprächtigen Weichkorallen, dafür aber Unmengen kleiner Fische, die explosionsartig aus den Geweihkorallenfeldern hervorschießen und ebenso schnell wieder darin verschwinden. Größere Arten wie Mantarochen treiben sich hier ebenfalls herum. Und halten Sie nach dem seltenen und faszinierenden Schwarzen Mantarochen Ausschau, der hier manchmal seinen Nahrungsbedarf deckt. Das viele Plankton schränkt zwar die Sicht ein, lockt aber auch eine Vielfalt an Spezies wie Thunfische, Große Goldmakrelen, Büffelkopf-Papageifische, Riesenlippfische, Walhaie und Haie an. Eine weitere Ursache für die Betriebsamkeit sind die schnellen Strömungen, die diesen kleinen Gipfel umspülen und Beutejäger mitbringen. An einem Ende des Riffs müssen Sie mit sehr starker Strömung rechnen, doch am anderen kann man ziemlich entspannt tauchen – sobald die Strömung spürbar wird, kehrt man einfach um. Auch hier sollte der Tauchlehrer über viel Erfahrung verfügen, denn sonst kann es gefährlich werden.

Die Unterwasserlandschaft von Komodo ist faszinierend und voller Abwechslung. Es mag sich hier um einen der beliebtesten Tauchplätze der Welt handeln, doch man muss kein Taucher sein, um den Ort zu genießen. Schnorchler werden mit einigen der besten Schauplätze ganz Indonesiens verwöhnt, und selbst wer gar nicht ins Wasser geht, wird sich nicht langweilen. Allen wird etwas geboten – von stillen Buchten zum Schnorcheln bis zu abenteuerlichen Strömungstauchplätzen, von furchterregenden Begegnungen mit Komodo-Waranen bis zu Faulenzertagen, die in märchenhaften Sonnenuntergängen ihren Abschluss finden. Dies alles von einem so einzigartigen und stilvollen Schiff aus zu erleben ist wohl die beste Art, diesem Teil der Welt einen Besuch abzustatten.

Tauchen Zahlen und Fakten

- Durchschnittliche Höchsttemperatur
- Durchschnittliche Tiefsttemperatur
- Wassertemperatur
- Niederschlagsmenge

Australien

Die Jahreszeiten sind denen auf der Nordhalbkugel genau entgegengesetzt – haben wir Sommer, ist dort Winter und umgekehrt. Die angegebenen Werte gelten für Cairns, auf Lizard Island ist es normalerweise trockener. Fahren Sie nicht ausschließlich wegen der Wale oder Mantarochen hin, da diese unregelmäßig auftauchen. Dafür ist die Korallenlandschaft noch immer unglaublich.

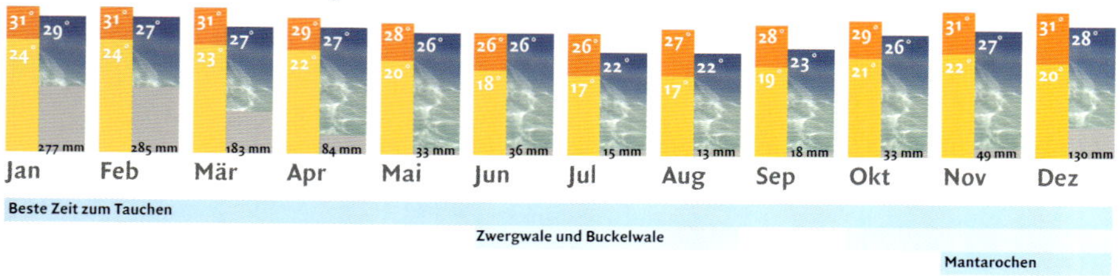

Fidschi

Auch in dieser Region südlich des Äquators sind die Jahreszeiten denen auf der Nordhalbkugel entgegengesetzt. Von Dezember bis April herrscht Regenzeit. Die Niederschlagsangaben gelten für die Hauptinsel, auf weiter entfernten Inseln wie Vatulele fällt weniger Regen.

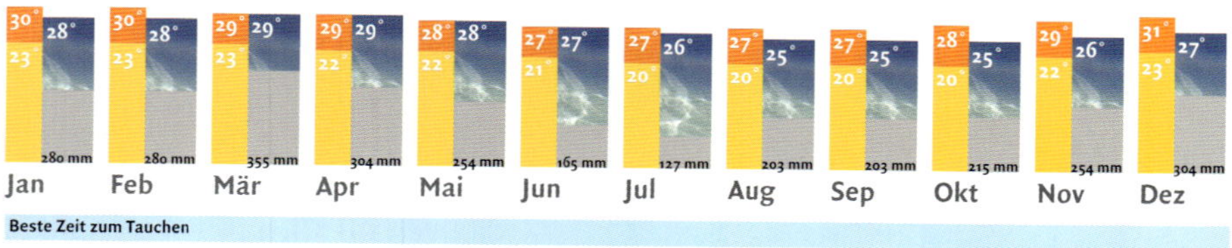

Hawaii

Während der Sommermonate herrschen die besten Sichtverhältnisse, und das Meer ist ruhiger. Dafür taucht man im Winter zum Gesang der Buckelwale.

Französisch-Polynesien

Verzichten Sie auf die Weihnachtsfeier zu Hause, wenn Sie sich Sonne wünschen. Diese Inseln sind nicht ohne Grund so üppig bewachsen. Die Angaben beziehen sich auf Bora Bora und die Gesellschaftsinseln, auf Tikehau regnet es weniger.

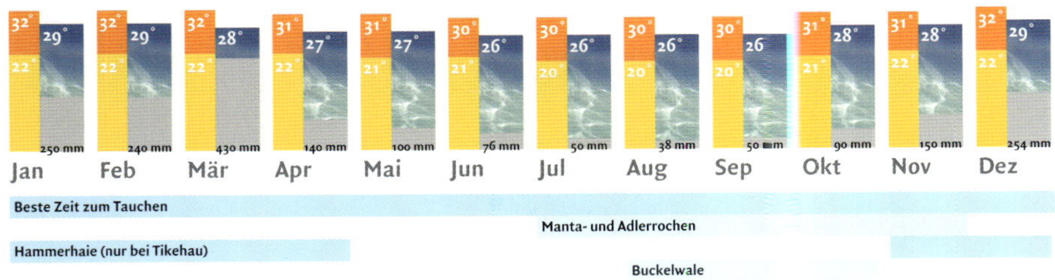

Costa Rica

Von Mai bis November herrscht Regenzeit (Sonne am Morgen und etwas Regen am Nachmittag), dafür ist das Meer ruhig. Das ist die beste Reisezeit für die Catalinas und die Bat Islands. Mit guten Sichtverhältnissen kann man während der Trockenzeit von Dezember bis Ende April rechnen.

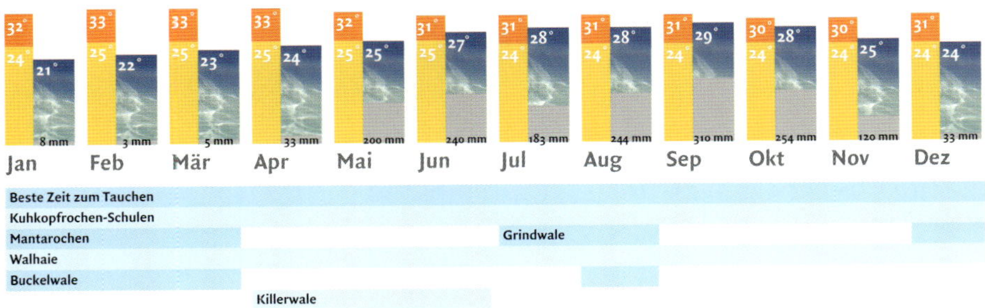

Mexiko

Die meiste Zeit des Jahres ist das Wetter ziemlich beständig, aber vergessen Sie nicht, dass von August bis November die Hurrikansaison ist.

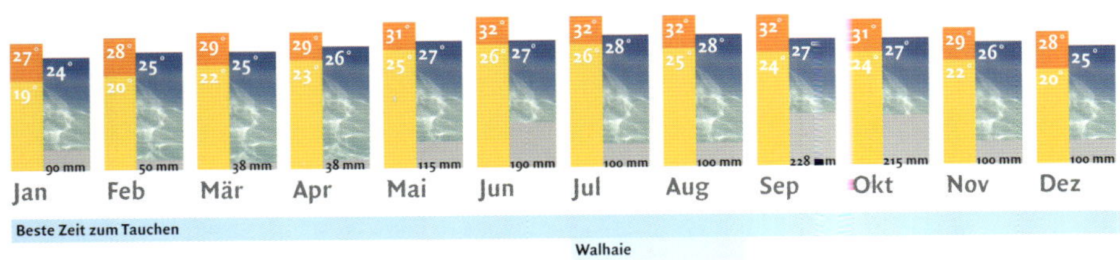

USA

Meiden Sie den fast traditionellen Kälteeinbruch in Florida um Neujahr.

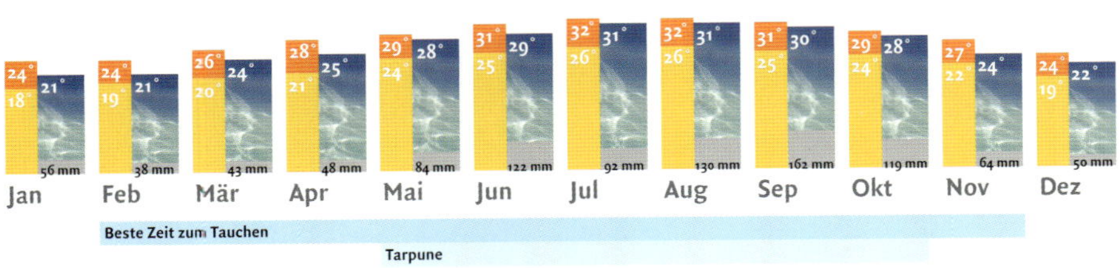

Belize

Durchschnittliche 83 Prozent Luftfeuchtigkeit prägen dieses subtropische Klima, das man aber dank der kühlenden Winde meist als angenehm empfindet. Die Bedingungen fürs Tauchen sind das ganze Jahr über hervorragend, den Höhepunkt für Taucher und Schnorchler stellt jedoch die Walhaisaison dar.

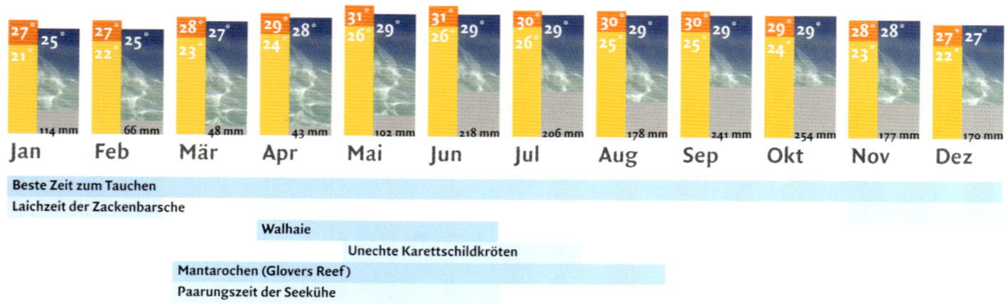

Karibik

Während der Hurrikansaison im August und September kann es heiß und windstill sein. Zur Walbeobachtung auf der *Aggressor* sollten Sie eine Fleecejacke und eine leichte Regenjacke einpacken. Bedenken Sie auch, dass die letzte Fahrt bei Grand Turk endet, nur einen Katzensprung vom Amanyara auf den Turks- und Caicosinseln entfernt, das erstklassige Tauchausflüge anbietet.

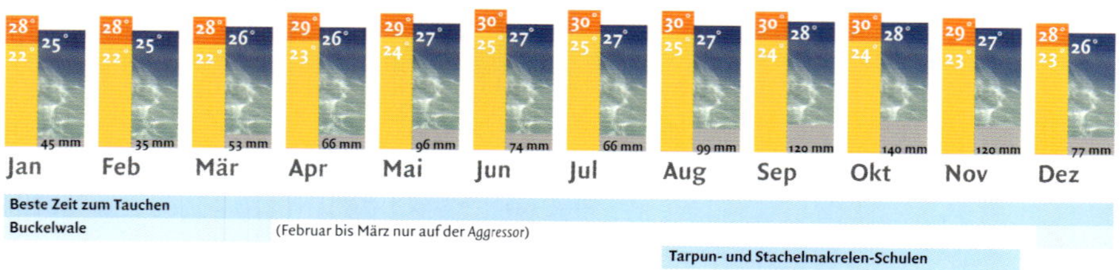

Italien

Die Hochsaison dauert vom 25. Juni bis zum 28. August, buchen Sie also frühzeitig. Ein guter Kompromiss ist der September, dann ist das Wasser noch warm, aber die Menschenmassen sind weg.

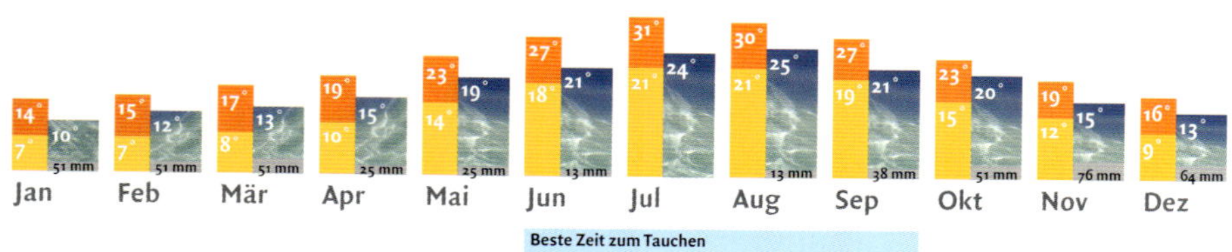

Ägypten

Möchten Sie garantiert Sonne haben? Dann sehen Sie sich die Niederschlagswerte an! Wenn Ihnen die Hitze im Sommer nichts ausmacht, sollten Sie um diese Zeit anreisen, denn dann formieren sich Fische und Haie zu riesigen Schulen, und das Tauchen könnte nicht besser sein.

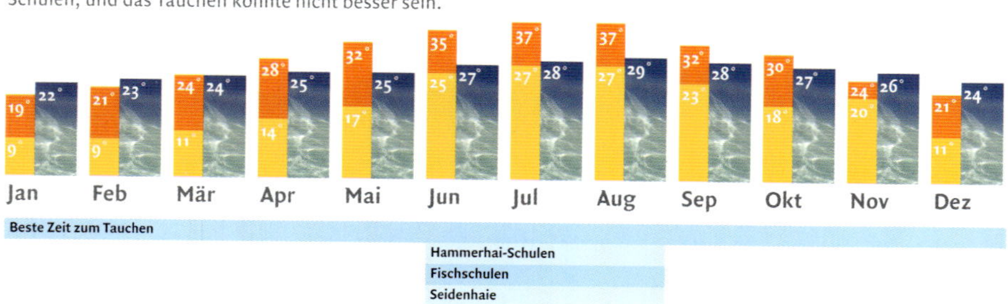

Tansania

Die lange Regenzeit, die als Winter betrachtet wird, dauert von Ende März bis Ende Mai. Erkundigen Sie sich im Resort nach den Gezeiten, bevor Sie buchen.

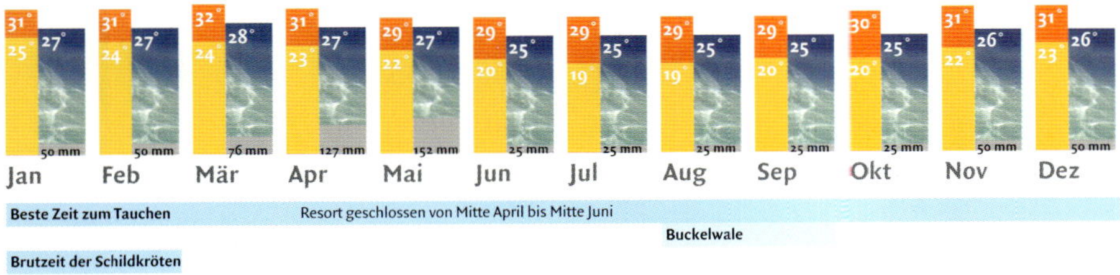

Mosambik

Meiden Sie Februar und März, wenn es tagelang regnen kann. Die besten Tauchbedingungen herrschen bei Nippflut. Mantarochen und Walhaie sieht man nur beim Hotel Marlin, das Quilálea hat Schildkröten und Buckelwale zu bieten.

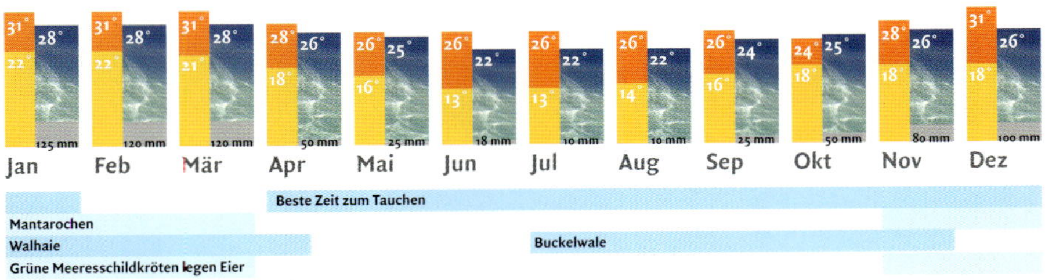

Seychellen

So nahe am Äquator unterliegen Luft- und Wassertemperatur nur geringen Schwankungen. Die Regenzeit dauert von November bis April. Während dieser Zeit kann es heftige Regengüsse geben. Sie dauern aber nur kurz, und danach scheint sofort wieder die Sonne. Meiden Sie Juli und August zum Tauchen.

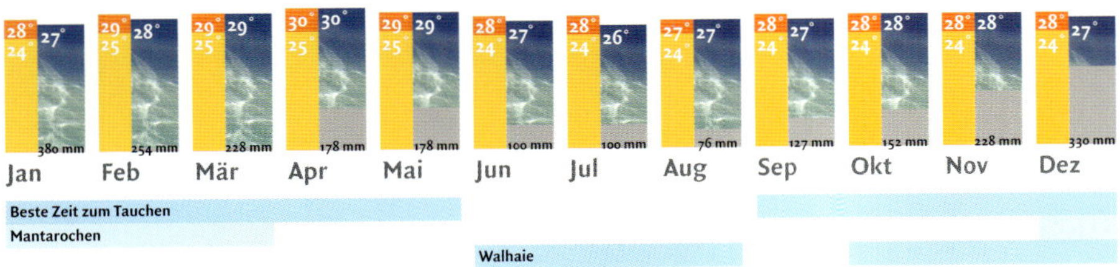

Malediven

Während der Regenzeit von Mai bis November trifft man Mantarochen an, dafür ist die Sicht schlecht. In der Trockenzeit von Dezember bis April sind die Sichtverhältnisse ideal zum Fotografieren, die Strömungen sind stärker, und man sieht mehr Haie und Adlerrochen. Auch in der Nebensaison hat man gutes Wetter und hervorragende Tauchbedingungen. Walhaien begegnet man vor allem auf Male.

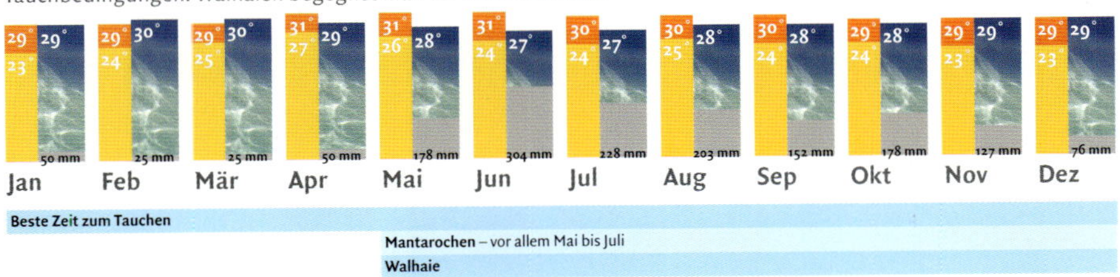

Thailand

Buchen Sie nicht zum Wechsel der Jahreszeiten im Oktober oder Mai. Die Similans sind nur von November bis April »geöffnet«. Für optimale Sichtverhältnisse ist es am besten, bei Halbmond zu tauchen, Neumond sollten Sie vermeiden. Falls Sie Walhaie und Mantarochen sehen möchten, steuern Sie Hin Deang und Hin Muang an.

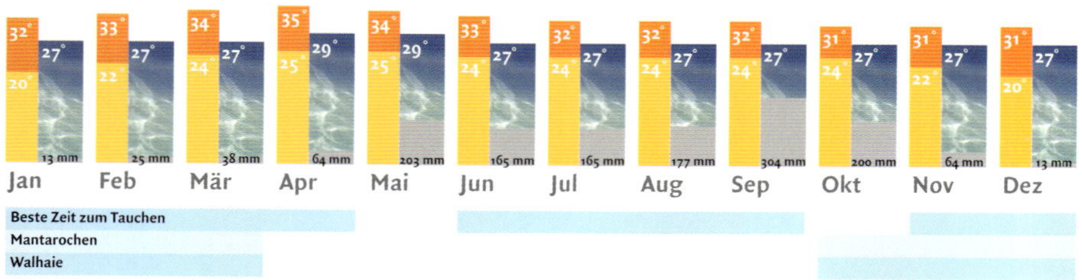

Philippinen

Am schönsten und ruhigsten ist es von März bis Mai, dann kann man auch an den meisten Plätzen tauchen. Die Bedingungen sind aber das ganze Jahr über gut, denn an einer der Küsten von Pamalican sind immer Tauchgänge möglich.

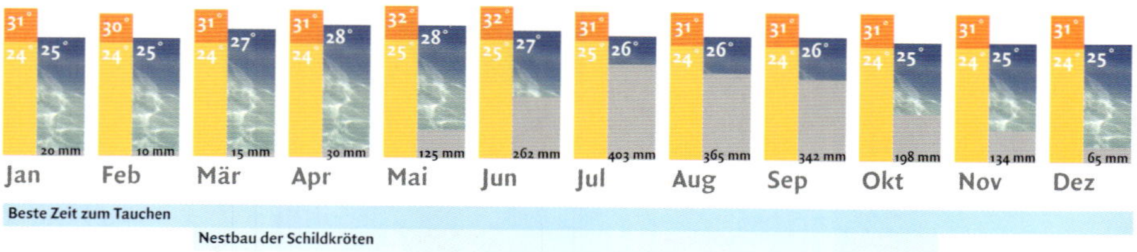

Palau

Von Mai bis November ist das Klima etwas rau. Eventuell ist es dann nicht möglich, bei Blue Corner zu tauchen. Von April bis Juni sind die Bedingungen nicht für Tauchanfänger geeignet.

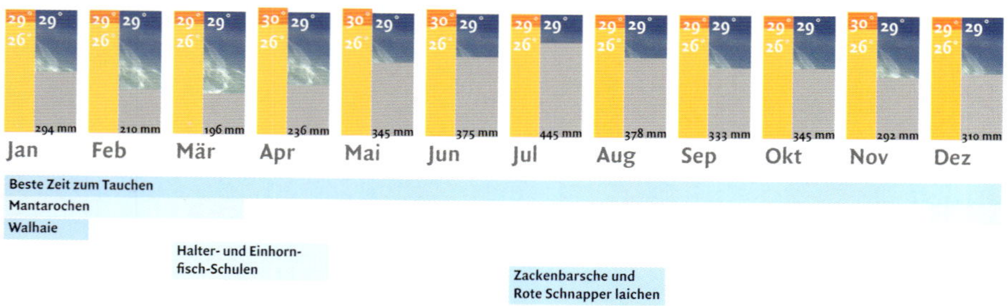

Indonesien

Vermeiden Sie die Regenzeit zwischen Januar und März. Das Tauchen ist jedoch zu jeder Jahreszeit fantastisch, am besten sind die Monate April bis Oktober. Die Angaben beziehen sich auf Moyo und den Norden von Komodo. Südlich von Komodo kann das Wasser bis zu acht Grad kälter sein.

Glossar

Atoll Eine ringförmige Koralleninsel, die sich nur wenig über den Meeresspiegel erhebt und oft von herrlichem weißem Sand gesäumt ist

Auffrischungskurs Wenn Sie bereits einen Tauchschein haben, aber längere Zeit nicht getaucht sind, können Sie in diesem Kurs Ihre Kenntnisse auffrischen.

Barriereriff Ein großes Riffsystem, das meist einige Kilometer vor der Küste liegt und eine »Barriere« auf Meereshöhe bildet. Es schützt die Küste vor dem offenen Ozean.

Bommie Ein freistehender Korallenhügel, der sich vom Meeresgrund erhebt, aber nicht Teil eines Riffes ist

Computer/Tauchcomputer Am Handgelenk getragenes oder in eine Konsole eingebautes Gerät, das sämtliche Daten des Tauchgangs aufzeichnet, die Menge der verbleibenden Luft und des aufgenommenen Stickstoffs anzeigt und dem Taucher mitteilt, wann er in geringere Tiefen hochsteigen muss. Der Tauchcomputer trägt dazu bei, die Dekompressionskrankheit zu vermeiden.

DAN Das Divers Alert Network ist eine gemeinnützige Vereinigung, die sich für die Sicherheit und Gesundheit von Sport- und Freizeittauchern einsetzt. Eine DAN-Mitgliedschaft garantiert kostengünstig volle medizinische Versorgung, sollte man einen Tauchunfall haben. Äußerst empfehlenswert.

Dekompressionskammer Die Dekompressionskammer ist eine luftdichte Druckkammer zur Behandlung der Dekompressions- bzw. Taucherkrankheit.

El Niño Dt. »Christkind«, alle vier Jahre um die Weihnachtszeit auftretende Warmwasserströmung im tropischen Pazifik mit starker weltweiter Auswirkung auf das Klima und die Wassertemperatur der Ozeane

Grat-Rinnen-System An Riffen, die einer starken Brandung ausgesetzt sind, sammeln sich Korallenbruchstücke in den Brandungsrinnen, wo sie von den Wellen hin- und herbewegt werden und tiefe Erosionsspuren hinterlassen, während die umliegenden Korallen weiterwachsen. Die Abfolge von Erosions- und Wachstumszonen bringt ein Muster von Graten und Rinnen hervor.

Hausriff Das unmittelbar vor einem Hotel liegende Riff

Korallenbleiche Unter Stress (meist verursacht durch globale Phänomene wie El Niño) beginnt die Koralle, die einzelligen Algen abzustoßen, die in ihrem Inneren leben und die für ihre Färbung verantwortlich sind. Daraufhin stirbt die Koralle ab, ihr Äußeres wird weiß oder bleich.

Kreislauftauchgerät Atemgerät, das geräuschloses Tauchen ohne Blasenbildung ermöglicht. Man kann sich damit den Tieren im Meer nähern, ohne sie gleich zu verjagen. Die Benutzung erfordert eine entsprechende Ausbildung.

Liveaboard Kleines Kreuzfahrtschiff mit Kabinenplätzen für etwa 25 Gäste, eine Art schwimmendes Tauchhotel, mit dem man zu weiter entfernten und schwer zugänglichen Riffen fahren kann

Lungenautomat Der an die Flasche angeschlossene Atemregler mit dem Mundstück, durch das man atmet

Nassanzug Je kälter das Wasser, desto dicker muss der Nassanzug sein. Für die meisten in diesem Buch beschriebenen Gebiete ist ein 3-mm-Anzug ausreichend. An einigen Orten kann, abhängig von der Jahreszeit, ein dickerer Anzug erforderlich sein.

Nitrox Nitrox ist ein Atemgasgemisch, das im Vergleich zur gewöhnlichen Druckluft mehr Sauerstoff und weniger Stickstoff enthält und dadurch längere Tauchgänge in bestimmten Tiefen ermöglicht. Um mit Nitrox zu tauchen, muss man eine entsprechende Ausbildung mitbringen.

Open Water Diver PADI-Basistauchschein, Grundausbildung für das selbstständige Tauchen

PADI Professional Association of Dive Instructors – der weltgrößte Tauchausbilder mit einem anerkannten Qualifikationssystem

Riffhaken Haken an einer Leine, mit dem man sich in Strömungsgebieten an einem abgestorbenen Riff einhaken kann, um in einer bestimmten Position über dem Riff zu schweben

Schnupperkurs Kurzer Tauchkurs, bei dem Sie erste Bekanntschaft mit der Welt des Gerätetauchens machen können, ohne Vorkenntnisse mitbringen zu müssen. Nur unter bestimmten Bedingungen und in begrenzten Wassertiefen möglich

SCUBA Self-Contained Underwater Breathing Apparatus (»in sich geschlossenes Unterwasser-Atemgerät«) – von Jacques Cousteau und Emile Gagnan 1942 entwickeltes erstes Tauchgerät

Steilwandtauchen Im Gegensatz zum ruhigen Gleiten über den Korallen oder einem sandigen Untergrund hat man hier den Nervenkitzel, an einer Wand zu tauchen. Meist handelt es sich um fast senkrechte Steilwände, die ins tiefe Blau abfallen. Auf diesen Tauchgängen trifft man am ehesten größere Tiere an, die im freien Meer leben. Ein Großteil der besten Tauchgründe sind Steilwände – es ist schlicht faszinierend, über dem Abgrund zu schweben.

Strömungstauchgang Bei diesen Tauchgängen folgt Ihnen das Boot, da Sie sich von der Strömung in eine Richtung treiben lassen und nicht zum verankerten Boot zurückkehren können.

Tarierweste/Jacket Von Tauchern getragene Weste, mit der unter Wasser der Auftrieb reguliert wird

Auf einen Blick Rubriken

Die Infokästen »Auf einen Blick« enthalten die wichtigsten Fakten zu den Hotels, Tauchbasen und dem Tauchen im Allgemeinen. Worüber die einzelnen Punkte Auskunft geben, erfahren Sie untenstehend:

Hotel auf einen Blick

Flughafen Der vom Resort aus nächstgelegene größere Flughafen

Fluggesellschaften Die wichtigsten Fluggesellschaften, die diesen Flughafen anfliegen

Angestellte pro Zimmer Die Zahl der Angestellten pro Zimmer. Als Faustregel gilt: Je höher die Zahl, umso größer der Verwöhnfaktor.

Service Mobiltelefone: Hier erfahren Sie, ob Mobiltelefone im Resort Empfang haben und ob ihre Benutzung aus Rücksicht auf die anderen Gäste eventuell untersagt ist.

Kinder Im Resort geltendes Mindestalter für Kinder

Stromstecker In den meisten aufgeführten Hotels stehen Adapter zur Verfügung, es kann jedoch sein, dass alle bereits von anderen Gästen genutzt werden. Hier erfahren Sie, welchen Adaptertyp Sie brauchen.

Buchung Falls Sie Ihre Buchung selbst tätigen möchten, finden Sie die Telefonnummer und Internetseite des Resorts am Schluss der Infokästen. Aktualisierungen und weitere Informationen bietet die Website www.diveinstyle.com.

Tauchbasis auf einen Blick

Bei der Auswahl der Hotels haben wir darauf geachtet, dass alle Resorts über eine bequem zu erreichende Tauchbasis verfügen, die mit hochklassiger Ausrüstung ausgestattet ist, so dass Sie selbst nichts einzupacken brauchen. Wir empfehlen allerdings, eine eigene Maske und, falls möglich, einen Computer mitzubringen. Letztere können nämlich nicht in allen Tauchbasen ausgeliehen werden.

Boote Hier ist immer das kleinste zur Verfügung stehende Boot angegeben. Ab 7,60 m bedeutet zum Beispiel, es gibt mehrere Boote, von denen das kleinste 7,60 Meter lang ist. 16 m ohne ein »ab« heißt, es gibt lediglich ein einziges, 16 m langes Boot.

Überdacht/offen: Gibt an, ob das Boot Schattenplätze hat oder nicht

Nass/trocken: Gibt es ausreichend Schutz vor Regen oder Meerwasser (und die Möglichkeit, Kameras und andere Gegenstände vor Nässe geschützt unterzubringen), oder handelt es sich um ein »feuchtes Boot«?

Gruppengröße Angegeben ist die maximale Anzahl von Teilnehmern in einer Tauchgruppe, der Tauchlehrer nicht mitgerechnet. Die durchschnittliche Gruppengröße ist jedoch häufig geringer.

Sprachen Wenn Sie tauchen lernen möchten, ist es für Sie von Bedeutung, welche Sprachen in der Tauchbasis gesprochen werden.

Kurse PADI (www.padi.com) ist die weltweit größte Tauchorganisation und bietet eine allgemein anerkannte Tauchausbildung an. Wenn Sie Kurse in Tauchschulen absolvieren, die PADI-Mitglied sind, haben Sie die Gewähr, seriös und professionell in die Unterwasserwelt eingeführt zu werden.

Kinder Nicht alle Tauchbasen können Kinderausrüstung zur Verfügung stellen. Hier wird angegeben, ab welchem Alter für Kinder gesorgt ist. Bubblemaker-Kurse darf ein Kind ab acht Jahren mitmachen, Junior Open Water ab zehn, allerdings setzen viele Tauchbasen das Mindestalter jeweils zwei Jahre höher an (was wir befürworten).

Sonstiges Spülen der Ausrüstung: Die Mitarbeiter der Tauchbasis kümmern sich um die Ausrüstung und spülen sie nach jedem Tauchgang, so dass Sie sich selbst ausschließlich auf das Tauchen konzentrieren können.

Getränke: Angaben zur Versorgung mit Getränken oder sogar Essen an Bord

Computer-Verleih: Wird hier nichts angegeben, kann man keinen Computer ausleihen und muss selbst einen mitbringen.

Charterboote: Gibt an, ob die Möglichkeit besteht, selbst ein Boot zu chartern

Tauchen auf einen Blick

Tauchplätze Anzahl guter Tauchplätze, die in weniger als 30 Minuten zu erreichen sind

Schwierigkeitsgrad Angaben zum Schwierigkeitsgrad der Tauchplätze. Sämtliche Resorts, die wir ausgewählt haben, sind auch für Anfänger geeignet. Allerdings setzen einige besonders aufregende Tauchplätze – etwa an Steilwänden oder in Strömungsgebieten – eine gewisse Erfahrung voraus.

Sichtweite Hier handelt es sich um Durchschnittswerte, die je nach Jahreszeit variieren können.

Beste Spots Besonders zu empfehlende Tauchplätze

Schnorcheln Das Hausriff liegt unmittelbar vor dem Hotelstrand. Manchmal können Sie mit dem Tauchboot zu dem Riff fahren und dort – falls vorhanden – an seichten Stellen schnorcheln.

Tauchanzüge Je kälter das Wasser ist, umso dicker sollte Ihr Tauchanzug sein. Abgesehen von ein oder zwei Ausnahmen (je nach Saison), ist für die meisten hier beschriebenen Gebiete ein 3-mm-Anzug ausreichend.

Unterwasserwelt Diese Liste ist jeweils keineswegs vollständig. Sie gibt in erster Linie Aufschluss über die Besonderheiten einer Region.

Sonstiges Dekompressionskammer: Ist zur Behandlung der Dekompressionskrankheit erforderlich

Meeresschutzgebiet Gebiet, in dem die maritime Flora und Fauna gesetzlich geschützt sind, und das daher meist größeren Artenreichtum und entspannteres Tauchen bietet